萧红与张爱玲

萧红的作品属于《桃花扇》类型，是政治的、国民的、历史的；张爱玲的作品属于《红楼梦》类型，是哲学的、宇宙的、文学的。她们的作品为何会如此？这里也许有你要的答案。

高路／著

中国国际广播出版社

献给

我的母亲陈霜

目录

前言

萧红是中国现代文学重镇，能够与她比肩的女作家只有一个，那就是张爱玲；张爱玲也是中国现代文学重镇，能够与她比肩的女作家也只有一个，那就是萧红。这两位作家不光是天才，同时还以生命进行写作——把自己的人生打碎，丝丝扣扣揉进创作中，通过作品再现自己的血与肉。

萧红大张爱玲10岁，她们在时空中曾经有过交集，两次。一次地点在上海，时间是1934年10月底到1937年9月底，萧红从青岛来这里，中间去日本住了半年，回来后因为日军大举入侵而离开。这座城市实乃萧红的福地，这段时间可谓萧红的黄金时期，她以《生死场》迅速成名，奠定了登上文学顶层的基石。而这时的张爱玲正在圣玛利亚女校上学，是个喜欢写作的高中生，在校刊上发表过两篇小说，给杂志写点小评论，其中一则谈的是丁玲。由此可以推断，她应该读过萧红的作品，任何一个文青都不会放过当红的同性作家。有意思的是，她在毕业年刊调查表中“最恨”一栏填的是“一个有天才的女子突然结了婚”。不知道这里包不包括萧红与张爱玲自己？不久前萧红曾因配偶不忠而远走东京，后来张爱玲也因为丈夫的同类行为而陷入纠结，都给自己的创作和生活造成了不少麻烦。

再一次地点在香港，时间是1940年1月底到1942年1月22日，萧红从重庆飞抵这里，两年后在日军炮火下的一家临时医院中离世。这座城市是萧红的另一处福地，这段时间也是萧红的另一个黄金时期，以《呼兰河传》确立了她在中国文学史上的重镇地位，同时还创作了《马伯乐》等众多优秀小说。萧红到港时，张爱玲已经在这里了，还是上学，在香港大学。她早一年到港，在萧红去世后的几个月离港回上海。此时的张爱玲依然是文青，发表了一篇颇出风头的文章《我的天才梦》。据说萧红曾应邀在港大讲演，如果确实的话，台下听众中应该端坐着张爱玲同学。如是，这便是她们之间唯一的一次面对面。当然，张爱玲认识萧红，萧红不认识她。

萧红与张爱玲完全是不同命运、不同类型、不同风格的文学家，有着各自的生活和创作轨迹，差别极大。用意象来标识，就是萧红倾心的云与张爱玲钟情的月。萧红终身云一般漂泊，从逃离呼兰县小城父亲家开始，辗转于哈尔滨、上海、东京等城市，行迹遍布半个中国，最后在日军炮火中客死香港，其间饥寒交迫，时人所能受的苦、遭的罪她一件不落地都经历了。张爱玲不同，生活月亮一般宁静，国内生活中大部分时间都在上海的公寓里诗意地栖居，虽然不富裕，但绝无冻馁之忧。萧红命运多舛，但心地如火烧云一样温热。张爱玲岁月静好，但性格如冷月一样清峻。文若其人，这种动与静、热与冷也强劲表现在她们的创作中，为各自的思想艺术特色打上鲜明印迹。

然而她们又有着诸多共同点。比如，都是16岁出走，与之建立性关系的异性都只有三个，生命中最重要的男人都很花心，都摊上了专制粗暴的父亲，都跟母亲和不来，都不喜欢孩子，都关注国民的劣根性并给予揭露和批判，等等。这些共同的生活经历和关切无疑造成了相似的人生体验和文学话题。

那么她们有哪些人生体验？又开展了什么样的文学话题？不消说，将她们两位比较一番应该是相当有意义也是相当有意思的事情。

一 意象·作品·人生

如同向日葵在凡·高的绘画中反复出现而成为一个标识，文学家也常常偏爱某种物象，通过寄托特别的意味而形成创作的经典符号，比如钱钟书的“围城”。萧红和张爱玲这两位现代极具代表性的女作家当然也无例外。那么她们那里这个符号是什么？具有怎样的意义？对这一问题的探索将为我们破解她们的作品乃至人生提供一把钥匙。

萧红的云与张爱玲的月

萧红倾心云，张爱玲钟情月\

萧红喜欢云霞，写得真好；张爱玲喜欢月亮，也写得真好。

是想说，云和月分别构成了她们作品的核心意象，不是一篇小说或散文，也不是某几篇，而是全部创作——可谓大意象。

意象者，寓意于象也。物象一旦获得意味，便不再是单纯的事物现象，而是主体的信息承受者。

说云霞和月亮构成了萧红与张爱玲创作的大意象，并非说这是她们有意为之，而是一种读后的感觉和概括，于她们而言最多属于下意识行为。就是说，独特的人生经历和生命诉求，推动着她们运用文字移情于云和月。这样的云和月当然不是纯粹的天象，而是笔下作品。

从哲学上说，认识一个人的最确切的路径就是认识他的创造物，这个过程是从对象到人的折射，也就是反思。萨特也表达过类似见解，大意是一个作家其实就是他的作品。萧红的云霞和张爱玲的月亮就正是这样的信息载体，是理解她们生命之网的纽结，从它们入手可以更深入更准确地认识这两位民国女子的人生、性格、观念以及创作。

下面我们先看一下萧红与张爱玲是怎样描写云和月的。

萧红的云，从春到冬，从早到晚。开春的云与冰相伴，满江面的冰块，满天空的白云，云形融冰般朦胧，风在耳畔滑过；盛夏的云浸透了黑，饱含风雨雷霆，沉甸甸压向大地；入秋，天空安静下来，常常一丝不着，有时也涌现大朵白云，低垂着，任凭下面的风送来阵阵草原气息；冬季，云与万物一起枯萎了，灰蒙蒙的天空混沌一团，整天飞着清雪。

早晚的云彩最好看，那是霞，朝霞和晚霞，乡下人不这么说，他们口中晚霞叫火烧云。

张爱玲的月，别具一格。她独来独往惯了，衣装都得显山露水。她真是敏感，细致到了极点，眼中的月亮竟是五颜六色。红的，那是元宵夜的月亮，还有天边赤金脸盆般的扁扁下弦月，想起昨晚忘记看的月亮应当是红色月牙吧；蓝的，那是闪着一团蓝阴阴火的月亮，以及黑暗玻璃上的蓝影子月亮，还有伏在自家楼板上的淡蓝月色，笼罩着照片的月光也呈现出黯蓝色；绿的，那是很高很小的月亮雾蒙蒙发出青色的光，银色的月亮却投放绿色光棱；最奇的是半黑半白的，那是躲在乌云背后闪出半边脸窥探人间的月亮。

张爱玲的月亮不光多彩，还有声。那是一个月夜，“海上，山石上，树叶子上，到处都是呜呜咽咽笛子似的清辉”（《沉香屑·第二炉香》）。

萧红钟情火烧云。她的火烧云辉煌灿烂，轰轰烈烈。

“天空的云，从西边一直烧到东边，红堂堂的，好像是天着了火。”（《呼兰河传》）不是西方一隅，也不是半边天，而是整个天空在燃烧。家乡人都喜爱这种七月的红云，“若一说‘火烧云’就连三岁的孩子也会呀呀地往西天空里指给你看”（《呼兰河传》）。

张爱玲的月亮美得诡异，令人汗毛凛凛。

楼板上的淡蓝月色是在读诗时想起的，那是散发着静静杀机的光影。半黑半白的月亮有惊悚效果，像是戏剧化的狰狞脸谱。绿色光棱的月亮不是挂在天上，而是浸泡在涟涟泪眼里。

月亮的本色是白，张爱玲用的却不多，即便有也是青霜般的荒寒。如果浮现在记忆里，哪怕再大再圆再白的月亮也因人生的艰辛而不免带些苍凉。

共同的天空／

云下的人什么样？

萧红的云与人很近很亲。“那大团的白云，好像洒了花的白银似的，从祖父的头上经过，好像要压到了祖父的草帽那么低。”（《呼兰河传》）云是想跟人开个玩笑，“他常常梦到白云在他头上飞，有一次还掠走他的帽子”（《莲花池》）。

月下的人什么样？

张爱玲的月亮常常跟人置气，喜欢丑化人。“她的脸在月光中是一个淡蓝色的面具，两只眼珠子像两颗圆而大的银色薄壳玻璃珠。”（《赤地之恋》）向窗外张望，想看看有没有月亮，然而只是“好像看见金黄的，一晃”（《创世纪》）。就是不让你如愿。

云的背景是天空。

萧红的天，始终保持蓝色基调。

“窗外的蓝天，开初是蓝得明蓝，透蓝。再就是蓝缎子似的，显出天空有无限深远。而现在这一刻，天气宁静了，像要凝结了似的，

蓝得黑乎乎的了。”（《莲花池》）

这是白天，夜里天仍旧是蓝，“夏夜蓝色的天，蓝色的夜”（《商市街》）。

蓝到极致，便成了这样：“蓝天凝结得那么严酷，连一些皱褶也没有，简直像是用蓝色纸剪成的。”（《后花园》）严酷表现的只是一种程度，并不绝情，“蓝天好像碧蓝的湖水，一条云彩也不挂到湖上”（《小六》）。水天一色，蓝汪汪的湖水，水汪汪的蓝天。

张爱玲也偏爱蓝色。她愿望里，自己书的封面应该是蓝绿底色，这本书摆在街头报摊上，等于给它开了“一扇夜蓝的小窗户，人们可以在窗口看月亮，看热闹”（《传奇·再版的话》）。

月的背景也是天空。

张爱玲的天，依然多彩。

由浅至深。先是绿。那是她想象里古代的一个清晨，“湖绿的天，淡白的大半个月亮”（《卷首玉照及其他》）。现实中也有相似的天空，“背后是空旷的蓝绿色的天，蓝得一点渣子也没有——有是有的，沉淀在底下，黑漆漆，亮闪闪，烟烘烘，闹嚷嚷的一片——那就是上海”（《心经》）。纯蓝接近绿。

之后是蓝。“山后头的天是冻结了的湖的冰蓝色，大半个月亮，不规则的圆形，如同冰破处的银灿灿的一汪水。不久，月亮就不见了，整个的天全冻住了；还是淡淡的蓝色，可是已经是早晨。”（《沉香屑·第二炉香》）比冰蓝深一点的是浅蓝，晴天太阳好，“天色也给逼成了极淡的浅蓝”（《小团圆》）。接下去是苍蓝，“苍蓝的天空上白隐隐的像罩着一层霜。那月光下呜呜的喇叭声，很有一种塞外悲茄的意味”（《赤地之恋》）。

随后是紫色。“空洞的紫黝黝微带铁锈气的天上，高悬着大半个白月亮，裹着一团清光。”（《小团圆》）

再后是灰黑。“月亮从云里出来了。墨灰的天，几点疏星，模糊的缺月，像石印的图画。”（《金锁记》）月圆之夜，“万里无云，像是漆黑的天上一个白太阳”（《金锁记》）。“青黝黝的天空里高高挂着大半个冷白的月亮。”（《赤地之恋》）

最后是无色，“只看见那一片空明的天，和天上细细的一钩淡金色的月亮”（《半生缘》）。无色其实跟黑色差不多，“那黝暗的天空，没有颜色，也没有云，空空洞洞四面罩下来，荒凉到极点”（《秧歌》)。那是一个冬日,“头上的天却是白中发黑,黑沉沉的,虽然不过下午两三点钟时分”(《创世纪》)。

张爱玲的天空跟她笔下的月亮一样清冷、苍凉,暗伏杀机。

如同月光有声一般,天空也有气味,张爱玲从紫色的天空嗅到了铁锈气。

萧红也写月亮,很少,下笔又极轻,寥寥数语。

也能见到“冷”字,但不是主角,而是静的前置。“他们的眼光都像反映在海面上的天空那么深沉,那么无底。窗外则站着更冷静的月亮。”(《孩子的演讲》)描述的是抗战中的小场景,人们横下一条决死之心后反而异常的宁静。也用“苍”字,“空中挂起苍白的月亮”(《腿上的绷带》)。也写红月亮,那是萧红回学校去向老师借钱,“圆月从东边一小片林梢透过来,暗红色的圆月,很大很混浊的样子,好像老人昏花的眼睛垂到天边去”(《商市街》)。仅此而已,再多就没有了。

她还注意到月亮暖意的一面,“春天的夜里,静穆得带着温暖的气息,尤其是当柔软的月光照在窗子上,使人的感觉像是看见了鹅毛在空中游着似的,又像刚刚睡醒,由于温暖而眼睛所起的惰懒的金花在腾起”(《旷野的呼唤》)。这样的柔情在张爱玲的月亮那里是找不到的。

张爱玲也写云霞,同样不多。

典型的是这句:“太阳已经偏了西,山背后大红大紫,金绿交错,热闹非凡,倒像雪茄烟盒盖上的商标画,满山的棕榈,芭蕉,都被毒日头烘焙得干黄松鬈,像雪茄烟丝。”(《沉香屑·第一炉香》)

写的是晚霞,火烧云。之所以说是典型,是由于带有鲜明浓重的都市色彩,雪茄烟、商标画,杂乱、热闹,是城市风景,棕榈和芭蕉倒是自然物,但在中国则是景观树,城市街区的点缀。

萧红爱云,张爱玲爱月,固然是它们的外形唤起了心中美感,然而又绝非仅仅如此。如果只是停留在表面,她们的描写是不会这样用心这样着力的。在更深的层面引起她们强烈共鸣的是云与月的品质。下面我们就来看一看云与月具有怎样的品质,继而沿着这个线索追寻萧红与张爱玲的人生轨迹和创作道路。

流动的云与静好的月

萧红的动和张爱玲的静

云霞的最大特点是变。

“这地方的火烧云变化极多，一会红堂堂的了，一会金洞洞的了，一会半紫半黄的，一会半灰半百合色。”（《呼兰河传》）这是色彩变化。

最注目的是形状变化。“五秒钟之内，天空里有一匹马，马头向南，马尾向西，那马是跪着的，像是在等着有人骑到它的背上，它才站起来。再过一秒钟，没有什么变化。再过两三秒钟，那匹马加大了，马腿也伸开了，马脖子也长了，但是一条马尾巴却不见了。

“看的人，正在寻找马尾巴的时候，那马就变靡了。

“忽然又来了一条大狗，这条狗十分凶猛，它在前边跑着，它的后面似乎还跟了好几条小狗崽。跑着跑着，小狗就不知跑到哪里去了，大狗也不见了。

“又找到了一个大狮子，和娘娘庙门前的大石头狮子一模一样的，也是那么大，也是那样的蹲着，很威武的，很镇静的蹲着，它表示着蔑视一切的样子，似乎眼睛连什么也不睬，看着看着的，一不谨慎，同时又看到了别一个什么。这时候，可就麻烦了，人的眼睛不能同时又看东，又看西。这样子会活活把那个大狮子糟蹋了。一转眼，一低头，那天空的东西就变了。若是再找，怕是看瞎了眼睛也找不到了。

“大狮子既然找不到，另外的那什么，比方就是一个猴子吧，猴子虽不如大狮子，可同时也没有了。

“一时恍恍惚惚的，满天空里又像这个，又像那个，其实是什么也不像，什么也没有了。”（《呼兰河传》）

张爱玲笔下的云也充满变数。“香港虽说是没有严寒的季节，圣诞节夜却也是够冷的。满山植着矮矮的松杉，满天堆着石青的云。云和树一般被风嘘溜溜吹着，东边浓了，西边稀了，推推挤挤，一会儿黑压压拥成了一团，一会儿又化为一蓬绿气，散了开来。”（《茉莉香片》）

云霞不定，无恒色无恒型，所谓白云苍狗。

月亮正好相反，恒定不变。

当然变还是要变的，但在一个时间里，比如今天晚上，肉眼看不出什么变化；况且它的阴晴圆缺是在固有的范围内循环往复，也就是古人讲的“常”“恒”“道”，故而这种变也可以说是不变。

萧红说月亮是“不转动的白色的月轮”（《两个青蛙》）。

张爱玲说得更哲学一些，谓之“没有时间性的月亮”（《赤地之恋》）。时间变动不居，超越时间即为不变。

她这样写：“过三十岁生日那天，夜里在床上看见洋台上的月光，水泥栏杆像倒塌了的石碑横卧在那里，浴在晚唐的蓝色的月光中。一千多年前的月色，但是在她三十年已经太多了，墓碑一样沉重的压在心上。”（《小团圆》）这是“秦时明月汉时关”的意境。今天的月亮也就是一千多年前的月亮，同样的光辉，同样景色。

这样的月色下，人的感觉也是恒定的。“玻璃杯里的茶微微发光，每一杯的水面都是一个银色圆片，随着船身的晃动轻轻地摇摆着。她的脸与白衣的肩膀被月光镀上一道蓝边。人事的变化这样多，而她竟和从前一模一样，一点也没改变，这使他无论如何想不明白，心里只觉得恍惚。”（《五四遗事》）茶杯的水面折射月光，现在与过去互相映照，月不变人亦不变。

云动月不动。

生活样式：漂女萧红，宅女张爱玲／

“天空一些云忙走”（《生死场》），萧红也忙着走，终身都在匆匆赶路。

她从故乡呼兰城出发，辗转于哈尔滨、北京、青岛、上海、武汉、临汾、西安、重庆、香港，其间还去了东京，总共 11 个城市，颠沛流离，无家可归。最后的日子是在香港一所医院的病床上度过，也是匆匆。窗外日军炮火隆隆，山河破碎，人心张皇。

萧红是流亡者，属于东北流亡作家群体。这是她的时代标签。

对于出生以及成长的呼兰县城的家，她是不亲的、疏离的。家里房舍看上去高大结实威风，但内里却空虚，“我家是荒凉的”，这话在《呼兰河传》中说了不止一遍。还有院子，“我家的院子是很荒凉的”，这话在《呼兰河传》中说了也不止一遍。与其说那是她的家还不如说是父亲的家。总之她是客，对生养她的家始终保持距离，打小就把自己放逐了，“那块土地在没有成为日本的之前，‘家’在我就等于没有了”（《失眠之夜》）。

亲人中，唯一亲的是祖父。祖父其实不是亲生祖父，萧红的父亲是过继子，幼时送到堂伯父名下做儿子，这位老人便成了萧红念念不忘的祖父。萧红受了委屈，祖父苍老的手抚着孙女头顶说：快快长吧！长大就好了。“二十岁那年，我就逃出了父亲的家庭。直到现在还是过着流浪的生活。”（《永远的憧憬和追求》）

她用的是“逃”。所以家的观念于她并不深切，可有可无。

这说的是后来她与父亲决裂的事情。萧红离家求学是在16岁，她1911年端午节出生，1927年秋季进入哈尔滨东省特别区立女子第一中学（现萧红中学）读初中一年级。哈尔滨，这座中国最北方的大城市是她出逃第一站。

3年后也就是1930年萧红初中毕业，家里逼婚，她拔脚便走，这回逃得远，到了北平（北京），进入女师附中（原师大女附中，现北京实验中学）读高中一年级。一年后回到呼兰城，不久再次出逃北平。这次逃跑颇有几分惊险，据传是做通了小婶和姑姑的工作，在她俩的掩护下躲在马车的白菜堆里才得的手。然而好景不长，一个月后又回到哈尔滨。萧红说的20岁那年逃出父亲的家庭应当指的是这一段。还有第三次去北平，那是成名后打算迁去居住，生生被爱人萧军拽了回来。

后来的线索就清晰了。萧红第二次从北平返回哈尔滨，走投无路中结识了萧军，两人同居，一起在哈尔滨生活了将近两年，便前往青岛。离开的原因很简单，被日本人盯上了，又不甘心做亡国奴。然而青岛也不好待，不足一年，又被人盯上了，只好继续逃，目的地是上海。上海是东方大都市，创业机会多一些，更重要的是此时的萧红和萧军跟鲁迅建立了通信联系，而这位青年作家们的伯乐就住在上海。

果不其然，在鲁迅先生的扶持下，二萧一举成功，萧红尤为突出。然而好事无双，两人情感裂痕扩大，决定分开一段时间，萧红远走他国，去了日本东京。小住半年，返回上海。萧红是在 1934 年 10 月底从青岛到的上海，刨去出国时间，在这里逗留了两年半。

之后便是战火中的逃亡。七七卢沟桥事变，八一三日军进攻上海，民族抗日救亡运动全面爆发。时值 1937 年，萧红 26 岁。当年 9 月底，萧红与萧军以及一群文化人撤往武汉，继续文化救亡活动。1938 年初，萧红一行应民族大学李公朴之邀，前往位于抗日前线的山西临汾民族大学任教。一个月后，又随丁玲率领的西北战地服务团撤往后方西安。不久再赴武汉。日军逼近，同年 9 月，萧红退往大后方重庆。在这座山城住了一年多，日本飞机不断轰炸骚扰，搅得萧红无法安心创作，便于 1940 年 1 月底飞往香港，暂居九龙，那里无战事，安静许多。

这种相对平静的日子维持了将近两年，日本人又追来了。1941 年底太平洋战争爆发，日军进攻九龙，重病中的萧红转移香港。日军占领香港，萧红病危，辗转两家医院，最终离开人世，时间定格在 1942 年 1 月 22 日 10 时，时年不到 31 岁。

这就是萧红离开家乡后的足迹，不断地走，不断地走。有停顿，短则一个月，长则两年多。

即便在居留的日子里也不得安生，总是在出租房之间搬来搬去，如暂居上海时就曾搬过七八次。最狼狈的时候几乎流落街头，那是在哈尔滨读书期间，父亲中断了经济供给，她失去住所，一下子跌落到社会最底层。她的小说《过夜》描述的就是这种状态下一次寻找住处的经历。那是一个寒冷冬夜，冻得她像哭泣一样地流着眼泪。敲姨妈家的门，没有应答，敲熟人的门，也没有应答，只好沿街徘徊。她羡慕狗、妓女，因为他们有住处。终于一个形迹可疑的女人收留了她，在土炕上的碎毡片和烂棉花里捱了一夜。早晨发现套鞋丢了，女人还索要衣物抵扣房钱，她留下身上的单衫。感觉“好像和老鼠住在一起了”。

还有一篇《初冬》，时间在这之前，天刚转冷。她在街上遇到弟弟。弟弟劝道：天冷了，再不能漂流下去，回家去吧！她答不。弟弟急了：漂流，漂流，就这么漂流着？嘴唇都抖动起来：“莹姐，我真担心你这个女浪人！”（萧红本名张迺莹）

女浪人——流浪之女，多么贴切而又残酷的称呼。

换成时下语言，叫漂女。萧红的漂，不是北漂、海漂，而是国漂。

离家前精神上已经漂了，之后从中国的北方漂到东方，从东又漂到中，从中再漂到西南，最后漂到东南，说她浪迹天涯不为过。她一生都没有立锥之地。

祖父说："快快长吧！长大就好了。"萧红写道："'长大'是'长大'了，而没有'好'。"（《永远的憧憬和追求》）

张爱玲也是无房户。

小时候她住在父亲家，母亲离异，在国外谋生。父亲有房子，好几幢，是从祖上继承下来的，但都被他卖掉了，租别人房子住，最后死在出租屋里，当然也就不可能留给女儿房产。张爱玲 16 岁时逃出父亲家，住进母亲与姑姑合租的一套公寓，此后便一直租住公寓。萧红离家求学也是 16 岁，两人出走时的年龄一样。

张爱玲走得更远。她 1952 年 7 月离开大陆去香港，住了一年多，中间去了趟日本，于 1953 年秋以难民身份移居美国。作为难民，她住过纽约救世军举办的职业女子宿舍；身为作家，她在新罕布什尔州山林间的麦克道威尔文艺营生活了两年。之后便在美国几个城市居住，计有彼得堡、旧金山、华盛顿、迈阿密、纽约、柏克莱、洛杉矶，于 1995 年 9 月初在洛杉矶西木区一幢公寓的出租屋里去世，终年 74 岁。不知道具体日期，因为是在去世几天后才被发现的。

从 1957 年到 1964 年间，张爱玲因创作电影剧本多次飞往香港，还去了趟台湾。

最夸张的是 80 年代中期，张爱玲皮肤瘙痒，认定是跳蚤作怪，便频繁更换住处。用她的话说，叫"逃虫难"，为此"被迫仓皇搬家"，"难逃一样地迁移转进"，几乎"天天搬家"。弄得连固定地址都没有，中断了与外界联系，最重要的合作伙伴夏志清居然 3 年没有收到她一个字。后来张爱玲无意中发现"圣诞信"上有人介绍医生，经诊断不过是皮肤过度敏感，敷了些特效药马上就好了。对于这一段反常表现，张爱玲自己也觉得颇有意思，打算写一篇"人虫大战"。（夏志清：《张爱玲给我的信件》第一百零六～一百零八封信）

考虑到张爱玲的寿命是萧红的一倍还多出 13 年，她的迁徙程度还是稍逊下风。最主要的这不是张爱玲的原本状态，迈出国门的张爱玲已经不是当年的那位超级才女了，那时她一年能发表十几篇散文和小说，而且篇篇是精品——任何一篇放在别人身上都足以成名。这时的她明显在走下坡路，而且下滑得厉害。到美国后，只写了两本书，一本是《粉泪》，后经自己译为汉文，名《怨女》；一本是《半生缘》。严格说来，这两本都不能算创作，前一本是《金锁记》的再加工，后一本是《十八春》的再加工。当然还有《色·戒》，但这个短篇是在香港构思的，跟《秧歌》和《赤地之恋》一样，同属她初离大陆时的作品。

张爱玲的本原状态应该在中国。

张爱玲，1921 年 9 月 19 日（一说 1920 年 9 月 30 日）生于上海，1 岁时举家迁往天津，6 岁时又搬回上海。18 岁以远东考区第一名成绩被英国伦敦大学录取，此时是 1939 年。由于“二战”爆发，转入香港大学。1941 年底太平洋战争爆发，日军攻占香港，港大停课，张爱玲 1942 年春夏之交返回上海，1952 年 7 月离开。很简单，只在三个地方生活过，上海、天津、香港，都是大城市。其中天津 5 年，香港 5 年，上海 21 年。

对了，抗战胜利后的 1946 年初，张爱玲风尘仆仆地去了趟温州，探视逃亡中的丈夫胡兰成，连路上用去将近一个月。

她住过大宅门、花园洋房、西式洋房、石库门，最中意的是公寓。她说：“公寓是最合理想的逃世的地方。厌倦了大都会的人们往往记挂着和平幽静的乡村，心心念念盼望着有一天能够告老归田，养蜂种菜，享点清福。殊不知在乡下多买半斤腊肉便要引起许多闲言闲语，而在公寓房子的最上层你就是站在窗前换衣服也不妨事！”（《公寓生活记趣》）公寓，那是小资们保持个性的理想居所，闹中取静，张爱玲图的就是这一条。就这样，她躲进公寓成一统，一过就是十余载。当年有人在《沪报》上这样写：她住在一所五层楼公寓顶上，杜门不出，谢绝交往，大有“遗世独立”之概。

如果说萧红是漂女，那么张爱玲就是宅女。

这说的是经历，一动一静。

婚恋：本我的萧红，自我的张爱玲

萧红小时候便发现，家里的东西成双成对，找不见单个的：砖头配泥土，破坛子配破大缸，猪槽子配铁犁头，好像是成亲结了婚，而且还生了儿女，比方猪槽子上长出蘑菇来。

小城实行包办婚姻，订婚也早，还是初中生的萧红就有了未婚夫，叫汪恩甲，是个“富二代”。萧红初中毕业，父亲逼婚，苦闷之中一个男人出现了，他叫陆哲舜，沾点亲，以表哥自居，领着表妹逃往北京。陆家实行经济制裁，表哥退缩，表妹返乡。两人没有同居，甚至没有性关系，算是一次有名无实的恋爱吧，动静挺大，干打雷不下雨。

第二次则是真的。萧红又出逃北京，陷入困顿，汪恩甲适时出现，把未婚妻带回哈尔滨，两人不仅配了对，猪槽子上还长出了蘑菇，女方怀了孕，这年她 21 岁。然而男人却跑了，把萧红一人扔在同居的旅馆里，让她独自承受 400 多块钱（据说换算后约合今天的 5 万元）的欠款。老板强留女人，扬言卖给妓院抵债。

危急中又一个男人出现了，叫萧军，前东北军下级军官，弃武从文，慧眼识才女，情动一时春。趁着发大水，萧军架一叶舟去救情人，萧红性急，蹭过路船只成功脱逃，欠旅馆的钱自然是赖掉了。之后两人同居，女人高耸的肚子里睡着汪恩甲的孩子。其间的酸甜苦辣萧红的《商市街》有详尽记录。鲁迅先生说：他们的关系就像刺猬，贴得越近越会刺伤对方，离得过远又不免互相思念。这对刺猬 1932 年 8 月建仓筑巢，1938 年 2 月分手，一块儿过了将近 6 年。萧军可以说是萧红生命轨迹中刻痕最广、最深的男人，不光共同生活的时间最长，对她的文学生涯影响最大，而且是她精神上最依赖、心理上最信任的伴侣。身困香港医院的萧红临闭眼前还念叨他，说要是萧军知道自己在危难中，会像当年在哈尔滨那样来救我出去。

第四个男人是名副其实的丈夫，名端木蕻良，作家、才子，比萧红小，姐弟恋。两人举办了结婚典礼，来宾中有文学界的朋友，还有可以代表男方的亲属，相当正规。新娘跟上回一样，挺着大肚子，怀的是萧军的孩子。丈夫好像长不大，家里家外都需妻子打理张罗。最过分的是危急关头，端木的表现都不够格。1938 年夏武汉大撤退，只搞到一张船票，他自己竟先走了。日军进攻港九，他又先走了，据说是“突围”转移内地，把病重的萧红委托给一个“粉丝”。只是在最后他才回转，此时距妻子离世仅剩 10 天时间。萧红与端木蕻良从 1938 年 5 月结婚，到萧红去世，婚龄 3 年 8 个月。对于自己的失职，端木蕻良非常悔恨，自责不已，独身 18 年，身边一直藏着萧红的一缕发丝。

第五个男人就是这位“粉丝”，骆宾基，小萧红 6 岁，青年作家，同属东北流亡群体。他与萧红相守 44 天，不离不弃，最后为她送终。端木一方曾为他的不负责任做辩解，说是丈夫看到了骆宾基与萧红之间不应该有的举动，便主动躲开了。能有什么动作呢？一个连说话都费劲的危重病人。由此亦可推断，两人之间不大可能发生性关系。用今天的语言说，骆宾基是接盘侠，大仁大义，纯爷们儿。萧红最后的日子里能碰上这样一个男人是她最大福分。

算下来，从萧红 19 岁近接触第一个男人开始到她离世，12 年时间里总共密切交往 5 个异性，具有实质性意义的有 3 位。

在那场唯一的婚礼上，萧红敞开心扉：我只想过正常的老百姓式的夫妻生活。没有争吵，没有打闹，没有不忠，没有讥笑，有的只是互相谅解、爱护、体贴。

她盼着有一个安定的婚姻和家庭，却始终动荡不已，失望之极的她对朋友梅志说：我好像命定要一个人走路。

萧红过世的消息传到萧军那里已是3个多月后。他在日记中写道：对于她，我不是悲悼过去的恋情，只是伤怀她的命运。

张爱玲与萧红一样，一生中只与 3 个男人发生过性关系。两人都是事不过三。

第一位是独树一帜的文化学者胡兰成，洞见第一流，文章第一流，书法第一流，俘获女人芳心的本领也是第一流。此人极其自信，曾放言：大凡女人，我都可以设想是我的妻。张爱玲是他的第几位女人说不清，但他绝对是张爱玲的第一个男人。

他们相恋是在 1944 年暮春，张爱玲将近 23 岁。此前已有大量作品问世，谈爱情论婚嫁，小说也大抵以男女婚恋为题材和线索，著名的如《倾城之恋》，俨然历经沧海，是这方面的专家里手。然而说出来没人相信，除了青春期对表哥朦胧的单恋外，竟从来没有对异性动过情，更无实际行动，不要说身体接触了，连手都没有拉过。

张爱玲与胡兰成于当年夏秋之交结为连理，以婚书为证，燃花烛拜天地，女方一位朋友、男方一位晚辈在场。由于胡兰成的汉奸身份，而此时抗战胜利已遥遥在望，故两人关系不宜公开，唯恐带累女方，属于地下婚姻。两个人 1947 年初夏分手，婚姻关系持续将近 3 年。

第二位是电影人，叫桑弧，自学成才的编剧加导演。与胡兰成关系的破裂打断了张爱玲的惯常生活，使她久久不能适应。这时候桑弧出现了，担任她的第一个电影剧本《不了情》的导演。桑弧漂亮有才华，又是单身，两人自然而然生出恋情。桑弧可能是个不错的情人，只是不够勇敢，面对曾经的汉奸的妻子，终于退缩了，与别人结婚，而张爱玲则平静地接受了这一结果。这场情事无疾而终，从 1947 年春夏到 1951 年上半年，静静地保持了 4 年。

第三位是剧作家，叫费迪南·赖雅（Ferdinand Reyher），德裔美国人。两人是张爱玲初到美国时在麦克道威尔文艺营结识的。住进这里的作家经济状况都不好，赖雅尤其差，早已过气，基本被社会遗忘了。他们 1956 年 8 月结婚，张爱玲 35 岁。赖雅又老又病，于 1967 年秋去世，这年张爱玲 46 岁。这段婚姻持续 11 年。此后张爱玲再未结婚，也没找情人，独自走完孤寂的一生。

张爱玲与胡兰成结婚，胡兰成提笔写婚书。问写些什么？张爱玲道：胡兰成张爱玲签定终身，结为夫妇。胡兰成点头，写好。略一沉吟，补上：愿使岁月静好，现世安稳。两人分别签上自己名字。胡兰成花心滥情，张爱玲要求丈夫做出选择，他心有不甘。张爱玲责道：你我婚约上写着愿使岁月静好，现世安稳，你给我安稳了吗？

尽管张爱玲与萧红同样只与 3 个男人建立过性关系，但保持时间要长久得多，在萧红身上，短的只有几个月，最长的不过 6 年；而且萧红的婚恋史仅仅 12 年，张爱玲长达 23 年。

一般情况下，没有人不想安稳静好，特别是女人。然而人性中确实又存在不稳定因素，比方求新求异，这就需要唤出理性去抑制它。用弗洛伊德人格结构学说来套，求新求异的冲动属于本我，理性属于自我。人人都存在这样的冲突，萧红和张爱玲当然也不例外。

萧红的本我很强大。20 世纪 30 年代初，前卫青年群体盛行"杯水主义"，主张更换情侣像喝一杯水那般轻易，萧红是其拥趸。一位朋友批评她，萧红沉默良久，最后迸出一句：你真封建！

张爱玲不同，本我很弱。《金瓶梅》是公认的淫书，有大量性事上的自然主义描写，这本书张爱玲读过多遍，非常仔细，连人物的衣饰都记得清清楚楚，唯独对其中刺激性场面一点反应都没有。日常生活中，包括婚后，她对性事"总是若无其事"，从来就没有主动过。

如何对待本我呢？萧红是常常放弃自我，有一种听天由命的放任。张爱玲的本我原本就弱，再加上很慎重，很克制，很理性，不仅在文艺群中属于另类，即便放进一般女性行列，其冷静也是少见的。

这说的是婚恋，一动一静。

作品：萧红多变，张爱玲稳定

萧红的作品，前后变化很大。

她文青出身，入行时满嘴文艺腔。比如《腿上的绷带》，刊载于1933年7月，属于早期作品，描写的是一个人称老齐的热血学生革命和恋爱双重失败的遭际。小说这样开头："老齐站在操场腿上扎着绷带，这是个天空长起彩霞的傍晚，墙头的枫树动荡得恋恋爱人。"这还过得去，再看这一句："老齐以为这个带着青春的姑娘，是在向他输送青春，他愉快地在笑。"

萧红的创作过程同时是她作为一个作家的成长过程，充满了探索性和不确定性，无论对象、主题、文字、风格、体裁都是变化着的。

以题材论，《生死场》与《呼兰河传》写的虽然都是东北乡土，但前者是自然主义的，主题沉重，处处凶险，步步死亡，气氛极其压抑，文字亦昏暗不明，情节突兀不清，重口味，强刺激，读一遍如同在地狱间行走一遭；后者是现实主义的，明朗鲜亮温润，无论是人还是物都活得本能而倔强，洋溢着生的乐趣，文字清新淡雅，简约大气，笼罩着轻轻的忧伤，是一幅回荡着诗情的水墨风情画卷。《商市街》和《马伯乐》写的虽然同是大城市，但前者偏重于白描，按萧军的话说属于“不折不扣的生活纪录”，结构松散，由一个个小故事组合而成，文字没有多少特点；而后者则属于深加工再创造，故事连贯，情节紧凑，人物性格鲜明，走笔轻松流畅，嬉笑怒骂嘲讽调侃无所不包。

《呼兰河传》和《马伯乐》可以说是萧红大部头创作中的精品，出版时间同在 1941 年，但风格迥然不同，根本看不出是同一个人所为。就风格论，《呼兰河传》是沈从文式的，《马伯乐》则是老舍式的，前者是诗，后者是小说。

萧红还实践了一种被称为散文体的小说体裁，就是用散文的方式去构建小说，这个内容后面要专门讨论。这里只简单提示一点，即这种弱化故事从而脱离了统一情节统一人物关系的文体，特别适合于自由发挥，笔随心走，到哪儿算哪儿，从而使小说呈现出变化不居、跳跃灵动的诗性节奏。

作家都是从文青走过来的，张爱玲也不例外，尽管她是天才。

对于自己的文艺腔，她曾狠狠地嘲笑过。她回忆起学生时代的一篇名为《理想中的理想村》的作文，就是以“我最不能忍耐的新文艺滥调”写就的，其中有这样令人汗颜的句子：“在熏风吹醉了人间的时候，你可以待在小船上，不用划，让它轻轻地，仿佛是怕惊醒了酣睡的池波，飘着飘着，在浓绿的垂柳下飘着……这是多么富于诗意的情景哟！”中学将毕业，她的两篇小说刊登在校刊上，一篇名《牛》，一篇名《霸王别姬》，“新文艺腔很重”（《存稿》）。好在不是面对社会，否则真要羞愧死。

然而在她正式登上文坛，便丝毫见不到文艺腔了。无论是散文还是小说，出手便十分老辣，无论是思想性还是艺术性都是超一流的，有着学院的素养和精致，业内的传统和范式，民间的通俗和趣味，同时又有着自己的特色，所谓张看、张说、张文，还培育出一批铁杆粉丝——张迷，留下一个研究领域——张学。

看看她最早发表的散文《更衣记》就清楚了。写的是近现代服装的变更，但能读出背后的经济与政治以及民族性格，也就是文化。文字更是好得不得了，随便摘出一句都能令人再三捧读，不忍放手："在政治动乱与社会不靖的时期——譬如欧洲的文艺复兴时代——时髦的衣服永远是紧匝在身上，轻捷利落，容许剧烈的活动，在十五世纪的意大利，因为衣裤过于紧小，肘弯膝盖，筋骨接笋处非得开缝不可。中国衣服在革命酝酿期间差一点就胀裂开来了。'小皇帝'登基的时候，袄子套在人身上像刀鞘。中国女人的紧身背心的功用实在奇妙——衣服再紧些，衣服底下的肉体也还不是写实派的作风，看上去不大像个女人而像一缕诗魂。"这样的东西，是22岁的女子写出来的吗?

这意思是说，张爱玲出道便占据高位，其文学之路不存在上升曲线，没有成长问题，始终平稳如一，从创作理论到表现方式都相对固定。比照她1943年初登文坛的作品与晚年作品，看不出有多大差距，依然保持着冷静的叙事方式，只不过更加安静平和而已。

这说的是创作道路，一动一静。

温热的云与清冷的月

萧红的云是暖的，张爱玲的月是冷的

萧红的云霞有温度，是热的。

“晚饭一过，火烧云就上来了。照得小孩子的脸是红的。把大白狗变成红色的狗了。红公鸡就变成金的了。黑母鸡变成紫檀色的了。喂猪的老头子，往墙根上靠，他笑盈盈的看着他的两匹小白猪，变成小金猪了，他刚想说：

“‘他妈的，你们也变了……’

“他的旁边走来了一个乘凉的人，那人说：

“‘你老人家必要高寿，你老是金胡子了。’”（《呼兰河传》）

火烧云燃起希望，给苦捱日子的人带来快乐和慰藉，哪怕只是短短一瞬。

张爱玲的月亮没有温度，是冷的。

少女时代的她就这样下笔：“黄黄的月亮斜挂在茅屋烟囱口上，湿茅草照成一片清冷的白色。烟囱里正蓬蓬地冒炊烟，薰得月色迷迷蒙蒙。”（《牛》）

后来更是这样。譬如这一句：“十一月尾的纤月，仅仅是一钩白色，像玻璃窗上的霜花。”（《倾城之恋》）再如这一句：“月亮高高地在头上。长圆形的月亮，白而冷，像一颗新剥出来的莲子。那黝暗的天空，没有颜色，也没有云，空空洞洞四面罩下来，荒凉到极点。”（《秧歌》）还有这一句：“这天晚上月色很好，那青霜似的月光照在那淡黄色的光秃秃的土墙上，有一种说不出来的凄清的况味。”（《赤地之恋》）这句也很典型：“这两天月亮升得很晚。到了后半夜，月光蒙蒙的照着瓦上霜，一片寒光，把天都照亮了。就有喔喔的鸡啼声，鸡还当是天亮了。许多人家都养着一只鸡预备过年，鸡声四起，简直不像一个大都市里，而像一个村落。睡在床上听着，有一种荒寒之感。”（《半生缘》）

张爱玲的月亮冷若冰霜，把人带进荒寒四野。

岂止是月亮，张爱玲笔下的太阳也少有暖意。如，“清晓的阳光照在女人的白头巾上，有着‘蒹葭苍苍，白露为霜’的情味”（《谈画》）。再如，“太阳照在上面也蓝阴阴的成了月光，仿佛日色冷青松”（《多少恨》）。还有“下午的太阳照在那旧蓝布上，看着有点悲哀，看得出不过是路过，就要走的”（《怨女》）。

不是太阳冷，是张爱玲的心冷。

性格：温热的萧红，清冷的张爱玲／

与自己笔下的云霞一样，萧红是热的。

萧红当年身陷哈尔滨旅馆，解救她的除萧军外还有一位方未艾。此人与萧军是老朋友，还一起从过军。方未艾远赴苏联，前去二萧家道别，萧军不在。方未艾对萧红说，不知这一去是生离还是死别？一句话，引出了萧红的泪水，她抬手拭泪。就这样，两人一边说，萧红一边抹眼泪。临别时，方未艾握住萧红的手，萧红哭了。

萧红有个弟弟叫张秀珂，同父同母。两人相处时间不长，但姐姐心里始终挂念他。前面谈萧红流浪生涯时提到过他。就是那篇《初冬》里，她写道："弟弟留给我的是深黑色的眼睛，这在我散漫与孤独的流荡人的心板上，怎能不微温了一个时刻？"深黑色的眼睛给她的印象太深了，"弟弟的眼睛是深黑色的"这句话，一千多字的小文中说了五遍。

萧军不忠，萧红远走东京，一个目标就是去与在那里留学的张秀珂会面，到达的那天还特意换上红衣裳，然而却扑了个空，张秀珂已提前回国了。感情受挫，她转投弟弟，可见亲情在她心中的分量。抗日战争全面爆发，弟弟参军，萧红思念心切，几年后发表文章倾诉衷肠，名《九一八致弟弟书》，表示全力支持的态度以及欣慰之情，同时也流露出深切的担忧。最后说："但是从那以后，你的音信一点也没有的。而至今已经四年了，你到底没有信来。我本来不常想你，不过现在想起你来了，你为什么不来信。"

萧红去世前口述遗嘱，对自己几部著作的版税进行安排，其中的《商市街》留给弟弟张秀珂。

也与自己笔下的月亮一样，张爱玲是冷的。

张爱玲有个闺密叫炎樱，唯一的好友，因为炎樱她也哭过。张爱玲心硬，很少落泪，这是有数的几次中的一回。那时她们一起在香港读书，放假时炎樱独自先走了，张爱玲放声痛哭，竟在床上打起滚来。如此悲痛恐怕不是为了朋友而是为了自己，她被放了鸽子，自尊心受不了。张爱玲离开大陆去香港，先到日本，投奔的是炎樱，后去美国，炎樱也在，正是在她的帮助下张爱玲才住进救世军的职业女子宿舍，获得暂时安身之处，张爱玲堕胎，也是炎樱找的人。然而就是这样的交情，又身处异国他乡，炎樱去看望张爱玲，提出在她家住一夜，张爱玲竟假装听不出来，炎樱用上海话说：侬好狠心。渐渐地两人便断了来往。

张爱玲也有个同父同母的弟弟，名子静，小她一岁。子静随母亲，生得很美。小时候姐姐拿他当玩意儿，不时在他腮上亲一口。可这个弟弟越长越没出息，逃学、忤逆、胸无大志。因为一点小事，弟弟被父亲打了一耳光，姐姐又难过又愤怒，继母却在一旁冷嘲热讽，姐姐发誓定报此仇。回头的工夫，弟弟已经玩上了球，姐姐心中顿时涌起一阵悲哀。最让姐姐震动的，是看见弟弟倚在烟铺上——父亲与继母抽大烟的地方——小猫一样偎在继母身后，脸上有一种心安理得的神气，仿佛终于找到了一个安身立命的角落。

姐姐越发看不上这个唯一的弟弟，便在小说里编排他。《茉莉香片》中的主角聂传庆，身上就有张子静的影子，自私、懦弱、怪异，出于畸形的自尊，为了证明自己是个强者，竟然对一个接近他的女孩施暴，残忍程度令人发指。这比写成贼寇还狠。贼寇尽管坏，却有男子汉气概，猥琐男呢，除了让人恶心还是让人恶心。

张爱玲离开大陆后，姐弟俩再无联系。1989 年张爱玲接到张子静的信，倒是回了信。信中说自己多病，对弟弟延迟退休的想法表示赞同，又谈了几句姑姑。最后道："传说我发了财，又有一说是赤贫。其实我勉强够过，等以后大陆再开放了些，你会知道这是实话。没能力帮你的忙，是真觉得惭愧。惟有祝安好。"其实这时候张爱玲的财务状况早已好转，6 年后她去世时，存款至少有 35 万美金。

这说的性格，一热一冷。

文字：文若其人

萧红的文字跟她人一样，也是热的。

张爱玲的文字跟她人一样，也是冷的。

萧家（萧红是笔名，本姓张，为叙述方便，统一为萧）有个长工，萧红叫有二伯，《呼兰河传》也为他立传，专设一章。第一节这样写：“我家的有二伯，性情真古怪。有东西，你若不给他吃，他就骂。若给他送上去，他就说：‘你二伯不吃这个，你们拿去吃吧！’家里买了落花生、冻梨之类，若不给他，除了让他看不见，若让他找着了一点影子，他就没有不骂的：‘他妈的……王八蛋……兔羔子，有猫狗吃的，有蟑螂、耗子吃的，他妈的就是没有人吃的……兔羔子，兔羔子……’若给他送上去，他就说：‘你二伯不吃这个，你们拿去吃吧。’”

张爱玲住的公寓有个电梯工，她这样写：“我们的开电梯的是个人物，知书达理，有涵养，对于公寓里每一家的起居他都是一本清账。他不赞成他儿子去做电车售票员——嫌那职业不很上等。再热的天，任凭人家将铃撳得震天响，他也得在汗衫背心上加上一件熨得溜平的纺绸小褂，方肯出现。他拒绝替不修边幅的客人开电梯。他的思想也许缙绅气太重，然而他究竟是个有思想的人。可是他离了自己那间小屋，就踏进了电梯的小屋——只怕这一辈子是跑不出这两间小屋了。电梯上升，人字图案的铜栅栏外面，一重重的黑暗往下移，棕色的黑暗，红棕色的黑暗，黑色的黑暗……衬着交替的黑暗，你看见司机人的花白的头。”（《公寓生活记趣》）

这是两个不同环境下不同职业的人，没有什么可比性。但可以体验一下读后的感觉。一个是倔老头，蛮不讲理，还喜欢骂人；另一个是知书达理的老职工，敬业而文明。然而前者比后者要可亲可爱得多，一个原因就是萧红的描写中多了一份情，而在张爱玲那里却感受不到。

这种区别在景物描写中也能看到。

同样是秋天的清晨。

萧红笔下是这样的风景：

“东方快启明的时候，朝露就先下来了，伴随着朝露而来的，是一种阴森森的冷气，这冷气冒着白烟似的沉重重地压到地面上来了。落到屋瓦上，屋瓦从浅灰变到深灰色，落到茅屋上，那本来是浅黄的草，就变成深黄的了。因为露珠把它们打湿了，它们吸收了露珠的缘故。惟有落到花上、草上、叶子上，那露珠是原形不变，并且由小聚大。大叶子上聚着大露珠，小叶子聚着小露珠。玉蜀黍的缨穗挂上了霜似的，毛绒绒的。倭瓜花的中心抱着一颗大水晶球。剑形草是又细又长的一种野草，这野草顶不住太大的露珠，所以它的周身都是一点点的小粒。等到太阳一出来时，那亮晶晶的后花园无异于昨天洒了银水了。”（《后花园》）

张爱玲的则是另一番景象：

“瓦上淡淡的霜在朝阳中渐渐溶化了。屋顶上就是山，黑压压的一大块。山上无数的树木映着阳光，树干变得非常细，看上去仅仅是一根白线，细得几乎没有了，只看见那半透明的淡绿叶子；每一株树都像一片淡金色的浮萍，浮在那影沉沉的深山里。”（《秧歌》）

《秧歌》是张爱玲初离大陆到香港时应美国新闻处之邀所作，不妨再看看其他书里的描写。

“她们种田的人特别注重天气。秋冬早上起来，大声惊叹着：‘打霜了！’抱着九莉在窗前看，看见对街一排房屋红瓦上的霜，在阳光中已经在溶化，瓦背上湿了亮滢滢的，洼处依旧雪白，越发红的红，白的白，烨烨的一大片，她也觉得壮观。”（《小团圆》）

同样的霜露同样的阳光同样的植物，但形成的氛围不一样。走进萧红的秋晨，你会对着湿漉漉的茅草屋顶深深吸一口气，然后看看玉蜀黍的缨穗倭瓜的花，再小心捧起一滴露水。而张爱玲的秋晨，你只能背着手远远地望上一望，很远，在天边。

这说的是行文，一热一冷。

概括以上全部内容，可以这样比喻：

萧红，一片散发着暖意的飘荡浮云。

张爱玲，一轮放射出寒光的静寂孤月。

这构成了她们人生与创作的基调。

二 苦难·灰度·小人物

作家特别是其中的佼佼者，大多有自己所关切所致力于表现的基本问题。若是能够在哲学层面上感受和思考这一问题，同时通过文学形象展现在读者面前，那么离跃上文学高峰也就不远了。这时候他不只是作家，也是思想者，给予读者的当然也就不仅仅是美感享受，还包括观念冲击。

萧红和张爱玲就是这样的作家。那么她们各自关注的基本问题是什么？又是怎样表现的？如果用一句话点破，可以这样回答，贯穿萧红作品的是人的存在状况，而张爱玲始终扣住的则是人性。

生死与苦难

生死：生死场中的大众和萧红

人作为生命，最重大最根本的莫过于生死。

萧红有一部中长篇小说《生死场》，写于青岛，首次使用萧红这个笔名，经鲁迅先生推动在上海自费出版。书名是后起的，原稿叫《麦场》，胡风改名《生死场》。改得非常好，明确并突出了主题，与内容以及全书营造的氛围丝丝入扣。胡风还写了后记，序言由鲁迅先生执笔，完全是重量级的。小说一经推出，萧红名满天下。

就艺术而言，全书结构布局不够合理，人物故事尚显粗糙，语言也不出色，效果从何而来？完全得自生死二字，这两个字本身就具有无穷震撼力。

“在乡村，人和动物一起忙着生，忙着死。”（《生死场》）萧红说的是“忙”，而且把人跟动物摆在一起。人们整天忙来忙去，忙啥呢？其实最终忙的不过是生与死那点事儿，这于人还是动物没有区别。

说这句话的时候，房后草堆上狗在艰难产子；母猪拖着大肚子晃来晃去，奶头鼓鼓的；光着身子难产的女人在尘土飞扬的炕上奄奄一息，孩子终于生了下来，死了；矮小瘦弱的村妇金枝在劳累一天又遭丈夫蹂躏后产下一个女婴（后被丈夫摔死），差点儿丧生；牛们马们在棚圈里因为争夺交配权大打出手。

生命来到世上，便开始大步走向死亡，无可逆转，坚如磐石。死亡是生命的别名。

人生是个场，曰生死场。

马老了，耕不动地拉不动车了，主人王婆送它去屠宰场。深秋的田地光秃秃，就像这匹干了一辈子活儿的老马，只剩下磨光了毛的皮革。不错，现在它也就身上这张光皮还有点用，能给主人换些钱。天上吹过凄厉的冷风，头顶飘着枯黄的树叶，老马在前，王婆在后，一步步走近屠场。

马不想走了，低头吃路旁的落叶，喝小水沟里的水，然后卧在地上。困苦使王婆脾气变得暴怒，甩动手中的树枝抽打它，树枝落在老马刀削似的瘦脊骨上断成两截。他们继续行路，经过一座东倒西歪的小庙，门前躺着个死孩子，用谷草束扎着，小脑瓜露出来，小脚丫伸在外头。

5 年前这匹马也很年轻，繁重的劳动折磨得它成了毛皮遮蒙着的骨架。如今没用了，被狠心送往屠场，为的是剥下这张皮，然而换来的钱却又不归它的主人。想到这里，王婆的心悬了起来，好像要掉出来一般。

前面就是屠宰场，敞开的黑色大门上血迹斑斑。王婆突然想起曾经在刑场上见过的杀人场面，屠刀一闪，一个小伙子倒下；屠刀又一闪，一个老头倒下，屠刀……

进了院子，满眼满目血淋淋场景。接下来的描述太写实了，令人心悸、战栗、想吐，已经到了生理忍受的极限。要挺下来，只能使自

已成为活死人，王婆就是这样。“满院在蒸发腥气，在这腥味的人间，王婆快要变做一块铅了！沉重而没有感觉了！”（《生死场》）

王婆得到了三张票子，可以交纳一亩地的租子。她离开屠场，老马跟了出来，它不想死。可是不成，它必须死，献出那张皮。

王婆哭着回家，不断用衣袖抹眼泪，两只袖子都湿透了，像是送葬归来。地主家的人早就等在门前，把卖马皮的钱拿走了。

老马的今天就是王婆的明天，老马命运就是王婆的命运。老马劳作一辈子，王婆辛苦一生；老马被役使，王婆遭盘剥。

老马的故事，王婆的生死场。

生命本已如此低贱，然而可怜的是，人拿生命不当命。

大姑娘金枝与一个喜欢吹口哨的小伙子发生了关系，怀上了孩子。人们的风言风语、像她一样偷情怀孕的人的悲惨遭际、母亲的鄙视与责骂，让她寝食不安，失魂落魄。下地干活，不分青红皂白，把没有成熟的西红柿也摘了下来。筐子装满了，便堆在地上。那边女人们故意大声议论她的丑事，而口哨声又响了起来。金枝慌了神，踩碎了一个柿子。母亲来了，望着采下的青柿子，不禁大怒，“母亲和老虎一般捕住自己的女儿”，边踢边骂，说她“败毁”。

萧红写道：“母亲一向是这样，很爱护女儿，可是当女儿败坏了菜棵，母亲便去爱护菜棵了。农家无论是菜棵，或是一株茅草也要超过人的价值。”（《生死场》）不是一时一事——就这件事本身，金枝也许应该受到责骂——而是观念，长期贫困使人见物不见人，重财而轻命。

《呼兰河传》中有个团圆媳妇（童养媳），是夫家花 8 两银子订下的，当时 8 岁，过来圆房时 12 岁。没有几天便开始遭受毒打，没别的原因，就是婆婆要给媳妇下马威。不想这是个倔媳妇，嘴硬，便继续下狠手打，结果打出了病，精神出了问题。担心银子白花了，夫家请来“抽帖儿的”给她治病。人家回答痛快，病能治，拿钱来，抽一帖 10 吊钱。

这边婆婆开始算账了。10 吊钱可以买 20 块豆腐，要是 3 天吃 1 块，可以吃 60 天；10 天吃一块，够吃半年；太浪费了，哪有这么过日子的？ 1 个月 1 块，尝个鲜儿也就差不多了，20 块豆腐，能对付 1 年半还多出两个月。要是不买豆腐抓个猪仔呢，好好喂上 1 年肥肥地卖掉，那就是千八百吊钱啊。买小鸡也成，10 吊钱能买十来只，养到第二年就可以捡蛋了；不说卖鸡蛋，单拿它换青菜，1 个鸡蛋换回的青菜足够全家老少三辈吃 1 天的；再说了，鸡会生蛋，蛋又会变鸡，鸡鸡蛋蛋地这样下去，那得有多少鸡多少蛋啊，能把人数糊涂了，那不是发大财了吗？

抢钱，强盗！她气坏了，气得眼泪都出来了。可是还得抽帖儿，要不花在团圆媳妇身上的钱就白瞎了。

8 两银子的定钱，10 吊的帖子钱，豆腐、猪仔、鸡、鸡蛋，哪一样都排在人命前头。

婆婆不仅毒打儿媳，还毒打过儿子。儿子那时还小，踩死一只小鸡，挨了三天三夜的打。当年她也同样算了一笔账：小鸡是鸡蛋变的，一只小鸡就是一个鸡蛋，一个鸡蛋换 3 块豆腐，毁在儿子脚下的可是 3 块豆腐啊，不打行吗？结果打出一场病，她便给儿子叫魂儿，这小子命大，魂儿回来了。

团圆媳妇死了。有二伯帮着埋的。小萧红好奇，打问情况。回答是："你问这个干什么，人死还不如一只鸡……一伸腿就算完事。"

是什么使人变得如此冷酷无情？是自己的存在。个人生命不值钱，活得像动物，自然也看不起别人的生命，视别人如动物。

所以不是一个人的生死场，是众人的生死场。

也是萧红本人的生死场。

她见过的死太多了，有一种时时被死亡包围的绝望感，这也是她的许多作品何以基调阴暗而令人倍感压抑的根本原因。短篇小说《小黑狗》就是其中十分寻常的一篇，讲的实际上是萧红与萧军在哈尔滨生活时的一个小插曲。房东家的狗下了一窝小狗，很讨人爱。一只小狗饿死了，萧红哭了。萧军告诉她，别说狗了，人死都很平常，冻死，饿死，黑暗死，天天发生着，你哭得过来吗？萧红的哭其实是兔死狐悲，她从小狗身上看到了自己，"我的心情完全神经质下去，好像躺在木板下的小狗就是我自己，像听着苍蝇在自己已死的尸体上寻食一样"。

是的，萧红曾经多次面临死亡。

不多说，只列举之前发生的两件事：大水和生产。小说《弃儿》反映的就是这两件事。

那是萧红被旅店老板扣留的日子，肚里怀着汪恩甲的孩子。松花江决堤，洪水涌进城市，淹没了街区，包围了旅馆，人们纷纷逃命。萧红走不了，她是人质，有人看守，再说了肚皮小盆般扣在瘦弱的身子上，根本无法动弹。怎么办？她孤身一人，无计可施、无路可走。空气中弥漫着洪水气味，一只小猪在旋涡中尖叫挣扎。一切都变得那样生疏，就连平日折磨她的那些无穷无尽的烦恼都跑掉了，被即将到来的死亡驱散了。她睁着两只惊恐、忧郁的眼睛，无助地望着大水，来往船只倒是不少，可是没有一只是来接她的。死亡向她一步步逼近。

她奇迹般的逃了出来，然而不久又被投进另一场死亡。

萧红一向视生产为女人的大劫难，前面引述的“人和动物一起忙着生，忙着死”这句话，就是在生产的背景下讲的，这一节的标题是“刑罚的日子”。

萧红的体质似乎特别不适合生孩子，离产期还有一个月，便开始剧烈反应，其程度远远超出一般女人，痛得她“在土炕上滚成个泥人”。萧军好不容易借来一块钱，雇了辆马车，送萧红去医院。萧红被疼痛折磨得“像鬼一个样”，揪扯着自己的头发在萧军怀中挣扎。后来，萧红又去了医院，这次住了进去，把孩子生了下来。折磨不轻，她昏睡两天，身体和精神极度疲乏，对一切都失去了兴趣，话都懒得说。

更大的痛苦还不是生孩子，而是如何处置她。第三天头上，萧红开始失眠，因为不给孩子喂奶，乳房胀得很硬，一个劲儿地叫痛，却不问一句孩子的事儿。护士推着婴儿车过来，她摇手连说“不要”，然而身体却在不住颤抖，可见心理斗争之激烈。

孩子放在隔壁，生生哭了五天，冻得浑身冰凉。妈妈终于忍不住了，半夜摸过去看望女儿。突然间她反悔了，回到房间跳上床，撕扯自己头发，痛打自己头盖，责骂自己是自私东西。因为她只顾儿女情长，却忘记了事业——为所有的孩子去奋斗。成千成万的孩子在哭泣，怎么就听不见呢？成千成万的孩子饿死了，怎么就看不见呢？眼前这个孩子跟大人相比，大人更重要，现在首先是她得活下去，而自己根本无力抚养这个孩子，如果把她带在身边，大人只能饿死，孩子也活不成。连这点儿道理都不明白，不是太自私了吗！

于是孩子送了人。后来听说她给医院院长当丫鬟，被打死了。

《生死场》的现实版。

同时也是我们大家的生死场。

就最一般意义而言，我们每一个人，无论是谁，生命都是一个生死纠缠的场。萧红将生死问题放大、凸显，表现的不仅仅是20世纪30年代东北农民的存在状况，也是人的基本存在状况，所以才能引起读者的普遍共鸣。小说《生死场》所达到的思想高度，是萧红其他作品包括最负盛名的《呼兰河传》所难以企及的。

那么在生与死的对立中，哪个是主要的呢？就终极结果来说，是死。无人能超越死亡，死是最后胜利者。但就生命精神来说，是生，活下去是生命的本能、本质。所以鲁迅先生认为，《生死场》的主旋律是生。他在序言中说："然而北方人民的对于生的坚强，对于死的挣扎，却往往已经力透纸背。"他鼓励读者赶紧进入书中，汲取"坚强和挣扎的力气"。

这其实说的也是萧红，她一次次从死亡中挣扎出来，展示了生的坚强。

死是生的衬托。人终有一死，但为生而来。

苦难：「日日在愁苦之中」/

《礼记》云：“饮食男女，人之大欲存焉；死亡贫苦，人之大恶存焉。”是说，财物和异性是人最想获得的，死亡和贫苦是人最想逃避的。然而我们看到，这两件事又互相渗透，恰恰是对财物与异性的追求导致贫困，从而使人生陷于苦难状态。异性方面的苦难后面专门谈，这里说说物质的苦难，主要是饥寒和流离。

先看饥寒。

吃和穿是生存的最大问题。“假若有人问他们，人生是为了什么？他们并不会茫然无所对答的，他们会直截了当地不假思索地说了出来：‘人活着是为吃饭穿衣。’再问他，人死了呢？他们会说：‘人

死了就完了。’”（《呼兰河传》）

然而人们却经常吃不上饭。

直接的描写就不引述了，说点轻松的。

《生死场》中有个人称“二里半”的农民，妻子叫“麻面婆”，儿子叫“罗圈腿”，这天全家到地里收白菜。麻面婆眼尖，瞥见与自家相接的别人家地畔的倭瓜红了，四周望望，没人，便上前摘了下来，一共四个，其中两个让罗圈腿抱着往车上送。倭瓜很大很重，孩子抱不动，勉强走到地头，便向父亲告急，嚷嚷道西瓜要摔碎了。一下子惊动了周边干活的人，大家笑话他把倭瓜叫西瓜。父亲二里半大怒，上来就是一脚，骂道叫你收白菜，你抱倭瓜干吗？麻面婆见要露馅，连忙把那两个倭瓜藏进西红柿棵子里。罗圈腿说是母亲让抱的。麻面婆脸连使眼色，让孩子别嚷。人们围了上来，看看这出戏咋唱。

父亲继续责骂孩子，母亲不吭声，孩子急了，把那两个倭瓜从西红柿棵子里滚出来。事情败露，人们哈哈大笑，笑声淹没了这一家子。再看二里半，气得呼吸都快停止了。等到他终于道出真相时，事情更加可乐。原来倭瓜是他自个儿种的，特意为留种子，所以一直没摘。妻子偷的竟是自家的瓜，得，种子是留不成了。

这里没有一个字提到饿，然而实实在在反映的是吃的艰难。麻面婆为什么偷？因为吃的不够。倭瓜为什么会造成误解？因为瓜蔓爬到了别人家地里，而这完全是二里半有意为之，占人家地力的便宜。饥饿使人变得鬼鬼祟祟。

人们也经常穿不起衣服。也说点轻松的，看看萧红笔下有二伯的行头：

“有二伯穿的是大半截子的衣裳，不是长衫，也不是短衫，而是齐到膝头那么长的衣裳，那衣裳是鱼蓝色竹布的，带着四方大尖托领，宽衣大袖，怀前带着大麻铜钮子。

“这衣裳本是前清的旧货，压在祖父的箱底里，祖母一死了，就陆续地穿在有二伯的身上了。

“所以有二伯一走在街上，都不知他是哪个朝代的人。

“老厨子常说：‘有二爷，你宽衣大袖的，和尚看了像和尚，道人看了像道人。’

“有二伯是喜欢卷着裤脚的，所以耕田种地的庄稼人看了，又以为他是一个庄稼人，一定是插秧了刚刚回来。”（《呼兰河传》）

男人穿女人衣服，不光丢人，而且不吉利，这在老旧农民那里更是如此。然而有二伯却穿着这身衣服满世界游走，他没辙，要不就别出门——他根本没有自己的衣服。

再看流离。

衣食之后是住，也就是房子，所谓居者有其屋。住房比吃穿更难，因为获得更不易。

萧红曾写过一个搬家的故事，篇名《小六》，背景是城市。

一家三口人，父亲是小贩，贩点西瓜油条包子什么的。母亲给人做女仆。他们有个女儿，名叫小六，有时跟着父亲去卖瓜，专门捡拾吃客嘴里吐出的西瓜子；有时跟着母亲去侍候人，提个壶打个水。

他们没有自己的房子，租别人的住。只窄窄的一间，全家挤在一张床板上，睡觉像打仗，爹和娘互相嚷着要对方往边上靠，说挤得腿痛腰痛，结果把孩子挤得掉在地上。就这样的地方，他们也住不成了，房东逼他们搬走。母亲正病着，房东可不管，说早就通知你们了，再不走砸你家盆。

往哪搬？搬到海里去？他们只负担得起三元钱一个月的房租，再找不到这么便宜的房子了。母亲愁得一夜一夜地睡不着觉，两眼红红的。于是两口子便吵架，男人抡起拳头打女人，孩子跑出去喊人，无助的她甚至跑到大街上呼救。

每次打架小六母亲不哭昏过去不算完，人们说她疯了。

她真的疯了，居然抱着女儿跳进路边的臭泥坑，还疯狂地撞石头墙。

小六也跟着哭。母亲号啕到半夜。院子里的孩子很害怕，说小六也疯了。

明天，谁知道？他们往哪儿搬呢？“说不定娘要跳海，又要先把小六推下海去。”

活得太难了，根本不像人。

正如小曲唱的那样：

“一年之中三百六十日，
日日在愁苦之中，
还不如那山上的飞鸟，
还不如那田上的蚱虫。

还不如那山上的飞鸟，

还不如那田上的蚱虫……”（《朦胧的期待》）

萧红曾经没吃没穿没住，窘境一点儿也不亚于书中描述的那些对象。笔端的饥寒感和漂泊感一泻千里，无穷无尽，痛彻骨髓。以至于说出这样绝情的话：“我懂得的尽是些偏僻的人生，我想世间死了祖父，就没有再同情我的人了，世间死了祖父，剩下的尽是些凶残的人了。”（《祖父死了的时候》）

那是她与萧军住在哈尔滨旅馆，“胃口收缩”“肠子呼叫”“肚子呼唤”，几乎从早到晚、又从晚到早地纠缠着她。她眼睛四处踅摸，希望发现能入口的东西，哪怕只是一丁点儿，然而只有桌子和床上的草褥子，问自己“桌子可以吃吗？草褥子可以吃吗？”来了，是茶房，他手上托盘中盛着肉饼、炸黄的薯块、切成大片的富于弹性的面包……可惜不是真的，是想象。

有面包，推开门就能瞧见，走廊中其他房间的门上就挂着店家送来的面包圈，诱人的麦香阵阵袭来。天没亮，灯熄了，人在睡，走廊静悄悄。一个念头冒出来，迅速膨胀：“去拿吧！正是时候，即使是偷，那就偷吧！”她轻轻打开门，面包圈看上去比平日大了一些。这可是偷啊，最羞耻的行为！她赶紧关上门。随即动摇了，我饿呀，不能算偷。于是又打开门。终于没有下手，回到床上，熄灭灯。萧军还在睡，真怕他刚才醒着，在自己将要下手的那一刻，萧军是敌人，如果母亲在场，她也是敌人。

这已经不是饥肠的折磨了，还有他人的压力，道德的谴责，内心的冲突。在这重重矛盾下，面包不再是可欲对象，而是对头：“对面包我害怕起来，不是我想吃面包，怕是面包要吞了我。”（《商市街》）

那是逃到北京念书。秋天转凉，她仍身着单衣，引来同学一片惊讶目光，说到底是关外人，耐冷，这天儿还穿这么少，脸都冻紫了也不怕。坚持到元旦，下雪了，感觉衣服薄得透明一般，像是穿着层冰，跑回床上，床也像块冰。

她一直冷。在哈尔滨旅馆，也是冬天，衣服不够，出不了门。萧军从当铺赎回两件衣服，其中一件是他的夹袍，拿出给萧红穿。男人夹袍太长太宽，盖住了脚面遮住了手，宽大的袖口像是肩膀上一边吊着一个口袋。萧军打量她，说你真像个大口袋。这么难看的衣服，她居然“觉得很合适，很满足”。

搬进出租屋，没有烧的，只能早早上床。不管用，身子在被窝里哆嗦不已，两个人的呼吸像冒烟一样。玻璃上的霜好重，像是长出厚厚的绒毛。半夜冻醒了，尽管萧军在身边，但仍旧不解决问题，心想都说情人的身子比火还热，这话可不能相信。

他们的用品实在可怜。她和萧军在旅馆栖身，铺盖要收租金，交不起，便睡在没有床单的草垫子上，只有自己带的一条被子，灰色的棉花从破洞中流出来。鞋带断了，本来用的就是断过的鞋带，这回又断了。萧军抽出自己的鞋带，没有剪刀，用力扯为两截，一截给萧红，一截留给自己。系好，萧红望望鞋，一只是白鞋带，一只是黄鞋带。

那是逃出洪水后，她与萧军无处可去，晚上在熟人家借宿，白天只能在外面待着。先是在街上徘徊，水退去后便整天坐在街口放着的小船的船板上。他们衣着寒酸，主人不高兴，嫌他俩给他家丢脸。这让萧红很受刺激，说连在街上走的资格都被剥夺了。同时被剥夺的还有恋爱，这是萧军接的话茬儿，因为他们现在是在街上谈情说爱。

后来他们住进旅馆。房费一个月 60 元钱，本来是 30 元，趁着发洪水，租金翻番。经理来收费，瞪着眼睛威胁说不交齐明天就给我走人。他们只有 5 元钱，已经被他收走了当天的 2 元钱房租。萧军大怒，扬起剑指着对方命他走开，否则宰了他。萧军行伍出身，随身带着口剑，性格暴烈。结果招来了警察。

再后来租房子住。终于住不下去了。萧军说：“流浪去吧！哈尔滨也并不是家，那么流浪去吧！”（《商市街》）他们没有什么东西，卖掉锅碗瓢盆旧棉被旧鞋，离开哈尔滨，开始了半个中国的流浪。

萧军初见萧红，一切都令他诧异，最惊讶的是对方的头上竟然有了丝丝的白发，很显眼，在灯光下闪闪发亮。鲁迅的夫人许广平也是这个感觉，一张年轻的面庞衬着过早的白发是那样不相称。那时萧红才多大？刚刚 21 岁，其后也不过 23 岁。

艰难窘迫的岁月过早染白了她的发丝。

萧红笔下的故事和她自己的故事发生在 20 世纪三四十年代，早已化为过去。现在的人们已经基本不用为吃穿发愁，居住也不像过去那样艰辛。然而苦难依然存在。

原因何在？就在于人性，在于其中的欲望。

人不能没有欲望，无欲则非生命，也就无所谓人了，欲望是人存在的前提。从本性上看，欲望是虚，好比空洞，古人称“壑”，大深沟，驱使人去填充。不是填了就没事了，而是必须不住地去填，因为永远填不满，一个要求满足了，另一个要求又开始了，一个接着一个。所以古人讲“欲壑难填”。

当代文学家史铁生说：“人生来就有欲望，人实现欲望的能力，永远赶不上他欲望的能力。这是一个永恒的距离。”

追求不到就是苦就是难。

具体到物质层面上，人只要将其作为需要来对待，不管是解决温饱还是改善生活，都一样导致苦难。所以佛家视人生为苦，富人与穷人没有区别，只要是生命即为苦。苦难是本质性的。

由此可以说，萧红所表现的苦难具有一般意义，反映了人的基本存在状况，尽管她讲的是过去的故事。

萧红的态度

萧红与她描述的那些对象经受着共同的命运，她的写作实际上是以自己的生命体验再现他们的生活，所以自有一种深切的同情在里面。

有二伯，萧家长工，他的艺术形象一再出现。小萧红跟伙伴们玩耍，用绳子系住大白狗脖子，命它拉爬犁，狗不听话，不是往狗窝里钻就是往厨房里跑，在孩子们打骂下，终于上路了，但有时又弄翻爬犁，把人扣在雪地里。每出现一次失误，便被饿一天，孩子们给它的嘴套上笼头，拴在马桩子上，不许吃东西。有二伯见了，便把大白狗解下来，一双手颤抖得很厉害。

有二伯挨打了，打人的是萧父。下手很重，拳脚下去像是捣衣裳的声音从四面八方传来。萧父追着打，有二伯跑几步，被打倒在地，挣扎起来再跑，又被打倒，跟一条曲卷成一团的虫子似的翻滚着。“到后来有二伯枕着他自己的血，不再起来了，脚趾上扎着的那块麻绳脱落在旁边，烟荷包上的小圆葫芦，只留了一些片沫在他的左近。鸡叫着，但是跑得那么远……只有鸭子来啄食那地上的血液。我看到一个绿头顶的鸭子和一个花脖子的。”（《家族以外的人》）

萧红用的是白描手法，没有讲一句自己的心理活动，但字里行间读得出倾向。

萧红养的小鱼跳出盆子死了。她责怪自己在外面待的时间太长，光顾着图痛快却忘了鱼。她和萧军打算用它烧菜，刮掉鳞剖开肚子，不想鱼又动了，尾巴啪啪地打着菜板。想到鱼终究活不过来，还是放进了锅。萧红不忍看下去，转身面向窗子。外面，小狗追逐鸡，房东家的使女挨了打躲到墙根处哭泣……萧红突然愤恨起来："这是凶残的世界，失去了人性的世界，用暴力毁灭了它吧！毁灭了这些失去了人性的东西！"鱼很腥，没法入口，全部倒进了垃圾箱。这篇小说叫"同命运的小鱼"，是《商市街》中的一篇。小鱼、鸡、房东家使女，当然还有萧红自己，都是同样处境中的生命，她本能地站在弱者一边。

萧红的血是热的。

萧红的生命是动态的。

她打小倔强，跟母亲较劲儿，跟父亲斗争，后来为了上学又跟父亲闹对立；争取到了去哈尔滨读书的机会，又积极参加学生运动，跟校长和警察对抗；其后跟包办婚姻对抗，以至于跟父亲决裂，像娜拉一样的出走。她抗拒压制她的一切，包括来自亲密者方面、社会方面、外族方面。她总是对自己的生存状态不满意，不断寻求新的改变，她的变不只是一种客观状态，更是一种主观追求，以期在变中迎来命运的转换。萧红是一个生活的反叛者。

这样的人生在习惯于守旧的社会中间是一个异数。

萧红求新求变的生命状态不能不影响到她的创作。

中国人特别是农民，对于苦难天生就具备无比的忍耐性，世世代代年复一年日复一日的生活方式早就把保守基因深深植入他们及其子孙的肌体。就像《后花园》中说的那样，昨天的麦粒跟今天的麦粒没有一点改变。

萧家院子大，房子多，住进不少租户，都是一些底层劳动者，漏粉的、养猪的、拉磨的、赶车的。他们埋头干活，也拉胡琴、打梆子、唱"叹五更"。"他们虽然是拉胡琴、打梆子、叹五更，但是并不是繁华的，并不是一往直前的，并不是他们看见了光明，或是希望着光明，这些都不是的。

“他们看不见什么是光明的，甚至于根本也不知道……

“他们就是这类人，他们不知道光明在哪里，可是他们实实在在的感得到寒凉就在他们的身上，他们想击退了寒凉，因此而来了悲哀。

“他们被父母生下来，没有什么希望，只希望吃饱了，穿暖了。但也吃不饱，也穿不暖。

“逆来的，顺受了。

“顺来的事情，却一辈子也没有。”（《呼兰河传》）

对他们，萧红是哀其不幸，怒其不争。

所以她要写他们的变化，哪怕是一点点，哪怕是最后再变回去。

租户里有个冯二成子，是个拉磨的，把麦子磨成面粉，已经三十大几了还没媳妇，是个老光棍。一个雨夜他听见了邻家女的笑声，心“怦”的动了，于是里头便住进了人。偶尔跟姑娘走个对面，赶紧低下头，直到脚步声去远，方敢抬起脸。自此总是听见姑娘的笑声，奇怪的是做两年邻居，过去咋就听不见？现在不光是笑声，就连她家劈柴爆裂都听得真真的。有时他害怕听到姑娘的笑声，抓住被角把耳朵捂住，可不顶用，笑声还是钻进来。

他想见到姑娘。大清早静静地站在屋里，竖起耳朵，一旦邻家有响动，便把拉磨的小毛驴牵出去刷。正好也是姑娘做家务的时间，到院子里取一捆柴，泼一瓢水。他很满足，似乎他们天天见面。

又听到了笑声，正琢磨着是从哪儿传过来的，一回身，姑娘就站在磨房门口，熠熠生辉。光线太强了，他赶紧低下头。有人招呼姑娘，她转身跑了。冯二成子晕了。姑娘闪电般的出现又闪电般的消失，转瞬无影无踪。

他恨，恨自个儿软弱。他不敢，自己身份太低了，生怕毁坏了她。

终于姑娘嫁出去了，这家人也搬走了。

送行回来的路上，冯二成子似有所悟：“人活着为什么要分别？既然永远分别，当初又何必认识！人与人之间又是谁给造了这个机会？既然造了机会，又是谁把机会给取消了？”看见地里干活的、路上挑担的、市场上买豆腐脑的，不禁心里发问：你们当牛做马忙忙碌碌一辈子，到头来什么也得不到，还活个什么劲儿？回到磨房，一切都跟昨天一模一样，什么都没变。

从不歇工的他歇了，在街上游荡到半夜，终于敲开王寡妇的门。冯二成子娶了她，在磨房安了家。结婚那天，他百感交集，哭了一通。

他们有了自己的孩子。两年后孩子妈死了，不久孩子也死了。冯二成子又回到了过去。但不管怎么样，他总算经历过变化，使自己的人生有了一点新内容，品尝了生活的另一种滋味。

变总比不变好。

小人物与灰色人性

普通人：不光是写作对象也是张爱玲自己／

张爱玲把社会生活分为两类，一类是飞扬，一类是安稳。飞扬也叫斗争，冲突、牺牲、变革都属于这一类，安稳也叫和谐，平平常常不慌不忙地过日子。文学家们一向注重飞扬，因为斗争更吸引眼球，更具戏剧性，更能让人兴奋。好了，既然你们都去写飞扬，那么我就来写安稳。张爱玲给自己这样定位。

在她看来，社会生活中安稳的一面更重要，是飞扬的底子。没有安稳哪来的飞扬？没有平常的衬托，斗争就是虚的。况且人为什么要去变革，不就是为了求得新的和谐吗？变革常常打破平静状态，但毕竟是一时一事，社会终究要回到平静，所以安稳才是永恒的。飞扬仅仅存在于某一个时期，安稳则存在于一切时代。

这说的是社会生活，安稳是常态是主体是根本。其实人生也一样，个人亦如此，无不以安稳为主，由此可以说："它是人的神性。"（《自己的文章》）这是追溯本原，上升到人性高度。安稳，或者说追求协调，是人的本质、本分、本能。你可以飞扬，但最后一定落实在安稳上，回到寻常。

支撑安稳人生的是基本欲望——食欲和性欲，就是前面引用过的儒家经典《礼运》所说"饮食男女，人之大欲存焉"，张爱玲拿来说事。饮食男女，借用她的小说《怨女》中的话是"生命力本身的力量"。它造就了人的最基本存在状态"生命与恋爱与死亡的循环"（《太太万岁题记》）。

日军进攻香港，生活大变。张爱玲发现，所有"浮文"，或者说可有可无的东西，诸如上课啦、考试啦，统统去掉了。留给港大学生的只剩下饮食、男女这两项。学生整天做的就是买菜、烧菜、调情，当然这调情带有战时特点，温和而感伤。学生宿舍里，男生躺在女生床上玩纸牌一直到夜深，第二天一早她还没起床，他又来了，坐在床沿上。隔壁便传来女生娇滴滴叫喊：不行！不吗！不，我不！叫声断断续续，直到她穿上衣服下床为止。

这是特殊时期，和平情况下也是一样。比方交际舞，有点让人犯嘀咕，辩护者说是艺术，如果谁在里面发现色情趣味，那是他自己存心不良。张爱玲驳道：那可不见得，为什么两个女人一同跳就觉得无聊呢？显然其中"离不开性的成分"（《谈跳舞》）。

总之，什么都可以没有，但绝不能少了饮食男女。反映在文学创作上，就是"从柴米油盐、肥皂、水与太阳之中去找寻实际的人生"（《必也正名乎》）。

正因了这一点，张爱玲更喜欢巴赫。巴赫的曲子不像贝多芬或肖邦的那样纤巧，而略显粗笨；也没有庙堂气和英雄气，很是平凡。那是小木屋子里墙上的挂钟滴答摇摆，是从木碗里喝羊奶，是女人牵着裙子请安，是绿茵茵草地上若有所思的牛羊和蔚蓝天空中无心漂浮的白云，是庆祝结婚的金色大钟敲响沉甸甸的喜悦。巴赫的曲子里有生活。

这种生活就叫世俗。

中国当代哲学家梁漱溟从态度上把人生分为三种，曰逐求，曰厌离，曰郑重。逐求以饮食、男女、名利、地位为对象，厌离以摆脱欲望纠缠和生离死别的痛苦为目标，郑重追求的则是自然合理的生活方式。它们分别对应三种人生道路，即世俗的道路、宗教的道路、道德的道路。

张爱玲的创作观照的是世俗的道路。

世俗世界的人叫俗人，也叫普通人。

与普通人不同的是超人、英雄。他们属于另外世界，即宗教的世界、道德的世界。不是说英雄不活在世俗中——谁都得饮食男女不是？而是说到了世俗世界，英雄便世俗化了，呈现出普通的一面。

也不是说普通人永远安于普通生活，不掀波澜——谁都想推陈出新，尝尝另一种风味不是？但他最后还是要返回普通，世俗生活对他最合适也最好。

张爱玲有篇小说名《封锁》，就是这篇东西镇服了胡兰成，从而知道世上有张爱玲这么一位女作家，进而展开不懈追求的。封锁是当时常见的事情，麻绳一拉，出现几个挥舞手枪的人，路就断了，以便军警搜捕可疑分子。小说讲的是一辆有轨电车突遭封锁被迫停在半路而发生的故事。乘客中有两个人，中年男，已婚，银行白领；青年女，未婚，英文教师，都是老实生活老实工作的规矩人。男人因为躲避一个讨厌的熟人而坐到了女人旁边，为打破尴尬便主动与她搭讪，反正也没什么事，聊呗，不由得便聊深了。男人开始抱怨自己的家庭和太太，一切都那么庸俗无聊。女人应和着，挺理解挺同情的。男人受到了鼓励，可找到知音了，便敞开了说，把单位那点事儿也和盘托出。两人似乎进入恋爱场景：恋爱中的男人向来是喜欢说，恋爱中的女人向来是喜欢听，因为她下意识地知道，男人一旦彻底懂得了女人之后便不会爱她了。

男人猛地发现原本不入眼的女人变得很是可爱，竟然暗示（其实等于明说）打算娶她，女人居然暗许了（也等于明说），还留下了电话号码。

突然“丁零零零”响起来，电车敲钟，封锁戒除。电车哐啷哐啷往前开，男人站起身挤进人丛不见了，女人偏过头不做理会。

方才的一切似乎没有发生。“整个的上海打了个盹，做了个不近情理的梦。”

人们回到了从前，该怎么生活还怎么生活。

如果换一个情节，男人非娶不可，女人非嫁不成，视世俗观念和关系为无物，闹得鸡飞狗跳，最后私奔乃至殉情，怎么样？肯定出彩、好看。但张爱玲不会这么写，因为普通人做不出来，那是英雄性格的人的行为。

从普通人角度讲人物命运，即使给出一个造就英雄的环境，他也成不了英雄。大家都知道小说《色·戒》，里面的王佳芝就是一个典型。与当时沦陷区一些爱国学生一样，她也自觉加入反日锄奸秘密活动中，策略是以色相接近汉奸特务头子易先生而后趁机下手。经过一段接触，王佳芝终于搞定了易先生，两个人迅速发展成情人。就在王佳芝把易先生引到事先设下的埋伏圈里，锄奸组织即将出手的时候，女人突然反悔了，向自以为爱她的易先生示警，导致行动失败，最后自己也死在易先生一伙的枪口下。

王佳芝具备成为英雄的客观条件，身处抗日战争的年代，被秘密组织吸收为成员，担任锄奸行动的特殊角色，这些都为她接通了不平凡的人生。然而她终究是普通人，平凡的血平凡的气质平凡的意识注定了她在最后关头没能站住脚，出溜下来，滑回本色。她离英雄就差那么一点点。这就是普通人与英雄的距离，在张爱玲那里，这个距离是永恒的，不可逾越的。

关于王佳芝，张爱玲特别指出，她不是专门训练出来的特工，具有“正常的人性的弱点”（《羊毛出在羊身上——谈〈色·戒〉》）。这个弱点就是《色·戒》中的色，男女之大欲，这在普通人身上是无可抗拒的。王佳芝弄假成真，对易先生动了真情，又认定对方确实爱自己，结果酿成悲剧。尽管色的后面加了一个“戒”字，其实不过是提醒，是根本戒不掉的。

这样的结局让人泄气，改一下好不好？张爱玲的回答是“不好”。“我知道我的作品里缺少力，但既然是个写小说的，就只能尽量表现小说里人物的力，不能代替他们创造出力来。”（《自己的文章》）

所以只能这样写。

普通人是不彻底的人。

张爱玲说："我的小说里，除了《金锁记》里的曹七巧，全是些不彻底的人物。"（《自己的文章》）

什么是不彻底？概括地说就是"是非黑白"不分明。是非分明黑白分明的人是可以找到的，张爱玲把这种人叫"极端病态与极端觉悟的人"，暴君与圣人就是代表，降一格，在恶人与英雄身上也反映着是非相搏、黑白对立。然而这种现象并不常见，你瞪大眼睛巡视周遭，恐怕发现不了一个这样的人，差不多都是既有好的一面又有坏的一面、既可爱又可恨的混合体，难以用既定的标准划线归类，无法放进是与非、黑与白的行列。

既然生活是这样，那么作为其艺术表现的文学创作也应该贯彻"不彻底"原则。令张爱玲遗憾的是，这恰恰构成了中国文学的先天不足。人们习惯于从"应当"出发，以道德逻辑去剪裁人与事，结果故事乃至感情都成了预设的东西，一切都顺理成章。造成这一现象的原因在于道德本位，用是与非、善与恶的标准去解释、构造、浓缩人生。今天说的概念化、脸谱化、简单化就属于张爱玲批评的这类现象。

张爱玲不同，是按照生活本身来写作的，她笔下的人物不是纯色的而是处在黑白之间，用她的话说是"椒盐式"，白色的细盐中掺进黑色的胡椒面。人物复杂了生动了立体化了，故事也更合情理。比方上面提到的王佳芝，你说是白还是黑？说她白吧，她断送了锄奸行动；说她黑吧，她为了抗日献出自己的身体乃至生命。再看一个女性，《半生缘》中的曼璐，也是白中有黑，黑中有白。作为家中长姐，为了养活寡母、祖母和一群弟妹，她自毁前程，出卖色相乃至肉体，但为了笼络丈夫祝鸿才，又合伙奸污了妹妹曼桢。王佳芝和曼璐还属于黑白框架中比较清晰的人物，能够道出是非来，至于那些模糊角色，比如《心经》中的许小寒、段绫卿、许峰仪、龚海立，不要说划线了，就是连黑白的边儿都沾不上。

不仅道德上，就是人物性格上也被塑造成"椒盐色"，比如《半生缘》中的妹妹曼桢。"曼桢有些地方很奇怪，羞涩起来很羞涩，天真起来又很天真——而她并不是一个一味天真的人，也并不是一个怕

羞的人。她这种矛盾的地方，实在是很费解。”（《半生缘》）

那么，写“不彻底”的人跟揭示人性有什么关系呢？

张爱玲认为，“是非黑白”式的创作，因为是道德挂帅，势必把故事引向道德之路，结论当然也是道德的，“不触及人性深处不可测的地方”（《谈看书》）。而“椒盐式”的创作则扭转了这一偏向，在揭示人性根源上自然而然地深入下去。换言之，前者占据了道德高地，黑白两分，然而高处不胜寒；后者姿态很低，黑白混装，但接地气。张爱玲的这个认识非常深刻非常有价值，对中国传统文学以及由此形成的文学传统的缺陷总结得非常到位，揭示了中国文学乃至中国文化与西方文学和文化的本质性区别。正是由于将教化作为文学的最终目的，倾全力打造道德文字，沉浸于是非黑白的划线和传达，复杂的人性被简单地归结为诸如“性本善”之类，可以说是人性的道德绑架。

用“是非黑白”解读以上人物，事情会变得非常简单，只需进行道德裁决就够了，宣布王佳芝这么做是背叛，她的死是咎由自取，读者也只能得到这样的认识。相反，“椒盐式”写法在形象设计、心理活动、人物关系上复杂一些，引导读者思考一个热血女青年的心路历程，由此发现她的行为动因，为什么这样做？从而找出背后深埋的人性根源。张爱玲的《色·戒》之所以不同于一般的抗日文艺作品，从而引起人们的争议，原因就在这里，她是借抗日题材写人性。

张爱玲不赞成“是非黑白”的写作方式，不等于反对分清是与非、黑与白——它们之间的对立是客观存在，是现实生活任何时候都不能脱离的——而是反对人物事件的简单划线归类。王佳芝最后关头向易先生示警，致使锄奸行动功亏一篑，肯定是背叛，《色·戒》之“戒”表明了张爱玲的这一立场，同时说明她的写作也不能避开是非黑白。问题是如何写？张爱玲强调，一定要把是非黑白“包含在整个的效果内”（《谈看书》），也就是在情节发展中安放其位置。王佳芝犯错，有她的前因后果，这样写出来，用不着你去说孰是孰非，“读者的感受中就有判断”（《谈看书》）。

张爱玲就亲身经历过“是非黑白”式的盘诘。

那是抗战胜利后，她与胡兰成分手，与电影编剧兼导演桑弧结为情人。张爱玲的事桑弧风言风语地知道一点。当时上海小报骂她是文化汉奸，有人还把她列到《文化汉奸罪恶史》出版物里面，揭露她出席日本人举办的第三届“大东亚文学者大会”。逼得她不得不借自己的小说集《传奇》增订本的出版机会通过“序言”做辩解，说有这回事，但她立即回函辞掉了；还有人拿她的私生活做文章，因为胡兰成被通缉的汉奸身份，她也沾上了汉奸嫌疑，张爱玲说这纯属私事，除了对家长外我没有解释的义务。凡此种种，令桑弧满腹狐疑，问：你到底是好人还是坏人？张爱玲没有正面回答，笑着说：你怎么像小孩子看电影，一有人出场，连忙问是好人还是坏人。

仅就抗战时期的表现，张爱玲是白还是黑呢？她的崛起是在日伪统治下的上海，但她写作从不涉及政治，没有拿过当局任何津贴，当然也没有投身对敌斗争，而是与沦陷区的绝大多数百姓一样得过且过。这个表现是无法用黑白标准来衡量的，一定要给出交代的话，只能定个“椒盐色”。

其实张爱玲本人就是一个普通人。

别的不谈，单说钱。

张爱玲卖稿为生，稿费标准比一般作家高出不少，但她毫无潇洒做派，照样斤斤计较，算账要钱出了名。最出风头的一次是跟《万象》杂志打笔墨官司，标的一千元，杂志老板说这笔稿费预付了，张爱玲说没有拿，弄得满城风雨。胡兰成说，你要让她在稿费上头吃亏，想都不要想，再高尚的话也打动不了她。这是对外人，寸步不让。

对自己人也一个样。跟闺密炎樱去咖啡店吃点心，一定要先说定谁付账。之后陪炎樱回家，也要说清自己返回时的车费怎么算，费尽口舌，目的只有一个，要炎樱负担，至少得出一半。张爱玲跟姑姑一起生活，两个人锱铢必较。姑姑骂她财迷，她学给胡兰成，居然笑得出来，开心得不得了。

“姑姑常常说我：‘不知道你从哪里来的这一身俗骨！’她把我父母分析了一下，他们纵有缺点，好像都还不俗。有时候我疑心我的俗不过是避嫌疑，怕沾上了名士派；有时候又觉得是天生的俗。我自己为《倾城之恋》的戏写了篇宣传稿子，拟题目的时候，脑子里第一个浮起的是：‘倾心吐胆话倾城’，套的是‘苜蓿生涯话廿年’之类的题目，有一向是非常时髦的，可是被我一学，就俗不可耐。”（《我

看苏青》）

她坦承自己就是俗人一个。别人喜欢在枕上听松涛、海啸，她却喜欢听市声——引车卖浆者的吆喝以及买卖双方讨价还价的混声。别人的名字起得有学问有来历有期盼，而她的名字——张爱玲，恶俗不堪，更俗的是明知道俗却不打算更换。所以“每一次看到‘小市民’的字样我就局促地想到自己，仿佛胸前佩着这样的红绸字条”（《流言·童言无忌》）。

她表示这个红绸字条她要戴到底，用张爱玲这个名字做警示，告诫自己永远站在世俗世界，为小市民代言。

人物类型：不干净和小奸小坏

饮食男女总结的是人性基本要素，“椒盐色”给出的是人的基本样式，在这个前提下，张爱玲创作了两种人物基本类型。她说因为要写小说，便把人生的来龙去脉研究了一番，发现主要是两种人。一种是坏，坏得鬼鬼祟祟；一种说不上坏，只是没出息不干净不愉快。“我书里多的是这等人，因为他们最能够代表现社会的空气，同时也比较容易写。”（《我看苏青》）

先说不干净。

茫茫人世，芸芸众生，有一个纯粹的吗？张爱玲打了个比方，说坐在电车上，抬头看看立在你面前人，大多相貌堂堂，仪表不凡，目光再往上走，失望了，因为进入你眼睛的是难看的鼻孔，那个地方很少是干净的。这正应了那句话：没有谁能够在他的底下人跟前充英雄。示例很俏皮，但意思绝对到位。连教育良好生活优越的上层都做不到干净，其他人又能好到哪里去？

对于不干净，张爱玲非常敏感，以至于以小说中第一人称之口讲出这样绝情的话："是人总是脏的；沾着人就沾着脏。"（《沉香屑·第二炉香》）生活也一样，借用小说里人物的感觉说："那肮脏，复杂，不可理喻的现实。"（《沉香屑·第一炉香》）

张爱玲小说多以爱情为线索，我们就以最著名的一对情侣《倾城之恋》中的白流苏和范柳原为例看看不干净。

情侣作为一种特殊关系，其特征应该是以爱为基础为目的。不能说白流苏和范柳原之间没有爱，两个人之间彼此吸引互有好感可以说便已然具备了爱的底线，但也仅此而已，他们相互追求另有所图。白流苏是离了婚的内地少妇，遭到日渐衰败的大家庭的排斥，远赴香港，接近范柳原，目的很明确，为自己找一个生存依靠，逃离那个令她倍感压抑和绝望的环境。范柳原呢，目的也很明确，他是一个国外和香港两头跑的商人，急需一个情妇或者说外室，在本地安一个临时的家。双方的目的对方都很清楚，只是不挑破罢了。爱情在这里不过是游戏，是实现各自目的的平台，很好玩，很刺激，很实用。这样的情侣关系干净吗？不干净，掺杂了太多感情以外的因素。

入局的还有其他人，比如牵线搭桥的徐太太以及她的丈夫徐先生，是他们夫妇把白流苏带到香港并免费提供食宿的，他们下这么大的本钱是为了笼络范柳原，而这个单身汉正是自己重要的商业伙伴。还有白流苏的家人，他们也参与这码事，风言风语尽管没少讲，但眼睛钉牢的是可能从中捞到的好处。什么朋友、亲人，全是瞎扯，只有利益是实实在在的。

这个爱情故事中，没有一个纯粹的人、一件纯粹的事，高尚的东西被弄得脏兮兮。

这说的是特定关系具体事件，一般现象亦不干净。看看人们的情趣就明白了。用不着做深入调查，只要随意走一圈，就可以发现人人嗜好的低级趣味无处不在。这个趣味绝不限于社会底层——张爱玲提醒道：想想我们自己，能跟大众趣味划清界限吗？我们自己不是也喜欢看张恨水的小说，也喜欢听明皇的秘史吗？

再说坏。

坏不是恶。恶属于前面说的“极端病态”，归入“非”和“黑”一类，极其罕见。这里的坏人依然是“椒盐色”，只不过黑胡椒粉的比重大一些，呈灰色。他们良心未泯，又怕遭报应，所以坏不到哪儿去，坏事也做不彻底，记得留有余地，而且喜欢找个理由什么的，不像恶人那样张狂公开，很是顾忌周围的眼光和舆论，故而张爱玲说他们“坏也坏得鬼鬼祟祟”（《我看苏青》）。用胡兰成的话说，叫“小奸小坏”。

张爱玲写过有不少坏人，其中有个祝鸿才，《半生缘》（《十八春》）中人物，可以说是坏人中的坏人了。长相便透着猥琐劲儿，身材瘦长，削肩细颈，笑起来像猫，不笑的时候像老鼠。他娶曼璐为妻，却一直垂涎小姨子曼桢。虽然没有多少钱，但仍尽力负担妻子一家老小的日常开销。由于顾忌曼璐的舞女兼妓女身份，本来不想明娶，但迫于曼璐的威风还是公开举办了婚礼。然而曼璐不能生育，为了拴住丈夫，她帮助祝鸿才奸污了曼桢，致使她怀了孕。祝鸿才的借口是喝醉了酒走错房间，把妹妹当成姐姐，是“神志不清”时做下的。曼桢在医院生产，祝鸿才去探望，露出很局促的样子，非常不得劲儿，他有愧。曼桢出逃后，曼璐病亡，为了孩子曼桢又回到祝鸿才家。在她的认识中，祝鸿才倒还不是完全没有良心的人，“她对鸿才竟于憎恨中生出一丝怜悯”，过后她嫁给了祝鸿才。祝鸿才确实坏，但也就到此为止了，杀人放火一类是不敢做的，也做不出来，够不上恶人，最多是个下三烂。

张爱玲发现，中国人对坏有一种奇怪心理，套用现在话语习惯，可以叫“追坏”“羡坏”。

比如，“好人爱听坏人的故事，坏人可不爱听好人的故事”（《到底是上海人》）。再看看手里的小说，哪一本都离不开坏人。没有坏人坏事，这书怕是卖不掉了。所以张爱玲说她写的故事里，没有一个主角是“完人”。“完人”不在小说里，在童话里，在《白雪公主》和《玻璃鞋》里，那才是他们应该待的地方。

中国人不光喜欢听坏人坏事，自己还往坏人堆里钻，恨不得本人就是一个坏蛋。“中国人每每哄骗自己说他们是邪恶的——从这种假设中他们得到莫大的快乐。路上的行人追赶电车，车上很拥挤，他看情形是不肯停了，便恶狠狠地叫道：‘不准停，你敢停么？’——它果然没停。他笑了。”（《洋人看京戏及其他》）

为此坏这个字眼竟然获得了反面意味——好，成了肯定词。比方对人家的孩子，伸手在头上抚摸一下，笑嘻嘻说“这孩子真坏”，绝不是骂，而是夸，赞他聪明，小小年纪便会使坏。不好说他忠厚，因为忠厚乃是无用的别名，倒像是骂了。傻本来也不是好事，实际上正好相反，“不傻也得装傻”。为什么？因为聪明外露往往至祸，三国时期的杨修就是教训。没听民间有言“傻人傻福气”（张爱玲原话是“呆人有呆福”）吗？所以痴痴呆呆是应该受到奖励的。（《中国人的宗教》）

当然，这坏是小奸小坏，鬼鬼祟祟。

张爱玲有洁癖，无可救药，用胡兰成的话说“清洁到好像不染红尘”（《今生今世·民国女子》）。

这洁癖包括对物，更包括对人，不光是生理上的，更是生活中的。人品是否干净，成为她评价人的基本准则。她与胡兰成闲聊，说起共同熟悉的几个文化人，她开口便认定某人不够格，说他不干净而且不聪明。听得胡兰成胆战心惊，不禁拿来比将自己，心说可要小心了。胡兰成说她目光很毒，明察秋毫，即使对方是日神，她也能在哪怕是极细微之处将他瞧得清清楚楚。

她生活圈里就有不干净的人。

当时有本杂志名《万象》，因为稿件往来，张爱玲与主编建立了工作关系。那天她去主编家送稿，发现有日本宪兵，这才知道主编被抓走了。回家后在饭桌上当新闻讲。说者无心，听者有意，胡兰成本来是局外人，跟主编也不认识，却主动掺和进来，大包大揽，马上给宪兵队长写信，为主编求情。

信中说主编“为人尚属纯正”，这话让张爱玲笑出了声。在她眼中，主编很不干净。他的太太在乡下，上海也有妻子，同住的还有一个女人，就这样在上海的房子里一男两女加几个孩子挤在一堆过日子。南京有专门形容这种状态的谚语，叫“糟哚哚，一锅粥”，极不清爽。即便如此主编仍嫌不够，逮住机会照追女人不误。如果这样的人“尚属纯正”，就没人不干净了。由于印象不佳，张爱玲不愿意帮这个忙，暗中怪胡兰成多事。

主编家人得到信后，登门致谢。两次。头天是上海妻子单独来，隔日携同住的那位女人一起来。

终于这个不干净用在了张爱玲身上。

日本投降，胡兰成躲了起来，张爱玲去探望丈夫，不想在电车上与主编相遇。张爱玲坐着，他从人群中挤过来，站在跟前。两个人说着话，一阵拥挤，张爱玲发觉自己的两条腿被人用膝盖夹住了，不由周身一震，察觉到了对方的性冲动。这个人——就是他们曾经搭救出来的那个文化人。

要是换了别人，可能立即发作，说不定一个耳光打过去，但这是张爱玲。她生性腼腆，唯恐招人眼，况且对方又是熟人，不好撕破脸皮，而且她现在还是汉奸的老婆，“汉奸妻，人人可戏”。

张爱玲是屈辱加屈辱，永远不能原谅这个“脏人”。这次遭遇无疑大大加深了她对不干净的敏感和嫉恨。

张爱玲的态度

张爱玲不写“完人”，她给“完人”找的地方是童话世界，现实生活中即便不说一个没有，至少也极其罕见。然而这不等于不承认“完人”，实际上她心目中存在着理想的人的样式，否则凭什么说普通人是“椒盐色”的呢？凭什么说不干净呢？凭什么说坏得鬼鬼祟祟呢？可见是有标准的。

有人喜欢从生物性界定人，将人性归结为食色就是最常见最简单的一种。食色是天赋、本能，是人就要吃喝，就需要异性，这是不错的。然而问题也就来了，不光人，动物亦如此。譬如母爱，可以说是色的延伸，繁殖出后代就要给予爱，对于这种爱，张爱玲说：“自我牺牲的母爱是美德，可是这种美德是我们的兽祖先遗传下来的，我们的家畜也同样具有的——我们似乎不能引以自傲。”（《造人》）食色并非人的专利，由人与动物共同拥有，而且动物比人更集中更执着，因为除了食色它们似乎不再追求别的，诸如真理、美、文化之类。如果比本能，人未必能超过动物，动物的母爱时常令人感动不已，自愧不如。的确，在这上面人没有优势。

这告诉我们，仅仅就食色界定人性是非常危险的，很容易得出“性爱就是性行为”（《我看苏青》）之类的结论，张扬的只能是人身上的动物性。“回复到动物的性欲的嫖妓——但仍然是动物式的人，不是动物，所以比动物更为可怖。”（《自己的文章》）张爱玲告诫：“我们不能‘止于自然’。”（《造人》）

就此而言，前面所说的饮食男女总结的是人性的基本要素，确切地讲应该这样说，这句话总结的是人性的生物学基础。

人性比动物性更大，大就大在超出本能的那一块，正是这一块体现着人的本质。“本能的仁爱只是兽性的善。人之所以异于禽兽者并不在此。人之所以为人，全在乎高一等的知觉，高一等的理解力。”（《造人》）张爱玲强调，做此区分不是否定人性，恰恰是高扬人性。

这种“高一等”的东西是什么？张爱玲没有明确讲，从相关叙述看，范围很广。比方，她谈过大饼油条，说只要看看它的精致，就知道“食”不光是填饱肚子便了事。意思是吃绝不是简单事，其中包含着吃以外的要素，像我们今天主张的真材实料的真，童叟无欺公平交易的善，色香味俱全的美。比方，她谈到日军进攻香港期间的生活只剩下饮食、男女这两项时，说对于这样的放任，人们会惊然回到孔子跟前，意识到一定的束缚是必须要有的，原始人倒是没有这样的束缚，但究竟不是一个充分的“人”。比方，她谈过道学，说中国人并非假道学，是认真相信性善论的，也用这种过高的人性标准来要求自己，觉得力不从心，所以时常抱怨“做人难”。比方，她谈过超人，说这是纯粹理想的结晶，是比我们当前更发达的文明进一步造就出来的人。

张爱玲是个理想主义者。

所以，张爱玲说自己以写普通人为己任，塑造的人物多是不干净的人和坏人，并不表明她是个现实到了不要高尚的作者，也绝不表明她的小说是低品位低趣味的，其实只要稍微用心，就能体会到其中的理想成分。要不胡兰成为什么说张爱玲的作品是双色的，既有青灰色的阴暗又有银紫色的明亮呢？

《红玫瑰与白玫瑰》中的振保以房客身份住进老同学王士洪家，主妇名娇蕊。振保喜欢热烈放浪型女人，而娇蕊刚好是这样的性格，而且美丽动人，放荡不羁，振保动了心。趁王士洪出差在外，振保与娇蕊迅速亲近。振保勾引娇蕊的理由似乎很充分，这个女人不检点，有许多情夫，多一个少一个，对她也没什么，她丈夫虽然不能说无所谓，但并不认为是多么大伤害。然而振保又很羞愧，这与他的价值观不符。从前曾有个姑娘一时冲动以身相许，他克制住了，那时他的举止多么光明磊落，不能对不住当初的自己。为了摆脱矛盾，振保打算搬走。然而他终究舍不得眼前的美人，向情欲屈服了，睡到了娇蕊的床上。他快乐吗？当然快乐，但却是“无耻的快乐”，是“没有情感的一种满足”，纯属堕落。他后悔了，认为“这次的恋爱，整个地就是不应该”，一旦传出去，社会绝不会原谅他，名声、事业、前途就完了。最终还是理智占了上风，两人分手，各奔东西。

一幕灵与肉相搏的活剧。振保不干净，有点坏，然而始终处在自我谴责中，在高尚与卑贱之间浮沉、挣扎。

要来的一定躲不掉，但最后取胜的还是应该，实然敌不过应然。

张爱玲选择普通人为写作对象，一个重大考虑是他们的世界代表着社会生活安稳的一面。安稳是相对于飞扬而言的，飞扬依托的是斗争，导致变化，安稳追求的则是和谐，维持不变。两者相比，安稳是常态，飞扬是异象，大多数时间人类都处在安稳中。当然安稳也要被打破，生活进入急剧变化，然而这毕竟是暂时的，过不了多久，秩序就会恢复，新的协调就会形成，社会重现安稳。所以张爱玲说：安稳“仍然是永恒的。它存在于一切时代”（《自己的文章》）。

安稳本身即意味着不变，而永恒亦是不变。安稳的永恒性，两个不变，反映着张爱玲的三观，她看重的是世界、社会、人生不变的一面，视其为根本，自然也就作为自己创作的原点。胡兰成说：“她寻求的是自由，真实而安稳的人生。”（《中国文学史话论·张爱玲之二》）

那么安稳何以成为社会生活的主要一面？又何以获得永恒性？根子就在于人性，也就是张爱玲说的“它是人的神性”（《自己的文章》）。乐于安稳追求安稳是人性中神圣的那部分。“神是广大的同情，慈悲，了解，安息。”（《谈女人》）

安稳与饮食男女一样，都属于人性，但性质是不同的。食色代表的是人的自然性，或者说是“兽性”，而安稳代表的是人的神性。二者均不可或缺，少了食色，人不能生存；脱离神性，人会被抛到“血肉淋漓的生存竞争中”，活得很残酷很难堪很无尊严，不像人而像野兽。

说安稳是人性，指的不只是追求安稳的生活状态，还表示生活表层下的本真。《倾城之恋》中的白流苏和范柳原，说是谈恋爱，其实各有所图，都带着假面，说着假话，都不是真正的自己。经过一系列博弈，双方的目的都达到了，范柳原得到了白流苏的身子，白流苏得到了范柳原提供的生活保证。两个人暂时离别。战争突然爆发，范柳原没能走成，回到暂居处。共同的灾难把他们紧紧联结在一起，一个人如果遇难，另一个人怎么办？于是开始真心关注对方。

停战了，满目疮痍。晚上，没有灯，没有人声，只有莽莽寒风。白流苏拥被坐起，“在这动荡的世界里，钱财、地产、天长地久的一切，全不可靠了。靠得住的只有她腔子里的这口气，还有睡在她身边的这个人。她突然爬到柳原身边，隔着他的棉被，拥抱着他。他从被窝里伸出手来握住她的手。”两个自私的人“彻底的谅解”了。于是他们结婚了，真的恋爱起来。

胡兰成这样总结，说最初两个人都是在做戏，扮演的是角色，是另一个人，直到战争毁灭了既有生活，这层皮才被撕掉，“回归本真”，返归自己。

这个本真就是诚心诚意的爱。这种爱是不变的，只要温度水分合适，就会萌芽生长，破土而出。

张爱玲的成功，相当大程度上得力于以普通人和世俗生活为对象。也许正基于此，胡兰成才说：“一般人的生活是文学的基调。”（《中国文学史话·随笔六则》）这是就写作者而言，如果就某种心理意识来看，照张爱玲自己的说法，她跟大众没有明显区别，而是“将自己归入读者群中去，自然知道他们所要的是什么”（《论写作》）。

她常常庆幸自己没有走为权贵服务的道路。说，从前的文人是靠统治阶级吃饭的，走的是“学成文武艺，卖与帝王家”的路子，她不，她的衣食父母是那些买书买杂志的大众。他们是最可爱的主顾，因为不像前者那样天威莫测，不拿架子，也不反复无常，而是真心待你，特别有长性，从你的作品里得到哪怕一点点益处，都会记你五年十年。所以目前的工作尽管苦一些，但很喜爱这个职业。张爱玲特别申明，自己说这番话，可不是拍大众的马屁噢。

的确不是，她的民间情结是真的。

她说：“我相信，他们虽然不过是软弱的凡人，不及英雄的有力，但正是这些凡人比英雄更能代表这时代的总量。”（《自己的文章》）

这是从历史观上肯定大众。

她说："世上有用的人往往是俗人。"（《必也正名乎》）

这是从为人处世上肯定大众。

《半生缘》中的曼桢遭到姐姐曼璐和姐夫祝鸿才的囚禁，在生产住院的时候结识了产妇蔡金芳，她跟丈夫在小菜场卖鸡蛋为生。夫妇俩非常同情曼桢，把她救了出去并且收留了她。张爱玲写道："曼桢觉得非常不过意。她不知道穷人在危难中互相照顾是不算什么的，他们永远生活在风雨飘摇中，所以对于遭难的人特别能够同情，而他们的同情心也不像有钱的人一样地为种种顾忌所钳制着。这是她后来慢慢地才感觉到的，当时她只是私自庆幸，刚巧被她碰见霖生和金芳这一对特别义气的夫妻。"

张爱玲是敬重普通人的。

然而，对大众张爱玲又很怵头。

找裁缝做衣服，只要他扁嘴酸酸一笑，张爱玲马上心虚起来，觉得衣料少买了一尺。她雇三轮车拉印书的白纸，到了家门口付费，忽然害怕起来，一向在钱上算得很清的她，把运费往车夫手中一塞，也不要零头，转身便逃上楼，连对方的脸都不敢瞧。叫外卖，从不跟人照面，把钱从门缝递出，伙计把食物挂在门把上，听脚步声远去，她才开门取进来。

这样的人想站到普通人堆儿里去，是不是挺滑稽？

她与他们其实是格格不入的，绝对不是一路人。

张爱玲的民间情节主要是在理性上和艺术创作上，而不是在感情上、生活中。感情上她与大众格格不入，生活中亦本能地与他们拉开距离，划清界限。

张爱玲坦言："我写到的那些人，他们有什么不好我都能够原谅，有时候还有喜爱，就因为他们存在，他们是真的。可是在日常生活里碰见他们，因为我的幼稚无能，我知道我同他们混在一起，得不到什么好处的，如果必须有接触，也是斤斤较量，没有一点容让，总要个恩怨分明。"（《我看苏青》）

她嘲讽起普通人，下笔极重。她说，自己编了一出戏：有个人拖儿带女去投亲，跟亲戚闹翻了，愤然跳起来叫道：我受不了这个，走！我们走！他的妻子哀戚地恳求道：走到哪儿去呢？这人把妻儿叫到一处，指示道：走！我们上楼去！开饭了，下面一声招呼，这些人呼啦啦全下来了。

张爱玲敬重普通人但绝不亲近他们。对大众，她是冷的。

三 荒凉·苍凉·烙印

萧红与张爱玲关注的基本问题尽管不同，但对人世和人生的根本感受却很接近，都落在一个“凉”字上。萧红喜欢说荒凉，张爱玲则习惯说苍凉。虽然都是凉，但意味不大一样。萧红的荒凉偏重于直接感觉，具有鲜明的现场性。张爱玲的苍凉更多的是间接感悟，具有沉重的历史性。

荒凉的云

家园的荒凉／

茅盾先生说，萧红写作《呼兰河传》的时候心境是寂寞的，笔端流出的自己的童年也是寂寞的。这个词萧红用过，与荒凉连在一起。写的是秋天，成片的蒿草开了花，引来蜻蜓和蝴蝶，于是一向荒凉的空间竟然热闹起来，越发显得“荒凉寂寞”。

写到呼兰城的家，萧红说：“我家是荒凉的。”后头又重复一遍。

萧家是大户，到了萧红父亲这一辈，衰败了，但架子还在，有三十来间房，院子很大。单说头排房。首当其冲的是门洞，算一间，隔壁西是三间，隔壁东也是三间，一溜七间大瓦房，威风凛凛，气势逼人。房子又高又大，支撑沉重屋顶的木头房架也很粗实，特别是房柁的大头，小孩子张开双臂都抱不拢。屋脊讲究，上面装饰着瓦做的花饰和禽鸟。然而这只是看上去挺唬人，仔细瞅瞅是又破又旧，破烂儿东一件西一件地丢着。

天没亮，鸡先叫了。天刚发白，乌鸦成群结队地来了。房间里传出祖孙念诗的声音。有人到井边挑水，井绳哗啦啦沉下去又提上来。鸡鸭被从窝里放出，连跑带叫。院墙外面响起小贩的叫卖声，此起彼伏。家里却是静悄悄的，从清晨直到正午。萧家没几个人，香火不旺。

所以在萧红眼里，“它内容空虚”。既少东西又少人，可谓荒凉破败，荒凉冷落。难怪要说“我家是荒凉的”了。

写到自家院子，萧红说：“我家的院子是很荒凉的。”后头也重复一遍。比说家的荒凉多了个很字。

院子很大，住进不少租户，漏粉的、养猪的、拉磨的、赶车的，都是些穷人。养猪的那家常常拉胡琴唱秦腔；漏粉的唱《叹五更》；拉磨的整夜打梆子；赶车的那家喜欢跳大神，边打鼓边唱，直到半夜。

这些声音跟蒿草花引来蜻蜓和蝴蝶一样，越发衬托出破败、冷落的家的荒凉，所以说“很荒凉”。

其实说到院子的荒凉还有一处，只是没用很字。“我家的院子是荒凉的，冬天一片白雪，夏天则满院蒿草。风来了，蒿草发着声响，雨来了，蒿草梢上冒烟了……没有风，没有雨，则关着大门静静地过着日子。”（《呼兰河传》）

萧红就是在这样的家里、这样的院子里长大的，所以茅盾先生说她的童年是寂寞的。

不光家和院子，人也散发着荒凉气。

萧家有个长工，萧红叫“有二伯”。姓什么不晓得，只知道乳名“有子”，祖父就这么叫他。老厨子叫他“有二爷”，房客佃户叫他“有二东家”，做酒的、榨油的、卖肉的叫他“有二掌柜”。凡是这么叫的，他就笑逐颜开；听到叫乳名的（祖父除外），他就生气。街上的孩子追着喊“大有子”“小有子”，他气得老母鸡似的眼睛通红，扬起烟袋锅子便打。孩子们假装害怕，连忙改口，“有二东家”“有二掌柜”地乱叫，举手作揖，做朝拜状。他立即喜笑颜开，可没走多远，身后的叫声又改回来了，变本加厉：“有二爷，兔儿爷”……犯不着再打，大人大见识，他一步一步地沉着向前走去，很庄严的模样。

他走路一向端庄、沉静，两个脚跟非常有力，打得地面咚咚响，而且不紧不慢，像是一位大将军。他对萧家有功。日俄战争那年跑毛子（躲避俄国兵），全城都跑空了，萧家人也都跑了，就留有二伯看家。毛子穷凶极恶，看见紧闭的大门就敲，敲开了就杀人。有二伯说，那天他正在屋里下面条，毛子砰砰打门，他照吃不误。后来人们问他不怕吗？他答：不就是一条命吗？杀了又能咋！然而当他跟祖父算账的时候，就不这么说了，变成：人是肉长的，那能不怕，全身筛糠似的，那可是明晃晃的大马刀啊，一刀下来，命就完了。越说越怕，说着说着就哭开了，好像马刀真的要落下来。

他穷。穿的是萧家压箱底的衣服，前清妇女样式。就这样还舍不得给他，祖母去世后才拿出来。他只有一件单褂，洗了不干，只好借别人的穿。脚下的鞋子，不是前边掉了底就是后边缺了跟。被子里的棉花已经发黑，从窟窿里流出来落在地上，黑灰似的在白雪上打滚。他光棍一条，衣被破了自己缝。一手拿针一手拿线，举得高高的，睁一只眼闭一只眼，瞄准半天，手一哆嗦，得，又岔过去了。只要不睡觉，他的行李永远捆着，好像随时准备旅行。也确实如此，他根本没有固定住处，今天睡粉房，明天跟小猪倌住，后天搬磨房，哪儿有空地哪儿就是他的家。

见他背起行李，老厨子便大嚷大叫：有二爷，又赶集去啊？就听远远地回答：是嘞，赶集去，你有啥要捎带的没有？

为了弄俩零花钱，他偷萧家的东西去卖。只要丢了什么，不管是厨子偷的还是小萧红拿的，一概赖他身上。

别听厨子"有二爷、有二爷"地叫着，其实没把他当爷。有二伯生下来三个月娘就死了，靠喝羊奶活着，心里感恩，不吃羊肉不用羊皮。厨子炒辣椒，里面放一段羊肠，看着有二爷吃几口，便问他吃不吃羊肠；回答是不吃，这时厨子才告诉他。有二爷拿起勺子想舀汤，厨子故意说是羊肉汤；伸出筷子夹茄子，厨子故意说是羊肝炒茄子；去拿咸菜，厨子又说是用切过羊肉的刀切的。两个人吵架，厨子说，我看你该把"二爷"这两个字去掉，光剩下个"有"字。"有字"听起来就是有子，有二伯的乳名，最忌讳别人叫。于是矛盾升级，两人动起手来。

就连动物也欺负他。饭桌旁有二伯的木凳上蹲着一只小花狗。母亲给它扔块肉，厨子扔块大骨头。

传说天上有颗大昴星，是灶王爷失落的灯笼，小萧红问有二伯是不是这么回事。回答是：你二伯虽然也长了眼睛，但是一辈子没有看见什么；你二伯虽然也长了耳朵，但是一辈子也没有听见什么。你二伯是又聋又瞎，这话可怎么说呢？比方那亮亮堂堂的大瓦房吧，你有二伯也看见了的，可是看见了怎么样，是人家的，看见了也是白看。星星，月亮，刮风，下雨，那是天老爷的事情，你二伯不知道。

有二伯喜欢跟天空中的雀子说话，喜欢跟大黄狗聊天。跟人在一起反倒多一句没有。走路踢到一块砖头，他小心地弯腰拾起，细细端详，看看是否顺眼，之后开口道：你这小子，我看你也是跟我一样没长眼，不然你为啥往我脚上撞，若有胆子，就撞那个耀武扬威的，脚上穿着靴子的，你撞我还不是白撞，臭泥子滚石头，越滚越臭。谈完了，才顺手把砖头抛开，最后不忘叮嘱一句：下回往那穿鞋穿袜的脚上碰啊。话音落了，砖头也正好掉地上，还是原来的地方。对活物也是这样。有二伯走在院子里，空中飞过的鸟雀落点粪在身上，他便站当地不走了，扬头骂道咋就不看准了把粪落在穿绸穿缎的人身上。鸟雀早就不见了，他对着的是蓝瓦瓦的天空。

他挨打了，萧父动的手，很重。萧父30多岁，有二伯将近60岁。萧母说，萧父早就憋着劲儿想收拾他。大黄狗吓跑了，鸡也吓跑了。他上吊、跳井，当然是虚张声势。

有二伯迅速衰老。嘴角发青，嗓音喑哑，脸色苍白，头发好像墙头上跑着的野猫的毛皮。“有二伯和后园里的老茄子一样，是灰白了，然而老茄子一天比一天静默下去，好像完全任凭了命运。”（《家族以外的人》）

最后见他是在寒冬的一间屋子里。他掀起睡觉的炕席指给小萧红看，下面铺了一寸多厚潮乎乎的谷粒，借火炕的热力烘烤。有二伯说明明知道他腰腿痛还这样做，就是要赶他走。他本想开春离开，但主人等不及了。说罢他把柴草填进灶口。烟熏得小萧红眼泪直流，跑出屋子。背后响起幽幽的哭声。

小萧红进了附近小学校。有二伯也不见了。

这样的人生是不是挺荒凉？这就是萧红从人身上看到的。

萧红的《呼兰河传》从发表之日到现在，有着众多知音。从她的家园的荒凉，人们体味到人的家园的荒凉——一种哲学意味的荒凉感。

什么是荒？

荒的意思很丰富，包含废弃、迷乱、谬误、冷落、偏远等多重含义，拿来理解萧红的荒凉都是可以的。比方废弃，房屋破旧，是物质的废弃；人丁衰弱，是血脉的废弃；院子里不闻人声只闻噪音，是人气的废弃；有二伯活得恓惶，命运把他作弄成要猴不像要猴的，讨饭不像讨饭的，是尊严的废弃。

然而不管哪个意思，一个个单独使用又都嫌分量轻了些，不够到位。

如果一定要把所有意思都体现出来，可以用一个词来统摄，即缺乏，亦可叫空虚。废弃是原有的缺乏，迷乱是清醒的缺乏，谬误是情理的缺乏，冷落是温厚的缺乏，偏远是繁盛的缺乏，等等。

那么，以缺乏来解读萧红这里说的荒凉，具体指的又是什么呢？回答是生机。

家园的荒凉、人的荒凉都是因为缺乏生机。“家里边多少年前放的东西，没有动过，他们过的是既不向前，也不回头的生活，是凡过去的，都算是忘记了，未来的他们也不怎样积极地希望着，只是一天一天地平板地、无怨无尤地在他们祖先给他们准备好的口粮之中生活着。”（《呼兰河传》）有二伯，当然也包括其他人，多少年了，世世代代就这么过，不思变化不思进取，早就习惯了这样的生活。这种存在方式已经守在那里，人从娘胎出来就被装进去，一辈子都不走出来。“这样广茫茫的人间，让他走到哪方面去呢？是谁让人如此，把人生下来，并不领给他一条路子，就不管他了。”（《后花园》）

缺乏生机，即便顽强地持续下去，也没有多大意义，正如萧红所说“它内容空虚”，荒凉并且很荒凉。

萧红把离开呼兰河的家称作“逃荒”。

萧红，荒凉的一生

茅盾先生说萧红写作《呼兰河传》时是寂寞的，她的童年是寂寞的，其实萧红终身都寂寞。她缺乏亲情、友情甚至爱情，一生荒凉。爱情后面专门谈，这里说说亲情和友情。

萧红重亲情，这从她笔下的祖父、弟弟乃至其他人身上可以明显感觉出来。前面提过，她与爱人萧军裂痕扩大，避走东京，一个目标是去与弟弟会合，仅此即可看出亲情在她生活中的位置。除了至亲，萧红还有许多亲戚，其中最重要的是一位伯父，萧红有篇小说《镀金的学说》讲的就是他。

头一句就是："我的伯伯，他是我童年唯一崇拜的人物。"崇拜什么呢？理。只要开口，必是义正词严。他是仁义的化身。

伯父的仁爱首先体现在侄女身上，"伯父最爱我"。他的家在北边乡村，常来走亲戚。他一下马车，就把手伸给萧红，侄女却挣脱跑开，挨个问车夫有榛子没有。伯父追上去把她裹在皮大衣里抱进屋，说等会儿给她榛子。他知道侄女爱吃这东西，哪能不带？

侄女渐渐长大，“伯父仍是爱我的”。随着年龄的增长，给她说故事、买小人书、讲古文。有时族中哥哥弟弟们也在场，伯父总是夸奖萧红，说你们这帮小子没一个比得过她。于是事后小子们便扯住女状元威胁要收拾她。

伯父的爱特别体现在严格要求上。萧红 15 岁那年参加邻居姐姐出嫁的筵席，回来便扯着嗓门跟母亲鸣不平，学说婆家怎么挤兑新娘子，扬言若是换了自己，哼！……正说得起劲，伯父把她叫过去，批评道，小孩子夸口说大话，浅薄透了！假如换了你，你能怎么样，只能更糟糕。以后别再夸口了，夸口最可耻，最没出息。萧红惭愧得无地自容。

然而这么仁义的长辈，在侄女上学这个大问题上却采取了相反的立场。萧红该升学了，想去哈尔滨念初中，父亲坚决反对女儿继续求学，萧红一病不起。这时伯父来了。祖母让伯父去做萧父的工作。不想一向通情达理的伯父却微笑着说：“不用上学，家里请个老先生念念书就够了！哈尔滨的女学生们太荒唐。”他表示自己最看不惯她们交男朋友闹恋爱，说这样的女孩子靠不住。

亲情瞬间崩塌。说这话的时候伯父正在斟酒挟香肠。萧红写道“我多么不愿看他吃香肠呵！那一刻我是怎样恼烦着他！我讨厌他喝酒用的杯子，我讨厌他上唇生着的小黑髭”，而此刻的伯父竟然看都不看侄女一眼。萧红失望极了，“从那时起伯父同父亲是没有什么区别。变成严凉的石块”。两人当然还是亲人，但相互客气起来，弥漫着一种淡漠的情绪，似乎是有什么从中间隔离着。

后头还有故事。萧家曾经寄住过一个王姓大姑娘，萧红叫她王大姑。一天夜里，人们发现王大姑没回自个儿屋，而在外面的她并不是一个人，还有个男伴在一起，那人正是伯父。后来王大姑嫁人了，再也没见。那天伯父上街买鱼，提着空筐子回来，心神不定。原来他碰到了王大姑，寒暄两句，女人便匆匆别去，也是提着空筐子。

看不惯女学生自由恋爱的人，自己却一步不落。

伯父的道理不是真金，而是镀金。这使他们“感情也渐渐恶劣，我想什么给感情分开的呢？我需要恋爱，伯父也需要恋爱。伯父见着他年轻时候的情人痛苦，假若是我也是一样。那么他与我有什么不同呢？”答案明摆着，一个心口不一，一个表里如一。

亲情就这样丢失了。

萧红重友情。前面介绍过，朋友远走异国，她难过得泪水涟涟。

她的朋友圈可以分为异性与同性两大类。

异性朋友仍可以分为两种，一是她个人的朋友，一是她与爱人萧军共同的朋友。

她与第一种朋友的关系非常微妙，常常掺杂着超出一般朋友的情感。李洁吾就属于这种朋友，为了萧红完全可以牺牲自己。萧红三次到北京都有他。第一次，萧红大冬天还穿着单衣，李洁吾踏雪进城，见状去了又回，留下两元炭火钱。萧红是暖和了，李洁吾却冷了，他把被子当了，盖着褥子睡。第二次，萧红又没钱了，李洁吾搜遍全身口袋，凑了不到一元钱，全交给了她。第三次，萧红到京当天便住在李洁吾家，搬进旅舍后，还天天去李家。与这样的异性朋友相处，必须格外当心，注意拉开距离，否则一不留神就会弄出事来，伤害家人。

跟第二种朋友交往要轻松得多。诗人蒋锡金，萧红与萧军的共同朋友，二萧去武汉，就借住在他的寓所。萧红见他饥一顿饱一顿，便拉他一起吃饭，洗衣服时连带他的一块洗。蒋锡金外头事多，半夜回来打门，萧军写作正在兴头上，懒得动，萧红便披着棉袄睡眼惺忪地去开门，临了不忘悄悄骂一声：“你这个夜游神！”

因为是共同朋友，一旦爱人之间闹矛盾，大家就有个选边站队问题。由于都是男人，理解起来比较容易，而萧军这个男人又格外有感染力，结果往往对萧红不利。二萧分手，端木蕻良补位，尽管比萧军还正式，属于法律上的丈夫，但朋友们几乎都不接受。这从他们的文字中可以明显感觉到，连名字都不屑写，以符号表示，做“D·M”“T”“D”等。蒋锡金还用外文 Domohoro 称呼他，简称 Domo，听起来像端某。所以这种朋友于萧红来说很快就会疏远。

以上说的是萧红的异性朋友，有，但达不到零距离。

同性朋友也有，但一样很难达到零距离。作家白朗，从哈尔滨时期就跟萧红在一起，共同经历了青岛、上海、武汉等地的流亡，最后又一起暂住四川江津。房子是白朗租下的，与婆婆一起生活，萧红怀孕待产，从重庆的北碚过来住进白朗家。萧红心情不好，脾气大，为一点小事便发作。白朗尚能理解，但婆婆受不了。后来白朗把临产的萧红送进附近一家私人妇产医院。孩子出生，母子平安，白朗跑前跑后侍候月子。一天早晨，萧红跟白朗说孩子死了。白朗大惊，又气又急，要找院方论理，被萧红止住。慢慢静下来，白朗发现这里面有事，但萧红到底没有吐露实情。这么好的朋友，几乎不分你我，又是特殊时期特殊环境，但最终还是有所保留。

友情就这样渐行渐远。

萧红是寂寞的。

这很大程度上跟她的个性以及处理问题的方式有关。她太自我，习惯于以自己的感受划线，容不得一点不同，结果亲情越来越淡。她纤细而脆弱，情感依赖性过强，只有那些让她心动而对方也心动的人才能成为她个人的异性朋友，但情人只能有一个，于是别人只好站得远一点。她依赖萧军，二萧的共同朋友自然以萧军为主，出了问题也自然倾向于萧军。她性格内向，有所保留，又喜欢感情用事，常常逞强，与女性那种闺密式的窃窃私语大不相同，所以异性朋友很难交深。她容易走极端，对端木蕻良其实她与大家看法一致，评价甚低，后来竟与他结婚，令朋友们目瞪口呆，认为她将终身托付给一个并不爱的人，从而对她也有了看法。

萧红知道这些，也知道自己无力改变，属于命。她与白朗道别，两人互祝幸福。萧红苦笑一声：我会幸福吗？未来的远景已经摆在我面前了，我将孤寞忧悒以终生！

一语成谶。

她躺在香港医院病床上的时候，自始至终陪伴着的既不是亲人也不是情人，而是一个相识时间不长的男人，严格说最初连朋友都算不上，勉强可以说是熟人。他叫骆宾基，是萧红弟弟的友人，端木蕻良委托他照顾不能行动的妻子。

日军的炮声一阵阵冲进窗口，萧红一把抓住骆宾基的手不肯放开，颤声道：你不要离开，我好害怕。骆宾基安慰她，保证守在她身边。

最后的日子里，萧红已经不能说话，要来纸笔，写下“半生尽遭白眼冷遇……身先死，不甘，不甘”。这是她留下的最后的文字最后的话。

这个世界很冷，她很寂寞，很委屈。

她很想去爱这个世界，也确实给予了温暖，包括实际生活和作品，但得到的却多是“白眼冷遇”。

萧红的一生，好荒凉。

祖父与鲁迅

萧红的人生不全是荒凉，也有温暖。

在家是祖父，在外是鲁迅。两个老男人。

祖父是萧红的启蒙者、玩伴和守护神。

三岁的时候萧红想：幸好我长大了，不然祖父该多寂寞。孙女不吃饭米汤浇白糖，闹着吃烧玉米，祖父蹚着露水去地里掰棒子，鞋袜都湿了，烧好玉米一回头，孙女已经吃完了两碗饭米汤浇白糖。挨了父亲的打，她便跑到祖父的屋子里，面对窗子从黄昏坐到深夜，看外头的雪花棉絮一样飘。冬夜想上厕所，害怕，叫大人陪着，妈不去爸不管，祖父听见了，从炕上爬起来跟孙女一块儿去，袜子都来不及穿，衣服扣子也来不及系，光着脚敞着怀儿。

孙女求学回来，推开大门，第一眼看的就是祖父房间的窗子，后面闪现出老人的面孔和胡子。走的时候回过头，窗子后头依然是那张脸，还有那把胡子。

萧红"从祖父那里，知道了人生除掉了冰冷和憎恶而外，还有温暖和爱。所以我就向这'温暖'和'爱'的方面，怀着永久的憧憬和追求”（《永远的憧憬和追求》）。

祖父死了。她喝酒，一直哭，没有了家，觉得被抛到茫茫人海中。

对温暖和爱的憧憬，终于在鲁迅那里追求到了。

萧红到上海，很大程度上是奔着这位文化巨人去的。鲁迅接待了她与萧军，为他们拉场子呐喊，铺平了出书打天下的道路，同时还给了他们家的感觉。萧红还真有点拿这里当家，有段时间几乎天天来，甚至上午来了下午又来。先生喜欢北方饭，萧红包饺子，做荷叶饼，烙韭菜合子，先生吃不够，举着筷子要求再吃几个。

鲁迅去世，萧红发表了几篇纪念文章，文字好，感情更好，拿出任何一篇，都足以在同类文章中排第一。其中最著名的是《回忆鲁迅先生》。

开篇便说“鲁迅先生的笑声是明朗的，是从心里的欢喜。若有人说了什么可笑的话，鲁迅先生笑的连烟卷都拿不住了，常常是笑的咳嗽起来”。这句话极富感染力，已成经典。

在先生家里夜谈，雨点淅沥淅沥打在窗上，偶一回头，看到玻璃上有小水流蜿蜒下来。几次站起要走，先生和夫人都一再让他们再坐一坐，说 12 点以前终归有车子可搭的。走的时候，先生非要送到铁门外，萧红担心雨会打湿他的头发，受寒伤风。站在门外，先生指着隔壁那家写着“茶”字的大招牌说：下次来记住这个“茶”字，就是这个“茶”的隔壁。又伸出手去，几乎触到门牌号上的数字，说：记住“茶”的旁边的“九”号。别后走出不远，回身望去，鲁家那一排房子黑洞洞的，要不是告诉的那样详细，下次来怕是真要记不住。这个描写极富感染力，已成经典。

这样的句子和描写比比皆是。《回忆鲁迅先生》就是一篇经典。

萧红在病床上清醒的时候，对骆宾基说：我要回到家乡去，你的责任是送我到上海，送我到许广平先生那里——那是她心目中的家。

萧红病情加重，要来纸笔，写下的字迹中有“鲁迅”两个字。这是叮嘱后事，她希望死后葬在鲁迅墓旁——那是她最后的归宿。

萧红的一生是荒凉的，但也不荒凉。

苍凉的月

人生的苍凉／

张爱玲也说荒凉。譬如日军进攻期间，一群港大学生乘电车去防空总部，飞机袭来，人顿时跑得精光。望过去，浅蓝的天空下一辆空电车停在街心，车外面是淡淡阳光，车里面也是淡淡的阳光——“单只这电车便有一种原始的荒凉”（《烬余录》）。意思跟萧红的差不多：空虚。

但说得最多的还是苍凉。

凉不必说了，我们看苍。苍有野气，指草色，引申为青黑色，也表示灰白色。我们知道，草是绿的，那是生命固有的颜色，而青黑色、灰白色正相反，是死亡之色，说某人脸色发黑，两鬓苍苍，绝不是什么好词。那么绿色的草怎么跟青黑、灰白挂上了钩？深秋初冬时节到野外瞧瞧就明白了，那是霜打了的草，蔫头耷脑，全身发黑（青黑），上面覆着一层薄霜（灰白），就剩半条命了。

这就是苍，劫后余生。表示遭遇困苦的生命，所谓苍生，古时专指老百姓，也就是普通人。

张爱玲的苍凉，要义就在这里。“长的是磨难，短的是人生。”（《公寓生活记趣》）经历过磨难的人生给人的体验就是苍凉。张爱玲把这叫作“身世之感”。那天黄昏她独自站在阳台上，远处高楼边缘附着一大块胭脂红，原来是元宵的月亮红红地升起。晚烟里上海的边界微微起伏，像是山的层峦叠嶂。她想到许多人的命运，包括自己的在内，顿时涌起“一种郁郁苍苍的身世之感”（《我看苏青》），自伤又自怜。谁活的都不容易。

苍凉感发生在事后，属于回味或反思。张爱玲看话剧“秋海棠”，说里面最打动她的是一句京戏腔唱词“酒逢知己千杯少，话不投机半句多”。烂熟的口头禅，经落魄的主人公“秋海棠这么一回味，凭空添上了无限的苍凉感慨”（《洋人看京戏及其他》）。

为什么感慨？这就涉及苍凉的核心意味了。

也是看戏，不过是京戏《空城计》。主角诸葛亮，古今中外罕见的一个完人。望着戏台上这位完人，张爱玲想，为了先帝爷刘备的一点点知遇之恩，竟抛下卧龙岗的自由自在，舍生忘死地替阿斗争天下，胡子都忙白了；阿斗是谁？扶不起的阿斗，古今中外罕见的蠢材，不值得啊。想到这儿，张爱玲的眼泪都快下来了。她真想问一声：诸葛丞相，您老觉得值吗？这时，“锣鼓喧天中，略有点凄寂的况味”（《洋人看京戏及其他》）。

这就告诉我们，苍凉是一个值不值的问题，也就是价值问题。盘点一下，比较收获与付出，所得与所失，要是收大于支，得大于失，那没什么可讲的；要是反过来，得不偿失，心里则一阵酸楚，苦笑着想说点什么，却又不知从何说起。那感觉就是苍凉。

张爱玲说，她写《倾城之恋》，主要想表现的就是“那苍凉的人生的情义”（《关于倾城之恋的老实话》）。所以这部小说的开头与结尾都紧紧扣牢“苍凉”二字。

开头：“胡琴咿咿哑哑拉着，在万盏灯的夜晚，拉过来又拉过去，说不尽的苍凉的故事——不问也罢！”结尾：“到处都是传奇，可不见得有这么圆满的收场。胡琴咿咿哑哑拉着，在万盏灯的夜晚，拉过来又拉过去，说不尽的苍凉的故事——不问也罢！”（《倾城之恋》）

哪能不问？一问是这么回事。

上海白公馆寡居的六小姐白流苏在娘家受尽挤对，实在待不下去了，只好走再嫁的路子，被人介绍给国际商人范柳原。这位富商一身浪荡子脾性，对女人就没有真心过。白流苏美丽可人，皮肤不必说了，瓷一般白，玉一般透明；只那一张脸，现在叫锥子脸，就足以令人心动，特别是那双眼睛，是“娇滴滴，滴滴娇的清水眼”。范柳原挺满意。阵地转移到香港，两个人开始深交。他们利用一切机会互相试探，都想发现对方的真身。这几乎不可能，范柳原明说，只有到了毁灭的最后时刻，或许相互之间会拿出一点儿真心。

中间杀出个印度女人，范柳原跟她挺暧昧。白流苏知道这是恋爱场中的小把戏，目的是逼她自动投怀送抱，白流苏终于清醒了，范柳原只是想要她，绝不会娶她。半夜范柳原打来电话告诉她，外界的力量比人力大得多，意思是他做不了自己的主。白流苏觉得应该避一避，便回到上海。范柳原送她回去。白流苏从范柳原的神态做派上看到了他的底气——自己作为猎物跳不出他的手心。明白了这点，她告诫自己，一定得扛着，绝不能掉价。

几个月后，等来了范柳原的电报，叫她去。她也实在扛不住了，只能去。于是白流苏做了范柳原的情人。

他们只相处一个星期，范柳原租下一幢房子，而后便去英国，白流苏得独守空房一年半。炮声响了，日军打来了。炮弹呼啸着落在窗外，炸得飞沙走石。白流苏想到了范柳原，不知道他的船有没有驶离港口。她不能不想，如果他出了事，自己今后靠谁？一阵门铃声，白流苏打开门，来者竟是范柳原，她紧紧搂住情人手臂。范柳原没走成，冒死来接她。炮火把两个人的命运合二为一，两颗心贴近了，真情萌发出来。

停火后两人双双回到那幢房子，过起小日子。

城市毁了，生活毁了，处处断垣残壁。莽莽寒风中两人相拥。这一拥“够他们在一起和谐地活个十年八年”。真应了范柳原那句话，只有到了毁灭的最后时刻相互之间才会拿出一点儿真心。

他俩结婚了，报上登出结婚启事，白流苏现在是名正言顺的范太太了。人算不如天算，终究是外界力量大。“香港的陷落成全了她。但是在这不可理喻的世界里，谁知道什么是因，什么是果？谁知道呢？也许就因为要成全她，一个大都市倾覆了。”

白流苏的目的实现了。这个代价，怎么说呢，不算她的付出，只算外界，那可是一座城市的毁灭啊。

这个代价太大。苍凉吗？当然。

这是从外界与个人比较的方面看人生。

五四后，话剧《娜拉》风靡追求独立生活的青年一族，舞台上那位出走少妇的手势给张爱玲印象极深，喻之为“潇洒苍凉的手势”（《走！走到楼上去！》）。在小说《金锁记》中，这个喻示出现在姜长安身上。

长安是上海姜公馆二房的小姐，母亲叫曹七巧。七巧出身卑微，以通过嫁给残疾二少爷的途径进入豪门，斗智斗勇终于成为二房的掌门太太，最看重的就是手里掌握的一大笔钱财，最担心的就是别人巧取豪夺她的财富，包括自己采用过的婚嫁手段，所以对女儿长安看得格外紧，紧到变态程度。除了不断给长安灌输凡是接近她的男人没一个不是图她的钱的意识外，竟然给 13 岁的女儿裹小脚，而此时的中国已经进入了现代社会，而且是在大上海！为的是使姑娘家无法在外面乱跑。好在一年多便放开了，但脚已经不能恢复原状。14 岁那年，长安被送进中学念书，住进学校。一向对财物格外留心的七巧发现丢失了一条褥单，便吵着去学校问罪。长安嫌丢脸，但又拦不住。有这样一个娘，以后止不定闹出什么，便决定退学。姑娘哭了一晚上，“她觉得她这牺牲是一个美丽的，苍凉的手势”。

回到家的长安渐渐大了，有人上门说媒，凡是家境稍差的，七巧便认定人家是贪图她家的钱，而家境好的，人家又不怎么热心，结果一年一年耽搁下来。就这样七巧还是不放心。24 岁上长安患痢疾，母亲不给女儿吃药就医，竟然让她吸食鸦片。好好的大姑娘，一下子染上了毒瘾。这下好了，心收住了，再也不想外面的世界了。

一晃长安到了 30 岁。亲戚多事，给她介绍了一个对象。七巧这时正病着，放松了管理。男的叫童世舫，是个海归，喜欢旧式中国女子，而宅女姜长安正有几分传统韵致。一见钟情的男女很快订了婚。七巧卧病在床，无力介入，一对情侣尽情享受着浪漫。其实不过是逛逛公园，雨中撑着伞，可这对长安来说足够快乐了。为了维持两人的关系，长安戒掉了大烟。

曹七巧终于从病床上爬起来。见女儿高兴，不觉心里来气，骂女儿“腥的臭的往家里拉”，硬说童世舫在乡下和国外都有妻子，介天里对着女儿房子叫骂，威胁不许把野男人带进这个家。长安突然明白了，只要母亲在，再好的男人都别想嫁，她会使出一切手段拆除姻缘。转念一想，自己已经享受了“生命里顶完美的一段，与其让别人给它加上一个不堪的尾巴，不如她自己早早结束了它。一个美丽而苍凉的手势”。于是长安退了婚。

虽说婚退了，但两个人仍保持来往，而且越走越近，竟然认认真真地做起朋友来。终于曹七巧使出最后一招：瞒着女儿请童世舫赴家宴。男人来了，小姐就是不露面。等得心焦，曹七巧出现了，轻描淡写地说，长安抽两筒就下来。童世舫大惊，自己的对象竟然吸食鸦片！童世舫走了，把长安的希望远远扔在了身后。

这就是姜长安的故事。张爱玲说了两遍“苍凉的手势”，前面都加了“美丽”二字，越发衬托出苍凉气。为了母亲的意志，她放弃了学业，又放弃了爱情，而这两种都弥足珍贵，苍凉中闪过一道美丽光影。

值吗？不值。

这是从自己与自己比较的方面看人生。

《红玫瑰与白玫瑰》中的振保与娇蕊发展为情人，于振保来说是进行过一番思想斗争的。他渴望采摘这朵火热的红玫瑰，但又再三犹疑，受着道德的牵制。在对方的娇媚和自己欲望的双重挤压下，他渐渐软化，终于做了娇蕊的俘虏。

肉欲的狂欢过后，进入的是另一种感觉。“许多唧唧喳喳的肉的喜悦突然静了下来，只剩下一种苍凉的安宁，几乎没有情感的一种满足。”这种感觉非常奇特，安宁却沉浸着苍凉。安宁是肉欲的平息，但感情却空着——他们之间似乎缺乏爱情，所以是没有情感的满足。

而振保从前却不是这样的。那时他在英国求学，结识了一位姑娘。归国前的一天晚上振保开车送她回家，姑娘动了感情，两个人紧紧拥抱在一起。就在姑娘以身相许的关键时刻，振保蓦地清醒了。不行，绝对不行，眼前这个姑娘是正经人，这种事他做不来。不错，姑娘的身子已经从衣服里蹦出来，蹦到他身上，但他是自己的主人。

朋友都说振保是坐怀不乱的柳下惠，他也对自己那晚上的操行充满了惊奇和赞叹。“以后他常常拿这件事来激励自己：‘在那种情形下都管得住自己，现在就管不住了吗？’”当然，娇蕊与那位姑娘不同，是任性的有夫之妇，振保用不着对她负责，可是不能不对自己负责，不能对不住自己的初心。

正是这个底子，使现在的振保陷入苍凉。为了满足肉欲，他背叛了自己；确切地说，是为了动物式的需要而放弃了人之作为人的自己；或者说是为了动物性而丢失了人性。

振保是人，不是动物。所以不值。

如果算上名声、事业、前途，为了一时之乐而丢掉它们，更不值。这是从自己与人性比较的方面看人生。

上面我们从外界的方面、自己的方面、人性的方面来阐释苍凉。能够反映人生苍凉的绝不仅仅于此，可以一直列举下去，人生有多么丰富，苍凉就有多少。苍凉涵盖人世，贯穿一生。

这其实揭示了人生的本质——失败，因为你永远得不偿失。

我们不妨换个角度。萨特谈人生，也曾用“失败”两字来总结。萨特是存在主义最负盛名的代表，他把这种哲学的通俗地解释为存在先于本质。人的独特之处在于，他是自我设计的生物，以目标的形式先把自己投出，而后再去实现自我。这个实现了的自我是你获得的本质，主体、设计、行动则属于存在。失败就发生在这里。不管你多么走运，也不管你多么努力，你能恰好达到最初的设计吗？达不到。理想很丰满，现实很骨感。这就是失败。不是一时一事，而是时时事事。所以这种失败是人生的失败，从哲学高度讲是本体意义上的失败，只要是人就一定失败。

视角不同，结论一样。其实二者也有相通之处，现实比理想瘦也是一种比较。张爱玲就讲过，说为理想而吃苦的人，过后发现实现的部分只是那么一点点。

人生的失败感造就了传统小说的独特情绪。张爱玲发现：“就因为对一切都怀疑，中国文学里弥漫着大的悲哀。只有在物质的细节上，它得到欢悦——因此《金瓶梅》《红楼梦》仔仔细细开出整桌的菜单，毫无倦意，不为什么，就因为喜欢——细节往往是和美畅快，引人入胜的，而主题永远悲观。一切对于人生的笼统观察都指向虚无。”（《中国人的宗教》）

这种情绪反映着生活的真实。张爱玲谈写作，曾列举出作家致力于打造的三种氛围，曰壮烈，曰悲壮，曰苍凉。她说她不喜欢壮烈，喜欢悲壮，更喜欢苍凉。壮烈只有力没有美，似乎缺少人性；悲壮里头虽然有美，但过于强烈，刺激性太大；苍凉不仅美得深沉，而且是大众的，同时富于启发性（《自己的文章》）。

苍凉是一种启示，它使你从悲剧人生中领悟人生本质，接受现实，从而普普通通地平平常常地活下去，走完凄美的一生。

张爱玲，一个苍凉的手势／

这是当代中国作家、学者叶兆言的话，他说：“张爱玲的一生，就是一个苍凉的手势，一声重重的叹息。”

张爱玲经典化第一推手夏志清曾说：张爱玲一生中三个最重要的男人都对不起她；台湾学者刘绍铭补上一句：这三个男人都可以看作是张爱玲生命中的“孽缘”。下面我们就以这三个男人为线索看看张爱玲苍凉的一生。

第一个男人叫张廷重，张爱玲的父亲，绑定她的少年时代。

对于张廷重，刘绍铭这样称呼：“对她诸般折磨虐待的鸦片烟鬼父亲。”

张父嗜毒品，毫无进取心，竟然打上妻子财产的主意，张母忍无可忍，在张爱玲9岁时与其协议离婚，女儿自此随父亲生活。其实她们母女之间很少接触，女儿3岁时母亲便出国留学去了。父亲有姨太太，妓女出身。女儿13岁时，父亲再婚。

张廷重是晚清第一重臣李鸿章的外孙子，继承了大笔遗产，舍得花钱，但那是对自己，抽大烟打吗啡逛窑子搞投机大把撒银子，唯独对女儿却十分小气，这是"诸般折磨虐待"的最经常的那部分。张爱玲的衣服都是捡继母穿剩下的，十几岁的大姑娘了又是教会女校的学生，实在不像样，想换身校服，父亲都不答应。张爱玲永远忘不了向父亲要钱去付钢琴教师薪水的那一幕，父亲和继母躺着抽大烟，她立在烟榻跟前，许久，许久，就那么立着，烟雾一阵阵飘来，却得不到回答。

最大的折磨虐待是施暴。张爱玲去母亲寓所，继母问罪，说没有经她允许。张爱玲回答说跟父亲讲了。继母认为继女没把自己放在眼里，抬手就是一个耳光。张爱玲已经16岁了，岂能平白受这个侮辱？本能地要还手，被仆人拉住。继母夸张地尖叫着奔上楼向父亲诬告继女打她。

就听啪嗒啪嗒一阵急响，父亲蹬着拖鞋冲下楼，揪住女儿，拳脚交加，高吼非打死她不可！父亲下手极重，张爱玲只觉得自己的头偏到这一边，又偏到那一边，来来去去不知多少回，耳朵都听不见了。她被打倒在地，父亲仍不住手，揪住女儿的头发又是一阵乱踢。张爱玲想去报警，父亲再次施暴，随手抄起一只大瓷瓶砸她，还扬言拿手枪打死她。张爱玲被关进黑屋几个星期，这时日军进攻上海，她巴不得落下炸弹把自己炸死。她染上痢疾，父亲不请医生也不给吃药，半死不活地扛了半年。不能这样白白死掉，终于她趁着门卫换班的空隙逃出父亲家。

出逃之前，母亲曾秘密传话，要女儿想好，自己可没有几个钱，来了得吃苦。其实这倒没什么，张爱玲的压力是精神上的，来自母亲的态度。母亲收留张爱玲无疑是一次巨大的自我牺牲，这无论给她的现在还是未来都造成许多麻烦，女儿认定母亲一定会并且一直会怀疑做出这些牺牲是否值得。那么自己能使母亲满意吗？不知道。所以自己也怀疑母亲这么做是否值得。"背上吹的风有点冷了，走去关上玻璃门，阳台上看见毛毛的黄月亮。"（《私语》）她心底不踏实，惶惶的，阵阵发毛。

张爱玲的少年不如意。“乱世的人，得过且过，没有真的家。”（《私语》）

张爱玲曾这样说：“西洋有这句话：‘让生命来到你这里。’……然而到底还是凄凉的。”（《传奇》再版的话）

第二个男人叫胡兰成，张爱玲的初恋同时也是她的第一任丈夫，绑定她的青年时代。

对于胡兰成，刘绍铭这样称呼：“把她看作‘小妾’的小汉奸胡兰成。”

小汉奸是蔑称，指的是人格。要论地位，胡兰成这个汉奸可不小，他是汪伪国民党中央委员，宣传部次长，属于民国政府的通缉对象。这意味着什么？这个身份不仅让张爱玲为逃亡的丈夫担惊受怕，而且自己也饱受牵累。除了社会舆论斥责她为汉奸文人之外，作为汉奸妻还要忍受例如前面说过的男人的恶意欺凌。张爱玲早已习惯了宅在家里安静写作，胡兰成给她岁月静好了吗？没有。

最伤人的是视其为“小妾”。这其实是张爱玲本人的话。胡兰成著作《今生今世》出版，其中“民国女子”一章专门写他与张爱玲，引人瞩目。张爱玲读后很不高兴，在给夏志清的信中说“三十年不见，大家都老了——胡兰成会把我说成是他的妾之一”。张爱玲当然不是妾，是胡兰成的一夫一妻制意义上的妻子，但在胡兰成意识深处或者事实上，给她造成的感觉就是妾。张爱玲是谁？始终秉持独立人格而自食其力的中国第一女作家，岂可做妾？

那么张爱玲何以有如此心障？

胡兰成与张爱玲结识之前，有过三次婚史，还有数不清的嫖娼携妓经历以及女友。两人相恋期间，胡兰成照旧狎妓不误，毫不遮掩。尽管胡兰成后来与两个妻子离了婚，以单身资格同张爱玲结合，但由于频繁的婚史和放纵的表现，令张爱玲难免觉得自己不过是他无数女人中的一个，即使是最重要的，也改变不了之一。

因形势对汪伪政权不利，胡兰成与张爱玲的结婚很不正规，只是写了一纸婚书，并且只有一张而不是通常的两张。仪式也相当潦草，一对新人之外，来宾统共两位。一位叫青芸，胡兰成的侄女，代表夫家；一位是张爱玲好友炎樱，代表社会；而女方则无人出席——不是没有人，姑姑就住在同一单元的隔壁，却不露面。花烛是拜了，这是旧式婚姻最重要的礼仪，表示向上天报告，获得天地的认可。找不到烛台，只好拿馒头代替，蜡烛插在大白馒头上。青芸咯咯笑起来，头上还被胡兰成敲了一下，不许笑！中国传统中婚礼是大礼，是娶妻必须举行的，而讨妾则无须公布，领进门来就是。现今如此凑合，再开通再理智的女子也会心存芥蒂。同时他们没有自己独立的家，虽然做了夫妻，但各住各的房子，胡兰成的宅院里还生活着他的前妻。

更让人受不了的是胡兰成的婚后表现。他跑到武汉办报纸，与护士周训德结为情人；逃亡温州期间，与旧相识范秀美结为情人。张爱玲本来以为只有周训德这一个情敌，到了温州一瞧，又多出一个范秀美，而胡兰成竟跟妻子表示他一个也不放弃。

凡此种种，在张爱玲看来，不仅她自己，包括所有女人在内，胡兰成从来就没有真正尊重过，大家其实都是他的妾。

在家庭生活中，胡兰成给她现世安稳了吗？没有。

这就是张爱玲的青年时期，动荡和混乱。

初恋和初嫁肯定为她带来了欢乐，但更多的是伤害和悲哀。

张爱玲曾这样说："我非常喜欢'浮世的悲哀'这几个字，但如果是'浮世的悲欢'，那比'浮世的悲哀'其实更可悲，因为有一种苍茫变幻的感觉。"（《太太万岁题记》）

第三个男人叫赖雅，张爱玲的第二任丈夫，代表她的中年时代。

对于赖雅，刘绍铭这样称呼："'又穷又老'晚年'失禁'的赖雅。"

刘绍铭还有一个说辞，"'过气'作家赖雅"。张爱玲以难民身份进入美国，又以作家身份住进麦克道威尔文艺营，赖雅也在这里。赖雅跟张爱玲一样，二十几岁即已成名，而且也是小说和剧作双头并进，曾身为好莱坞专业编剧，又有钱又风光。但这时已经很久写不出东西了，当然也就没有收入可言，被列入社会救助对象，靠每个月政府发放的 52 美元福利金过日子。可以说他比难民张爱玲还穷，张爱玲还在努力写作，后来又继承了母亲留下的一些古董，其中一件竟卖了 620 元，比赖雅一年的福利金还多。两个人很快结为情人并结了婚，张爱玲 36 岁，赖雅已经 65 岁。可不是又穷又老吗？

婚后刚刚两个月，赖雅便中风了。这是老毛病，以前就犯过。问题不在于他身体有病，而在于他事先没有跟张爱玲讲清楚，说得严重些，属于不诚实，非常不负责任。这时候我们看到了另一个张爱玲，她以极大的胸怀和坚韧接受了这一严酷现实，在自己非常困难的情况下，用单薄的肩膀扛起这个家。她给丈夫按摩后背和脚，在他瘫痪而大小便失禁的那些日子里，每天几次更换床单，跪在浴缸边一件件清洗衣物。她好不容易获得迈阿密大学驻校作家的工作机会，带着赖雅一起去。为了挣钱，她几次跑到香港承担电影剧本写作，累得眼睛出血。创作一个剧本可收入 1000 元，她舍不得给自己买东西，用在维持两个人的开销上。

赖雅没有给张爱玲带来包括写作在内的任何便利——即便是起码的条件都没有，窄小的出租屋里躺着一个瘫痪病人，让她如何工作——造成的唯有负担，使本来在异国他乡已经很难的张爱玲更加艰辛。

赴美之前，张爱玲非常自信，她在国内顺风顺水惯了，以为到了美国也一个样，肯定比在欧美走红的林语堂还要红。然而现实很骨感。翻翻她与夏志清的书信往来，一个突出感觉是忙于四处联系出版商和代理人，然而却像国内许多文青那样屡屡碰壁。

她的小说《北地胭脂》投了几家出版社，均遭退稿。她记得其中一封退稿信的大意是：所有的人物都令人反感。如果过去的中国是这样，岂不连共产党都成了救星……如果这小说有人出版，不知道批评家怎么说。这是嫌张爱玲把从前的中国写得太黑暗了。张爱玲突然明白，原来她所反对的、所致力于揭穿的正是西方人眼里中国的好东西。价值观不同，让她怎么说？所以不管张爱玲多么努力，她的作品在欧美就是没人认。

一向自负的张爱玲竟有些自卑起来。除了《十八春》（《半生缘》）用的是笔名，其他作品一概赫赫署名张爱玲，透着行不改名坐不改姓的豪爽气，告诉读者，这是你们偶像写的，放心买吧。现在不行了，长篇小说《秧歌》深得胡适赞赏，她心里却一个劲儿打鼓，不是说的客气话吧？

这种状态下，张爱玲几乎要放弃写作了。她向美国的华裔学者们求助，请他们帮忙介绍工作，“找点小事做，城乡不计”，甚至提到可以教书。其实她连人都不敢见又不善于说话，最怵头的就是当老师。找不到工作，最后只能回到笔耕上来。她搞翻译，收集分析政治术语，甚至应聘过译员。最奇葩的是应港大要求研究丁玲。夏志清说，两人无论在才华上还是成就上都存在天壤之别，让张爱玲这样的大天才去花时间研究丁玲，简直是笑话。

是不是很苍凉？为了又穷又老晚年失禁的赖雅，为了出书而去忍受冷言冷语和奚落，为了远不如自己的丁玲，值吗？

作为编剧，她为自己的人生安排了一个完全符合逻辑的结局，把苍凉推向至极。她死了，在洛杉矶西木区一幢公寓的一间出租屋里，发现的时候已经是三四天之后，一个人静静地躺在地上。

她的最后比萧红还荒凉。萧红身边有两个人，一个是超级粉丝，一个是丈夫。张爱玲身边一个人都没有。自打她 46 岁上赖雅去世，就一个人活着，独自走完余下的 28 年。

“人生就是这样的错综复杂，不讲理。”（《金锁记》）

舅舅与佛朗士

张爱玲家是大宅门，亲戚多，故事多，提供了丰富的创作资源。

其中一位叫黄定柱，是张爱玲唯一的嫡亲舅舅，跟她母亲是龙凤胎。一段时间，两家住得很近，她每天到街对面的舅舅家吃饭，通常带一碗菜过去。苋菜上市时节，手里捧的是一碗乌油油紫红夹墨绿丝的苋菜，里面一颗颗肥白的蒜瓣染上浅淡的粉红，像捧着一盆不知名的西洋盆栽。可见她喜欢去舅舅家，舅舅对外甥女也挺好。

张爱玲拿舅舅家做素材，写了小说《花凋》。

舅舅的化身姓郑，是家长，模样挺滑稽，跟广告画上的喝乐口福、抽香烟的标准上海青年绅士一个样，圆脸，眉目开展，嘴角向上兜兜着。沿着标准二字继续发挥，说他穿上短裤就是吃婴儿药片的小男孩，加上两撇八字胡就是即时进补的老太爷，要是把胡子染白了就是圣诞老人。语气虽然缺乏敬意，但也还过得去。下面的议论就大发了，说郑先生是个遗少，拒绝承认民国，所以自打民国一建立他就没长过岁数，等于酒精缸里泡着的孩童尸首。接下去一路下滑，越写越收不住，说他好酒好色好鸦片，特别能繁殖。有钱的时候外头养女人生孩子，没钱的时候撤回家里跟老婆生孩子。还是没钱的时候居多，结果家里扑腾出一堆孩子。结论是郑先生活了 40 年，演了一出 40 年的闹剧。

比比萧红写伯父，尽管萧红跟伯父不对付，但下笔绝不会这么损，即使是批判也透出丝丝暖意，那是亲人之间的责备和失望。

那么写别人呢，比方老师，那可是“天地君亲师”中的师，总得恭敬些吧，一样，冷冷的。

张爱玲在港大读书时有位历史老师叫佛朗士，这位教授给她的印象肯定最深，因为诸师中用于他身上的笔墨最多。她笔下的佛朗士是位怪人，在人烟稀少处造了三幢房屋，一幢专门养猪；家里不装电灯也不用自来水，因为不赞成物质文明。好酒，有点色，跟中国教授同游广州，曾跑到一个名声不大好的尼庵里去看小尼姑。

他抽烟很凶，讲课时也不耽误，烟筒般呼呼地冒着。嘴唇上永远险伶伶地叼着一支香烟，跷板似的一上一下，然而绝不坠落，烟蒂顺手往窗外一甩，从女生蓬松的鬈发上飞过，很有着火的危险。他观点独到，跟官方历史观不对付，耍着花腔念教科书上的文字，十分滑稽。从他的课里学生得到一点历史的亲切感和扼要的世界观。

要跟日本人作战了，他被征入伍。黄昏时分回军营，脑子里不知想什么，没听见哨兵问口令，被一枪打死了。“一个好先生，一个好人。人类的浪费……”（《烬余录》）

张爱玲的功课常常名列第一，不是一门两门，而是多门，连拿两个奖学金。其中一个得自历史课，不知与佛朗士是否有关？一位老师还赞助过她 800 港元，也不知是不是这位教授？

即便有关，即便是，张爱玲也不会写出来。倒不是她不知恩，而是在她内心深处总要把事情想得复杂一些，似乎后面有点什么不可告人的意图。在这点上她远远不如萧红单纯坦然，反映在文字上，当然也就很难看到心意相通的关切。

四 矛盾·困顿·人心

五四前后，反思和批判族群劣根性已经成为知识界的基本共识和长期任务，也是文学创作关注的重大题材和着力表现的内容。作为杰出作家，萧红与张爱玲自然也不例外，以各自独特的方式介入其中。即便放在今天，她们的认识仍旧是到位的，揭露是有力的，批判是深刻的，具有鲜亮的现实意义。

萧红：矛盾的人性与愚昧的人心

坚韧而苟且／

中国人尤其是下层诸如农民和城市贫民，生命力超强，为世界其他族群所不及，既有对抗困境的坚实又有承受灾难的柔韧，极富生存性。鲁迅先生对萧红《生死场》所展现出的生命力印象深刻，总结为“对于生的坚强，对于死的挣扎”。

不只《生死场》，萧红其他作品中满纸游走的也都是这样的生命。

《呼兰河传》中的磨工冯歪嘴子的老婆死了，撇下丈夫和两个孩子，一个四五岁，一个刚生下来。人们纷纷摇头，这日子可咋过？冯歪嘴子算是完了。冯歪嘴子望着两个孩子，反倒镇定下来，“他觉得在这世界上，他一定要生根的。要长得牢牢的。他不管他自己有这份能力没有，他看看别人也都是这样做的，他觉得他也应该这样做”（《呼兰河传》）。

于是人们看见，冯歪嘴子还是那个冯歪嘴子。该担水的时候担水，该拉磨的时候拉磨，该喂孩子的时候喂孩子。他拿筷子往孩子嘴里送，不吃，改用调匙。看见挑水的邻居便问，挑水去啊？遇见卖豆腐的便打声招呼，豆腐这早就出锅啦！

他也难过，有时眼里含着两泡泪水，但一见大儿子给小毛驴喝水，便笑起来，泪花一闪一闪，嘴里道：慢慢就中用了。

小儿子越来越瘦，大眼睛细胳膊细腿。只要一歇下来，他就抱起小儿子。孩子一咧嘴又像笑又像哭，别提多难看了。当爹的却高兴得不得了，说：小东西会哄人了，小东西懂人事了。别人家的孩子七八个月都会爬了，会坐着了，要学说话了，他的孩子才会拍巴掌。孩子两个月前有多大，两个月后还是那么大，只见眼睛越来越大，不见身子长。但在当爹的眼里，儿子是一天比一天大。人们都以为这孩子不行了，可居然一直活着，弄得大家挺害怕，觉得这孩子不太正常。

慢慢地，两个孩子长起来了。大的会拉着小毛驴到井边去饮水。小的会摇头，给他东西吃，他会伸手去拿，也会笑了，微微一咧嘴，露出里面的小白牙。

“他在这世界上他不知道人们都用绝望的眼光来看他，他不知道他已经处在了怎样的一种艰难的境地。他不知道他自己已经完了。他没有想过。”（《呼兰河传》）

这就是磨工冯歪嘴子和他的两个孩子。大人活得坚韧，孩子同样活得坚韧。

这是本事，既是先天的也是后天的。

坚韧无疑是生命的优势，然而一味地坚韧终将走向苟且，所谓好死不如赖活。这时候活着便成为最高的甚至是唯一的目的，什么人格、理想、原则、超出动物的追求，等等，统统遭到放弃，所有一切都服从于活着这个本能。从而生命不再是创造的载体，不再是大于生活的能量，即不是人的本体，而仅仅是生命本身的简单复制。这时候的生命只有一个功能，就是为生命自己服务，只是作为自身的奴隶而存在。

这种自我同一在哲学上也可以叫作虚无，没有任何实质性内容，即无意义，失去了活着的意义。对于这种生命，有一个专用名词：行尸走肉。作为生物，当然活着，但作为人已经死了。

冯歪嘴子是萧红创造的一个重要形象，在《后花园》里他叫冯二成子，仍旧是个把麦子磨成面粉的磨工。

他白天在磨房工作，夜里在磨房睡觉，磨房是他生活的全部。一墙之隔是萧家的后花园，那里各种植物蓬勃生长，开花结果，姹紫嫣红，昆虫来来往往，热闹非凡。而磨房则是另一个世界，寂寞冷清。泥地上卧着一座青白石头打凿的磨盘，一头小毛驴围着磨盘不住地转圈，地面在它蹄子的踩踏下，低低陷下去形成一圈凹洼。小毛驴眼睛戴着眼罩，什么也看不见，只是在磨道上一圈一圈地瞎走。它的嘴巴也被戴上了笼头，怕它偷吃磨盘上的麦子。

磨盘旁边有一个木架，上面安装着筛面的箩。冯二成子就坐在箩前，把磨碎的麦子过筛。为了督促小毛驴干活，木架上横着一个木头响器，叫梆子。随着箩的摇动，梆子便发出木头互相敲击的声音。于是整个院子都能听见那单调而持续不断的节奏。

冯二成子孤身一人，跟周围没有什么来往，才 30 多岁的人，可“他的头发白了许多，牙齿脱落了好几个，看起来像是个青年的老头。阴天下雨，他不晓得；春夏秋冬，在他都是一样。和他同院的住些什么人，他不去留心；他的邻居和他住得很久了，他没有记得；住的是什么人，他没有记得。他什么都忘了，他什么都记不得，因为他觉得没有一件事情是新鲜的”。

小毛驴其实是冯二成子的写照。它在固定的位置上转圈，两眼一团黑，耳畔响着同一个声音，日复一日地重复着。

终于这种生活被打断了，一个邻家女孩出现了，让冯二成子的心萌动起来。然而在长期固有生活模式的塑造下，这个磨工已经迟钝木讷，缺乏行动能力，错过了机会，姑娘嫁给了别人。这个刺激促使他猛醒，下定决心壮起胆子走到一个寡妇身边，结婚生子。

不久寡妇死了，孩子也死了。冯二成子又回到原先的日子。

“以后两年三年，不知多少年，他仍旧在那磨房里平平静静地活着。后花园的园主也老死了，后花园也拍卖了。这拍卖只不过给冯二成子换了个主人。”（《后花园》）

这是一个不变的故事，人不变，生活也不变。也有变化，但只是短暂的一瞬，死水中泛起的一个波澜，没有留下任何东西，时间久了，连记忆也褪色了消失了，越发衬托出生命的简单重复。

这就是磨工冯二成子的一辈子，像那头小毛驴一样在磨道上转圈，循环往复至死为止。

他这一生是苟且的一生。

善良而多事

中国人看重善良倡导善良，不是一时一事，而是从根子上解决。一部《孟了》做的就是这个工作，意在把生于华夏长于华夏的人们塑造成人性善的族群。

善发端于“恻隐之心”“不忍人之心”，这是文辞，也就是我们平常说的同情心、怜悯心。孟子说：“恻隐之心，人皆有之。”（《孟子·告子上》）同情心、怜悯心人人都具备。比如，一个小孩子在井台上玩耍，突然险情发生，向井口滑落，看到的人没有不惊骇的。人们为什么惊骇？是为了跟小孩子的父母攀交情吗？不是。是为了博取好名声吗？也不是。是因为害怕听到小孩子的哭声吗？还不是。那么是因为什么呢？很简单，就是不忍心看到别人遭受苦难。

萧红笔下呼兰河的人们也见不得别人遭罪。《呼兰河传》中冯歪嘴子的女人生产，没地方去，把孩子生在磨房里。这是触犯大忌的事儿，不吉利，弄不好会给磨房老板带来血光之灾。冯歪嘴子来见萧红的祖父。

对于冯歪嘴子，小萧红充满好感，因为他善良。秋天黄米（黍子，东北叫黏米）下来的时候，冯歪嘴子把米磨成面做粘糕，推着单轮车在街上叫卖。萧家人爱吃他做的粘糕，买回来每人只能吃手掌大的一片，这东西不好消化，吃多了胀肚。小萧红嘴馋，每当听见叫卖声，便爬上墙头，那上面有个豁口，从里面露出她的小脑瓜。冯歪嘴子推着车远远过来，看见她便问：想吃一片吗？女孩脸薄，不说吃也不说不吃，没事人似的望着他。冯歪嘴子停下车，拿起刀切下一片粘糕送过去。

冯歪嘴子进了屋，坐在祖父旁边的太师椅上，椅子垫着红毛哔叽厚垫子。冯歪嘴子坐着，想说话说不出来，右手不住地摸擦椅垫子，左手不住地拉他的左耳朵。他总是未说先笑，笑了好几遍也没说出口。他的脸被火炉子烤得通红。终于说了出来：老太爷，我摊了点事。祖父问摊了什么事？冯歪嘴子的身子扭过来歪过去，接着摘下狗皮帽子，来回摩挲。又笑了好一阵儿，才说出一句话来：我成了家啦。跟着眼泪便涌上来，道：请老太爷帮帮忙，现下她们就在磨房里呢！她们没有地方住。

小萧红刚刚去过磨房，抢着说：爷爷，那磨房里冷啊！炕沿上的瓦盆都冻裂了。祖父往边上推了孙女一下，同时思谋着。小萧红又说：那炕上还睡着一个小孩呢！祖父答应了，让他们搬到装草的房子里去暂住。

冯歪嘴子连连道谢，流着泪，戴起狗皮帽子泪汪汪地走了。

冯歪嘴子刚走出屋子，祖父便回头跟孙女说：你这孩子当人面不好多说话的。小萧红问为什么？祖父答：你没见冯歪嘴子的眼泪都要掉下来了吗？他难为情。

人们爱拿冯歪嘴子开心逗闷子。他常常帮萧家做事，祖父便留他吃饭。厨子说，冯歪嘴子少吃两个馒头，留着给大少爷带回去。饭后祖父给他拿上几个馒头。冯歪嘴子没带家什，不知往哪儿放。厨子提醒他可以放在帽子里，于是冯歪嘴子便用帽子兜着馒头回家去。

谁家办喜事，要是冯歪嘴子也在席上的话，肉丸子上来，有人就说，丸子你不能吃，留着给大少爷带回去。说着便把冯歪嘴子应得的那一份用筷子夹出来，放在旁边的小碟子里。上来红烧肉，也这么办，上来干果碟，还是这么办。散席后冯歪嘴子便用手巾包着食物带回家。

戏谑归戏谑，善良归善良，两不耽搁。

冯歪嘴子的孩子生得有问题。

他的女人姓王，小萧红叫她王大姐，也是萧家大院的租户，她爹是赶大车的。常见她牵着马去井台饮水，打起水来比她爹还快，提着井绳三绕两绕就是一桶。人们说，这姑娘将来是个兴家立业的好手。她见人就问：你吃饭了吗？声音响亮，好像房顶上落了喜鹊喳喳叫。后花园里生长的菜萧家吃不了，便让她提着筐子去摘些茄子、黄瓜什么的，她常常折一朵马蛇菜花戴头上，有时候就地躺在园子里身上盖着草睡着了。

这个孩子是私生子。

萧家大院热闹开了。

晚上萧家上下聚在煤油灯下议论。

老厨子说：男的讲究长得粗壮，女的讲究长得秀气。没见过一个姑娘家长得跟扛长活儿的似的，打起水来比男人还有力气。有二伯附和道：对呀，四月十八你没逛过庙吗？老爷庙上的老爷那叫一个威风，娘娘庙上的娘娘那叫一个温顺。有二伯奇怪：好好的一个姑娘，穿绸穿缎的不去看，看上了个灰秃秃的磨房磨倌，啥年头！

第二天，左邻右舍也都跑到萧家打探。

周三奶奶头一个，萧母叫她自己去草房看。她说没那个闲工夫，什么好勾当了？西院的杨老太太也来了，先声明可不是来探听的，是来询问利息的事。说罢，庄庄严严地坐在那里不动。这时传来孩子的哭声。杨老太太开口道：那王大姑娘我早就看着不是个东西，早就说那姑娘将来好不了。你瞧她那双眼睛，那么大。我早就说过，这姑娘好不了。至于利息的事一句没提。

人们开始给王大姑娘做传。

说她小时候在姥姥家养着，天天扎男孩子堆里，没男没女的。竟拿烧火叉子把她表弟打伤了，还把姥姥的二十多个鸭蛋一次偷着吃光了，还抢人家的菱角。还说腊月二十三过小年那天就因为姥姥少给她一块肉吃，干了一仗，跑回家里。做传的人说得活灵活现，好像他们当时就在边上似的。

总之这姑娘起根就不是好东西。现在当然更不好，说话声音太响，不好；眼睛长得太大，不好；力气太足，不好；辫子太长，不好，总之哪儿都不好。

人们开始给王大姑娘做记。

冯歪嘴子一家住的草房子门外窗根挤着不少记录员。飘着白白的大雪夜，他们戴着皮帽子、穿着大毡靴忠实地守候着，为的就是得到一点点消息。哪怕一星半点，针孔那么大点都成，也算没白挨冻，第二天有的说的了。

记下的材料没一件是确凿的。

老厨子出去探访了一阵儿，回来报告说：那草屋子才叫冷呢，小孩儿一声不响，大概是冻死了。不一会儿他戴上了狗皮帽子又出去了，回来报告说：没有死，那小孩儿还没冻死，在娘怀里吃奶呢。

有人发现炕上放着一段绳头，便传回冯歪嘴子要上吊。这个消息更刺激，于是女的戴上风帽，男的穿上毡靴纷纷前去参观，准备来参观的人不知道还有多少。单只西院老杨家就三十多口子，小孩子还不算在内，刨去老的病的不能来的，咋也有十个人；同院老周家至少得来三个——周三奶奶，周四婶子，周老婶子，外加周四婶子怀抱着一个孩子，周老婶子手里牵着个孩子，那么老少三辈就是五个人。再加上磨房里漏粉的烧火的跑街送货的，一时数不清是几多人，这院子里看热闹的咋也不下二三十个人。要是再算上前后街上的，那就更多了。

呼兰河城的风俗是，只要遇到上吊的、跳井的、投河的，瞧热闹的人就特别多。凡是这样死了的人并不迅速埋葬，而摆在那里一两天，让大家围观。假若冯歪嘴子上了吊，也这样让人看，不是很吓人吗？是很让人害怕，可大家就是愿意看。

又有人发现，冯歪嘴子从街上买了把菜刀，于是冯歪嘴子要抹脖子的消息风一样传开了。

善良往往跟好事联系在一起。许是过于善良了，太想知道别人过得怎么样，非得亲眼看看亲耳听听不可，否则不放心。然而其中的心理又让人起疑，是担心别人遭罪还是希望别人倒霉，或许两者都有吧，性善和性恶一半儿对一半儿。

节俭而吝啬／

从传统道德看，上面说的善，属于仁的范围。仁的精神是爱，主要表现为对人与对物两个方面，即爱人惜物，对人要有同情心，对物要珍惜。就是孔子说的“节用而爱人”（《论语·学而》），节省用度而关爱人。同情心或爱人，我们说过了，这里看看节用，也就是通常讲的节俭。

萧红小说《旷野的呼唤》里面有个陈姑妈，儿子参加了抗日秘密活动。一个夜晚她向神灵祈求保佑儿子的平安。

她点燃了油灯。家里很少点灯，她记忆里一年到头也没有用过几次灯。她家不是全村第一个点亮油灯的，也不是最后一个，差不多家家户户都是在黑暗中度过夜晚。油灯烧的是棉花籽油，挺珍贵，少点几次灯可以用省下的油烧菜，于是灯碗便成了使用频率最低的器具。陈姑妈家的灯碗放在灶王爷板前。灶王爷是家神，陈姑妈就是向他祈祷。灶王爷板是一块贴着灶王像和灶王奶奶像的木板，位于灶台上方的墙上。陈姑妈登上灶台，拨开蜘蛛网，把灯碗取下来。

油灯很长时间不用，灯芯落到灯碗里，灯油凝结成糨糊状，落满尘土。陈姑妈用剪刀尖搅了搅，点燃灯芯。灯火很小。她拿起罐子倒进一点棉花籽油，灯芯噼里啪啦燃烧起来。

为表示虔诚，上香前必须把自己收拾利落。她取出肥皂洗手。肥皂是自己制作的，尽管如此同样不舍得用。她的手被风吹皱了皮，横横竖竖布满了裂口，像冬天里被冻裂的大地。洗净手后，她用过年时写对联剩下的红纸把肥皂包好。肥皂干了，衣服大襟上落下一些白花花的碱末，陈姑妈用笤帚扫净。

接着她打开梳头匣子，摸出一面镜子。镜子十多年前被打碎过，用四五尺长的红头绳缠了又缠。红头绳早就发霉，油腻腻黑乎乎的，摸上去像胶皮。她的脸出现在镜子里，被切成横横竖竖的许多方格子。本来想看看头发丝是否垂在额前，结果怎么也瞧不清，只恍恍惚惚能认出自己的脸。近几年镜子不常用，只有过年的时候，四月十八庙会的时候，村里有人娶媳妇或是办丧事的时候，她才拿出镜子照一照。

祈求神灵的特殊时刻尚且如此节俭，就不要说一般情况了。

这是珍惜物具，对于收获也是如此。豆子打过后，豆秸码放在院子里当柴火烧。入灶前还要再整理一遍，所以时常看见陈姑妈在屋檐下查看豆秸，凡是发现豆荚里还存留一粒或两粒豆子，她便剥出来丢进身旁的小瓦盆里，每颗豆子都在小瓦盆里跳上几下。

节俭至此固然与贫困有关，但同时也是世世代代沿袭下来的惜物传统。比方镜子，那是非消耗品，多照几次又何妨？但节用意识根深蒂固，早已形成习惯，不由自主地在一切行为上表现出来。

如此惜物，很容易陷入吝啬。吝啬不是节用，而是舍不得用，恨不得不用。于是惜物成为目的，凌驾于一切乃至生命之上。

萧家大院的租户中有一家姓胡，赶大车为生。胡家有个女人，大家叫她“团圆媳妇婆婆”。团圆媳妇前面提过，是个童养媳，被虐待死了；她婆婆也提过，是个财迷，就是那个因为给媳妇看病需用10吊钱，反复算豆腐账、鸡蛋账的中年妇人。她不光对别人吝啬，对自己也一样。

东北黑土地盛产黄豆（大豆），收割时豆荚容易爆裂，不少豆子掉到地里，于是人们便去捡漏。捡豆子比拾麦子还要辛苦，麦子是穗，豆子是粒，拾麦子弯下腰即可，捡豆子得跪在地上趴着捡，所以又叫“趴豆子”。团圆媳妇婆婆趴了二十多天，捡回二升豆子（约六市斤），可是被坚硬的豆秸刺伤了手指甲。当时没在意，继续拾豆子，一觉睡醒，受伤的指甲肿了起来，又粗又紫，跟茄子似的。

要想消肿去痛，得去药铺买二两红花。她的婆婆劝她买，她不听，大孙子媳妇劝她买，她也不听。不就是指头肿了吗？又算啥了？又不是皇上娘娘，哪就那么娇惯，哪有吃天靠天不生点天灾的？儿子又来劝，以尽孝的名义硬要去买，她举起烟袋锅子打下去，骂道：你个小兔崽子，不是败家吗？你妈还没死，你就做了主了，我看你敢再说买红花的事！儿子摸摸脑袋，鼓起鸡蛋大一个包。

但这红花还是买了。

两个原因。

一个是舆论。她担心，东邻西舍会说，老胡家的团圆媳妇婆婆就知道搂钱，钱一到她的手里，就像掉进地缝，一个钱都别想扣出来。好听吗？不好听。趴豆子的收获能卖好几十吊钱，而买红花也就两三吊钱。咬咬牙，买吧。

二是痛得实在受不了了。刚开始是一个指头肿，后来整只手都肿了起来。原先那个指头肿得像茄子，现在跟小冬瓜似的，手掌越来越胖，像张大簸箕。而她一向瘦，瘦手瘦脚，尤其是两只手，伸出来跟鸡爪子似的。同时身上发热，觉得眼睛和嘴巴干干的，脸也发烧，身上时冷时热。连着几天了，夜里痛得火辣辣的，睡不成觉。早晨，她的手不能动了，只好放在枕头上和脑袋并排躺着。她对儿子说：这手是要闹点事吧。

儿子知道这回母亲动了买红花的念头了，然而儿子也知道这钱母亲舍不得掏。他找到奶奶商量，老太太也知道儿媳妇心思，说先拿奶奶的钱去买，你妈好了再还我。声音很大，有意让儿媳妇听见。

红花买回来了。母亲说：你个小鬼羔子，到底买了。好像什么都不晓得似的。上过药，又盘算开了，不知道这点红花是花了二吊钱还是三吊钱，要是二吊钱给的不算少，要是三吊钱那就贵了点。如果是自己去买，绝不买这么多。涂了药酒的手不太痛了，她睡着了。梦见自己买了两块豆腐，用的是买红花剩余的钱。她只买了一吊钱的红花，用省下的一吊钱买了两块豆腐。还余一吊钱，等哪天高兴再买两块豆腐吃。

这就是吝啬。古人说：“吝者，穷急不恤之谓也。”（《颜氏家训·治家篇》）困境之中，危难关头，仍旧不知道体恤他人和自己，就叫作吝啬。古人看到了节俭容易走向吝啬的危险，所以一再告诫人们要“俭而不吝”（《颜氏家训·治家篇》）。

在这个女人那里，人与物的位置调了个个儿。本应人支配物，现在却变成物支配人。这样的人通常被称为物奴。

宽厚而纵容

传统道德倡导宽厚，孔子说：“宽则得众。”（《论语·阳货》）宽厚得人心。这说的是统治者，治理同时也是做人。做人要厚道，总的要求是“薄责于人”（《论语·卫灵公》）。孔子说：这样去做，“则远怨矣”（《论语·卫灵公》），少责备人可以使你远离怨恨。

萧红有部长篇小说《马伯乐》，里面的主人公马伯乐开了家书店，当上了老板，走的就是以宽厚进行治理的路子。

他待职员很厚道。这几个人是他新近结交的穷朋友，如今自己做起老板，一并找来做部属，所以他们之间不是简单的雇佣关系，而是半工半友的关系。马伯乐开书店租用的是一幢三层楼，辟出三楼给他们做宿舍。后来调整用房，他便跟职员同住，区别当然要有一点，买张屏风立在中间，把老板与下属隔开。吃饭也在一起，请了个厨娘自己开火做饭。如果到外面吃，便招呼大家一起去。马伯乐走在前面，很气派的样子。到了弄堂口，给他们两条道路选择，一条是向左，一条是向右；问他们吃汤圆，还是吃水饺。这说的是内部管理。

对外经营一样秉承宽厚。马伯乐开书店是为了出书，所以必须结交舞文弄墨之辈。写一点诗的，或者将来要写而现在还未动笔的，或者是正在收集材料要做小说的……就样的人最受马伯乐欢迎，是书店的座上宾。对他们，马伯乐行的不是商人之交，商人是以利合，而他与他们是以道合，大家彼此都很谈得来。

未来的作家朋友们在这里高谈阔论。窗子推开，椅子拉来拉去，横着的，斜着的，把身体全部重量压在椅子的两条后腿而让前腿悬空的，还有坐在椅子上却把脚高高地举在写字台上的，马伯乐都不介意，任其悠然自得。一个未来天才把烟屁随手抛出窗子，下面是花园。他的太太责备丈夫不应该这么大意，因为花儿是见不得烟的。马伯乐忙说不要紧不要紧，花园里没一棵好花。窗口传进卖西瓜的吆喝声，马伯乐叫人挑几个大的送上楼。一会工夫满地都是西瓜皮。马伯乐说随便扔随便扔。有人把西瓜籽吐在墨盒里，他说没关系没关系。嫌办公桌上的用具碍事，将这些零七碎八统统扒拉到一边。

马伯乐能否赚到钱不去管他，这里只说宽厚。他是把做人与经营管理合而为一了。这于马伯乐来说，当然也包括其他大大小小的治理者，多半不是自觉的，而是文化传承所形成的下意识。这就是说，即便你不是治理者而是普通人，比方书店的职员，做饭的厨娘，未来的作家，等等，都或多或少具有宽厚的文化基因。如果表现不佳，舆论就会说你刻薄寡恩，落下一身埋怨。

宽厚过度便走向纵容。对不好的东西，坏的东西，甚至恶的东西也给予宽待，就是纵容。粗略分，纵容表现为对人与对己两个方面。

先看对人。说件小事。马伯乐的儿子约瑟，性格暴戾，喜欢打人，被家里人誉为小英雄，是当武官的材料，在逃难的火车上仍旧照打不误。一个白胡子老头挤进车厢，被人群拥到约瑟旁边，撞了一下他身上背的小军用水壶。约瑟不干了，连脚带拳向那老头打去，还撕下几根胡须。引起一片赞扬：小孩子真厉害，像只小老虎。约瑟打过老人，又去打一个孩童。马伯乐问儿子为什么打那孩子，回答是他用两个眼睛盯着我。马伯乐和太太都笑了。说：约瑟这孩子真不得了，好大的胆子，不管老少是要打就打，真有点气魄呢，怪不得他爷爷说将来这孩子不做希特勒也做墨索里尼。

再看对己。马伯乐是个老愤青，什么都看不惯，口头禅是“真他妈的中国人”！只要是见到不文明的现象不称心的事情，一定要来这么一句，一天不知道得说多少遍。唯独对自己不用这句话，因为即便自己做得不对不好，也有一大堆理由等在那里，所以总是原谅自己。比如他到上海当海漂，好久没有洗澡。去澡堂子洗不怎么卫生，在出租屋里洗又没有设施。其实他不去洗澡堂子是为了省钱，出门在外节约第一。但他给自己找的理由却是出汗等于洗澡。他这样推理：洗澡用的是水，汗又是水变的；他马伯乐最容易出汗，一天烧两次饭，出大汗两次；这时候用毛巾擦一擦无异于洗澡，这等于每天洗两遍澡。于是马伯乐每次擦完汗，都觉得很凉爽，很舒适。

自我纵容最经常的表现是随大流。马伯乐天生胆小，一事当前，他的对策是退缩。日本人打来了，他望风而逃。然而逃到哪里去呢？他自己并不知道。他的办法是跟着走。马伯乐先从青岛逃到上海，之后又跟着逃难人流跑到武汉。武汉又要撤退了，马伯乐说又要逃了，决定去买船票，太太问去哪里？老办法，马伯乐说，人家到哪里咱们就到哪里。打探一下，发现全汉口的人都幻想着重庆，于是便选定西南的这座大城市作为下一个逃跑目标。

纵容是一种极其普遍的现象，到处都能见到这种放弃原则放弃责任的人。

敬畏而迷信

传统文化推崇礼，维持秩序和人际关系是礼的基本功能。礼的根本精神是敬畏，孟子说："恭敬之心，礼也。"（《孟子·告子上》）孔子列出三个敬畏对象，即"畏天命，畏大人，畏圣人之言"（《论语·季氏》），对天命、上司、圣人言论要敬畏。反映在现实生活中，畏天命就是无条件遵循为人处世的道理，畏大人是把对方置于高位而以谦卑的态度对待之，畏圣人之言是按照主流舆论的引导去做。

院子里卸下一车木柈。木柈又粗又长，要填进炉子烧火必须截短。有人专门干这种活儿，他们带着锯子，早早守候在院子门外。主妇叫进两个老人，讲好价钱，见他们还没吃饭，便出去买回面包做干粮。

用了整整一个下午，活干完了，两个老人附带把院子扫得干干净净。主妇付了工钱，回屋生火，过了一阵儿出去取木柈。不由一惊，两个老人居然还在院子里站着，一个扛着锯和斧头，一个背着干活用的木架子，天已经黑了，很冷，他们站了很长时间。

见她出来，老人开口了：太太，钱多给了吧？不是七角五分吗？没有多给，主妇回答。太太，吃面包钱还没有扣呢，老人提醒道。主妇给的工钱他们没有放进口袋，一直拿在手上，借着微弱的灯光，老人当着主妇的面把钱数了一遍。

主妇赶紧说：吃面包不要钱，拿着走吧！谢谢太太，老人道过谢，转过身子走了，很感恩的样子。

主妇很是惭愧，眼睛望着那两个背影停了许久，羞恨的眼泪都快要流出来了。已经是祖父的年纪了，吃块面包还要感恩吗？

这是一个真实的故事，讲的是萧红在哈尔滨时的一段亲身经历。她以此为素材写了一篇小说《小偷、车夫和老头》，收入散文集《商市街》。

同样是他们，在另一个场合却看不到这种做人的清正和大义，而是另一副模样。

呼兰河城里有个大泥坑，五六尺深，里面满是泥浆。不下雨，泥浆好像粥一样，下了雨，泥坑就变成泥湖。一天下大雨，一个小孩子掉了下去，被一个卖豆腐的救上来，发现是农业学校校长的儿子。

于是议论纷起。

一种说法是，农业学校设在庙里边，触犯了龙王爷，龙王爷发怒，降大雨要淹死校长的儿子。

一种说法是，校长在课堂上指手画脚，说下雨跟龙王爷没关系，世界上根本就没有什么龙王爷。这不是打算活活气死老神仙吗，那口气能不出吗？所以就抓住了他的儿子。

一种说法是，农业学校里的学生太不像话，爬上老龙王头顶，给他老戴一顶草帽；有的说亲眼瞧见，学生们拿了蚕放在他老手上，你想老龙王受得了吗？一个小小毛孩子就敢惹这么大的祸，瞧瞧老龙王怎么报复吧，后头还会接着来，没完。

总之，老龙王可不是拉车的、卖菜的，随便踢一脚喝令他们走人，那可是龙王爷呀！龙王爷惹得起吗？

结论是，现在的学堂有问题。有的家长说要把儿子领回来，绝不能再让学校误人子弟，一进学堂就天、地、人、鬼、神不分了。有的家长反映，孩子是越念越坏，比方吓掉了魂，娘给他叫魂的时候，你猜他说什么？他说这叫迷信。你说这书再念下去那还得了吗？

这时候，敬畏天变成了报应，敬畏大人变成了敬畏龙王，敬畏圣人之言变成了敬畏群众七嘴八舌而形成的舆论。

敬畏转化成了迷信。

迷信靠报应支撑，而报应本身就是一种迷信。虽然是迷信，但说得有鼻子有眼，让人不由得不敬畏。

萧家大院租户老胡家的团圆媳妇死后不久，他家的女人一个跟着一个倒霉。两个儿媳妇，团圆媳妇的婆婆心痛花在团圆媳妇身上的钱，天天哭，瞎了一只眼；另一个因为自己的儿媳妇跟人跑了，羞愧难当，半疯了。上一代女人，她俩的婆婆、这家的奶奶不久就死了。下一代女人，两个孙子的媳妇，除了团圆媳妇被虐待死了，另一个私奔了。老胡家从此衰败，渐渐被遗忘了。

即便生死关头，人们仍旧从报应中寻求安慰。日本轰炸重庆，大批飞机从空中掠过。一个老人望着天，喃喃道：我们这儿都是善人，看面相没有做过恶事，我们良心都是正的……死不了的。飞机又过来了，老人对周围的人说：看面相，我们都没有做过坏事，不带恶相，我们不会死。然而炸弹落下来，死了很多人，仅仅5月25日一天的中央公园，被炸死的人就超过了三位数。尽管如此，人们还是找出种种理由证明因果报应，从而照信不误。

迷信导致的是悲剧。呼兰河城的大泥坑每年都出事，淹死人、牲口和家畜。有人建议拆墙扩路，有人建议种树，就是没有一个人建议用土把泥坑填平。就这样，泥坑一年又一年没完没了地害人，而人们则得过且过，活得挺踏实挺从容。

病源是愚昧/

前面说过，揭示族群劣根性是五四前后知识界的基本共识，应该指出的是，萧红在这个方面非常自觉非常用力也非常突出。萧红作品揭露的族群缺陷很多，绝不限于这里所列出的区区几种。揭露阴暗面作品往往很沉重很压抑，萧红在谈到先驱鲁迅先生时曾说：鲁迅小说的调子是低沉的。而在萧红那里，尽管同为揭露，却有自己的特点，她的作品除了《生死场》等外，沉重中又发散着一抹亮丽与温情。

比如《呼兰河传》，茅盾先生这样说："作者写这些人物的梦魇似的生活时给人们以这样一个印象：除了因为愚昧保守而自食其果，这些人物的生活原也悠然自得其乐。"（《呼兰河传》序言）这句话本为批判萧红的文学表现而发，然而恰恰从反面指出了萧红认识的深刻性。

这部小说有不少地方写迷信，除了上头说的泥坑与龙王爷，还有阴历七月十五放河灯。这个日子俗称鬼节，为的是给死去的人找一条出路，投胎托生。人们相信地狱里囚禁着许多冤魂怨鬼，想逃出苦海却两眼一抹黑，看不见路在何方，于是活着的人便点燃灯火送过去给他们用。灯火借助河水顺流而下，漂着漂着便沉没了，被鬼捉了去照亮前路。

承载小城河灯的是呼兰河。河灯很讲究，有白菜灯、西瓜灯、莲花灯。和尚道士身着漂亮服装吹吹打打，笙管箫笛齐鸣。几乎倾城而出，河畔早早便挤满了人。天色渐暗，月亮高高升起。河灯从上游漂下来，成百上千，慢悠悠走着，镇静而稳当，幽暗的河面顿时明亮起来，像着了火。河灯向远方漂去，金光点点。河面恢复了寂静，跳跃着又大又圆的月影。

不错，放河灯纯属迷信活动，但不单单是愚昧，里面蕴藏着真善美。人们真诚地相信有一个阴间，鬼魂在地狱里盼着托生，而活着的人比他们强，有责任帮一把，于是满河浮动起灯火，比秋日天上的银河还要美，多了一份艳丽和豪华。

从这里可以看到萧红对族群劣根性的反思和表现，即不存在单纯的劣，它与优是共生的，所谓劣中含优，同样也不存在单纯的优，它与劣是共生的，所谓优中含劣。所以我们这一节的结构采用对应式，一个优势对应一个劣势，坚韧对应苟且，善良对应多事，节俭对应吝啬，宽厚对应纵容，敬畏对应迷信。

这种优长与缺陷的纠缠、交织，哲学上叫内在联系，具有原初性，是本质性的，所谓斩不断理还乱。正是这种绵绵不绝数千年的斩不断理还乱，决定着族群改造的艰巨性和复杂性，这也是为什么百年来族群改造成效甚微，而劣根性在时代变革中反反复复不断花样翻新的基本原因。

从萧红作品中，可以读出中华族群在当代所面临的紧迫而突出的战略性课题。

那么族群的劣根性有没有一个总根子？回答是有的，这个病根就是愚昧。属于萧红说的“病态的灵魂”（见萧红从东京致萧军的信）。

萧红讲过一句很有名的话：“作家不是属于某个阶级的，作家是属于人类的。现在或者过去，作家的写作的出发点是对着人类的愚昧。”这句话是胡风主编的文学期刊《七月》组织的一次座谈会上萧红发言的摘录，时间是 1938 年 4 月底。作家有超阶级的一面，其任务是揭露、批判愚昧。愚昧是全人类的通病，自然也包括我们这个族群，所不同的是程度更深，问题更严重。

劣根性有种种，为什么单单把愚昧拉出来？很简单，因为它是病源，所有缺陷最后都可以追溯到这里。

迷信就不用说了，是愚昧的直接表现。苟且也与愚昧有关，其要害在于缺乏对人的认识。冯二成子活得像动物，完全出于生命本能，不知道人应该与动物区别开来，更不知道这个区别在哪里，浑浑噩噩，日复一日。多事也是一种愚昧，不懂得应该尊重别人，随意介入、干涉他人的生活。纵容亦如此，马伯乐家的大人连是非观都颠倒了，缺少基本的判断力。

所以要改造族群的劣根性，首先必须铲除愚昧。萧红看到了这项工作的长期性，强调无论是过去还是现在，都要紧紧扭住愚昧这个病源。

那么如何走出愚昧呢？萧红没有给出明确答案，但我们可以从她的实际生活经历中找到启示，这就是教育。

萧红打小对知识就有着异乎寻常的敏感和热情。三四岁时便跟祖父学诗，“早晨念诗，晚上念诗，半夜醒了也是念诗”（《呼兰河传》），直到念困了睡去，醒了再念。说是念，其实是喊，扯着嗓子，屋顶都快被掀翻了。母亲受不了，威胁着要打她。萧红的求知欲当然不仅仅是学诗，她的心很大：“除了我家的后园，还有街道。除了街道，还有大河。除了大河，还有柳条林。除了柳条林，还有更远的，什么也没有的地方，什么也看不见的地方，什么声音也听不见的地方。究竟除了这些，还有什么，我越想越不知道了。我想将来是不是我也可以到那没有人的地方去看一看。”（《呼兰河传》）

小学毕业后，萧红提出继续上中学，父亲不同意，当然也不好阻止，要女儿在家接受教育，一向看好她的伯父也是这个意见。萧红休学整整一年，这对萧红是最大打击，她病倒了。祖父心痛，出面说情，父亲就是不听。萧红破釜沉舟，宣布如果不让她上学，便出家做修女。面对铁了心的女儿，父亲退让了，萧红考入哈尔滨的一所女中。初中毕业，旧事重演，父亲再次阻挠女儿升学，萧红反抗，被切断经济支持。这反倒激发了萧红的决心，又一次破釜沉舟，闹出的动静更大，出走北京进入一所女子高中。饥寒交迫小半年，不得已返回家中，一个多月后逃出软禁，再次进京，然而很快被未婚夫追回，最后以失败而告终。——一个我要上学的故事。

这个经历可以说是时代的缩影，我们从中看到的不是一个萧红的命运，而是一个族群的命运——试图通过求知来突破愚昧，然而却屡屡受挫，愚昧的势力太强大。所以过去斗，现在斗，将来还要跟它斗。

张爱玲：困顿的人性与自私的人心

传统至上

中国是一个传统极其厚重同时又极其推崇传承的国度。这用不着论证，日常生活中随处可见。信手从张爱玲散文中拾取两例。

一例是语言。她在《洋人看京戏及其他》一文里说，中国人一向喜欢引经据典，所以成语特别多，美丽而精警，两千年前的老故事混在日常谈吐中自由地使用着。作为文学家，这一点上她感受颇深。

一例是服装。她在《更衣记》一文里说，满清三百年统治下，女人一代又一代竟然穿着同一款式的衣服而毫无厌倦，宽大的衫裤给人以一种四平八稳的沉着气象。外面是大袄，宽了衣便露出中袄，中袄里面是紧窄合身的小袄，上床也穿着。作为女人，这一点上她颇敏感。

语言、服装当然还有别的，展现出一个“迂缓，宁静，齐整”的世界（《更衣记》）。

造成这种现象的原因是多方面的。这里首要的是我们连绵不绝的文明传承线路——其他古文明都先后解体了消融了作古了，唯独中华文明从古至今没有间断过。张爱玲提到黑暗的欧洲中世纪，强盛的罗马帝国突然倾塌，造成了一种世界末日意识，人们相信届时每个灵魂都会接受末日审判。而中国呢，挫折自然有一些，但没有经过类似的断然打击，所以中国人心目中自己的历史走的是“竹节节运”，一截太平日子后头跟着一劫，一路走下去，直到永远。文化基因就这样保存下来，借用张爱玲的话叫“中国人的原始性没有被根除”（《洋人看京戏及其他》），里面始终睡着那个原初的文明。

传统厚重与传承推崇是相辅相成的，传统厚重必然导致传承推崇，而传承推崇又必然增进传统厚重。其最大成果是传统的客体化，即传统本身成为日渐强大的独立力量，滚雪球般的自我增值。对此张爱玲的认识相当深入：“这些看不见的纤维，组成了我们活生生的过去。传统的本身增强了力量，因为它不停地被引用到新的人，新的事物与局面上。”（《洋人看京戏及其他》）在这里，我们每一个继承者都是传统的打工仔，通过自己的活动或者说主观能动性使它花样翻新，从而注入新的活力。

由于个人把自己一股脑儿交给了传统，背靠大树好乘凉，自我感觉很安稳很轻松，故而没有忧患意识。张爱玲说，你看看外国人画的中国人，“总是乐天的，狡猾可爱的苦哈哈，使人乐于给他骗两个钱去的”（《中国的日夜》）。

张爱玲曾选择两个定语用在中国人身上，其中一个叫“自满的”（《中国人的宗教》）。传统至上的中国人就是自满的。

传统愈强，创新愈弱。

接着用张爱玲关于语言的例子。她说，只要人们想说的意思可以从传统中获得支持，那么一定不会直截了当地说话，而是通过对应的成语表达出来。张爱玲说她仔细想过一遍，几乎没有一种情形能够逃脱这个框架。比方替人家的文章写篇序，就说“佛头着粪”，写篇跋就是“狗尾续貂”。她发现近些年来流传的隽语，百分之九十都是成语的改头换面。“无怪乎中国学生攻读外国文的时候，人手一篇‘俗谚集’，以为只要把那些断句合文法地连缀起来，便是好文章了。”（《洋人看京戏及其他》）创造力被生生遏制住。

我们的成语再多，再美丽再精警；我们使用得再频繁，运用得再巧妙；我们制作得隽语再机智，更换得再经常，也仍旧是同义反复，是量的增加而没有质的变化。

从点看面，不难得出这样一个结论，推崇传承并不意味着发展我们的文化，不意味着增强国家的软实力，反而容易使自己日趋老化。

上述现象的背后，起支配作用的是这样一种思维，即习惯于以自古以来一成不变的标准去衡量和剪裁现实。张爱玲说，在受过教育的中国人那里，达尔文所言一定是对的，因为欧洲学术中心拥戴他，假使他的理论遭到否定，他们会立即毫无痛苦地放弃它。这里的深层原因是，他们从未认真地把猴子当祖宗，真正的祖宗是黄帝，直到今天，我们仍旧笼罩在他的荫胤下。“中国人臆想中的历史是一段悠长平均的退化，而不是进化；所以他们评论圣贤，也以时代先后为标准，地位越古越高。”（《中国人的宗教》）

现在管这种思维方式叫今不如昔，厚古薄今，俗称向后看，现在不如过去，未来不如现在，一代不如一代。这种思维下，何谈创新？

反映在社会发展理念上，不要说革命了，就是改良也是不被允许的，所能做的唯有修补。祖宗留下的大厦旧了，漏了，拾掇一下就是了，最多翻修一遍。张爱玲说：“街上一般人穿的蓝布衫大都经过补缀，深深浅浅，都像雨洗出来的，青翠醒目。我们中国本来是补丁的国家，连天都是女娲补过的。”（《中国的日夜》）

当然，对于异质文明还是要借鉴的。张爱玲笔下有不少中西合璧的场景。比如小说《沉香屑·第一炉香》中的梁太太举办的园会，这么布置：西式草坪上遍植五尺来高福字大灯笼，恰似好莱坞拍摄《清宫秘史》时不可缺少的道具，灯笼丛里却又歪歪斜斜插几把海滩上用的遮阳伞，洋气十足。身着传统服饰的丫头老妈子，一律拖着油松大辫，用银盘子颤巍巍托着西式鸡尾酒、果汁、茶点，弯着腰在伞柄林中来来去去。怪物就这样被制造出来，这大约就是梁太太们眼中的创新了。难怪“西方人心目中的中国，荒诞，精巧，滑稽”（《沉香屑·第一炉香》）。

张爱玲用在中国人身上的两个定语中的另一个，叫“保守性的”（《中国人的宗教》）。传统至上的中国人就是保守的。

对于传统，张爱玲的态度是复杂的，可以说是又爱又恨。

关于恨，她说过的话里边，这一句相当重：“千年万代的静止，想起来是可怕的。中国女人的腰与屁股所以生得特别低，背影望过去，站着也像坐着。”（《谈跳舞》）

尽管发狠，但仍挡不住她对传统的爱恋，而且是爱放在恨的前边。

张爱玲是作家，我们这里就谈文学。

评论家眼中有两个张爱玲，一个洋一个土。

说洋的认为，张爱玲作品“有西洋人的血液——洋里洋气”。说得不错，不光语句，还可以经常见到西式术语，如意识流、下意识、无意识、弗洛伊德式的，等等。她对西方文学非常熟稔，名著和名家信手拈来。张爱玲10岁进入上海圣玛丽亚女校就读，从初中读到高中，高校是在香港大学读的，战火中返回内地进入上海圣约翰大学，都是西方文化影响的重地。

说土的认为，“她的笔法在模仿《红楼梦》和《金瓶梅》”。说的极是，张爱玲最喜爱的就是这两本书。据她自己讲，8岁时开始读《红楼梦》，以后每隔三四年便重读一次；《金瓶梅》也是每隔几年必看一遍，用心体会如何写作人物和故事，以及如何运用笔触，打造风格。她这样说：“这两部书在我是一切的泉源，尤其《红楼梦》。”（《红楼梦魇》自序）《红楼梦》可以说是她一生的文学梦。她13岁创作《摩登红楼梦》，57岁完成《红楼梦魇》，后者是她晚期最重要著作。

两个张爱玲，哪个为主？后一个，也就是继承中国文学传统的那个张爱玲。张爱玲给胡兰成讲西方文学，最后一定强调：“可是他们的好处到底有限制。”一次闲聊，胡兰成壮起胆子说《红楼梦》《西游记》胜过托尔斯泰的《战争与和平》以及歌德的《浮士德》，张爱玲回答的是：那当然——似乎早已铁板钉钉。她丝毫不迷信西方，说“像我们都是在英美的思想空气里面长大的，有很多的机会看出他们的破绽”（张爱玲：《双声》）。

在张爱玲那里，西方文学与中国文学传统分得很清，前者是末，是用，后者才是根，是本。在给夏志清的信中，她说："旧小说我只喜欢中国的。"她是中国文学无可争议的传人。

在文学乃至文化血脉上，她的表现依然是静——自然而然地继承传统，没有中断也没有大起大落。

道德至上

传统道德实质上是亲情道德。比方仁，孔子这样要求：“泛爱众而亲仁。”（《论语·学而》）广泛关爱一切而首先热爱亲人。朱熹形象地通过水流的落差加以说明。在这个比喻中，仁是水的源头，它流经三个台阶，第一个是孝悌，代表亲人之爱，第二个是仁民，也就是关爱他人，第三个是爱物，也就是珍惜万物。（《朱子语类·卷二十》）可以说，仁民、爱物是亲人之爱的延伸和推广。

以仁为核心的道德体系是现实关系的反映，仁爱的级差性表明，作为亲情实体的家庭和宗族是社会结构的根基、主体，就是孟子说的“国之本在家”（《孟子·离娄上》）。

这从骂人上即可窥一斑。张爱玲说，全世界数中国人最会骂人，有条有理合乎逻辑。英国人那里最恶毒的字眼不过是“血淋淋”，其实要的是音调的激越。而中国人要的则是内容：“‘你敢骂我？你不认识你爸爸？’暗示他与对方的母亲有过交情”，从而获得精神上的满足。（《洋人看京戏及其他》）

张爱玲看见一个阿妈打她小孩，呵斥不许哭，小孩抽抽噎噎地静下来，母子僵了一会儿，孩子便忘了刚才那一幕，“姆妈”这样，“姆

妈”那样，问长问短。张爱玲说：“闹过一场，感情像经过水洗的一样。骨肉至亲到底是两样的。”（《苏青张爱玲对谈记》）

所以道德至上也就是家族至上，或者说是群体至上。

群体本位贯彻于个人一生，不管在哪个阶段哪个环节，个人生活都附属于群体。张爱玲一一点来：出生，“是在一大群人之间呱呱坠地”，生孩子虽然是产妇的事，但家族所有成员都等在外面，关注着是男是女；死亡，“也是在一大群人之间死去”，临终回光返照，黑压压聚了一屋子人听取遗言；婚姻，“闹房的甚至有藏在床底下的”。这种群体对个人的全面介入，使得中国人的个性都变得“粗俗”了，随便是谁都可以盘问你，你要是回避，一定是心里有鬼，“事无不可对人言”嘛。中国人总是诧异，不明白外国人为什么那样喜欢保守在他们看来是毫无必要的秘密。（《洋人看京戏及其他》）

传统道德是群体的道德。

张爱玲发现，中国人特别喜欢创造怪兽，诸如麒麟之类。当然还有龙凤。后来的学者也注意到这一现象，认为是中华族群在形成和发展过程中的一种历史的与艺术的表达，也就是把合并的部族的崇拜对象（图腾）或者说标识，摘取某个部位，嫁接到一起。麒麟、龙、凤表现的就是族群之间的融合一致。

张爱玲去台湾，看见那里的建筑多用红砖，与其搭配的却是飞檐和绿磁壁饰，而这在内地一向是与青砖组合在一起的，这无论是在色调上还是形式上都非常协调，所以前者怎么看都有些别扭。中国传统建筑也用红色，但着红的部位都在宅院与外面相通的位置上，栏、门，楼、樨、柱子，所谓朱栏、朱门、红楼、丹樨、红漆柱子。之所以喜红，是由于位处黄土地的结果，红与黄在一起看上去舒服一些。还有中国画，上方部位一定要留出空白，绝对不可或缺，没有它，图画便失去了均衡。

凡此种种都属于“和文化”，可以说是“和”的道德原则的运用所形成的审美习惯，潜移默化地影响着人们的价值观，为群体的维护和稳固发挥作用。

《周易》说：“正家而天下定矣。”（《家人·彖传》）家族关系理顺了，天下也就安定了。天下可以理解为社会，传统中的社会治理是附带的事儿。与群体相比，社会无足轻重。

社会什么样？张爱玲说，不妨借用外国人眼光看一看。走在街上，头上搭的是竹竿，上面晾着小孩的开裆裤；进入店铺，柜台上的玻璃缸中盛着“参须露酒”，这一家的扩音机里唱着梅兰芳，那一家的无线电里卖着癞疥疮药；走到“太白遗风”的招牌底下打点黄酒……“这都是中国。纷纭，刺眼，神秘，滑稽。”（《洋人看京戏及其他》）大家都忙着齐家，外边的事儿便顾不上了，所以社会绝不像家族那样有条有理符合逻辑，乱一点情有可原。

群体愈强，社会愈弱。

说中国人比西方人有道德，那是就群体而言。“在家庭里，在朋友之间，他们永远是非常的关切、克己。最小的一件事，也须要经过道德上的考虑。”（《中国人的宗教》）要是拿到社会上，就不敢讲这话了，必须倒过来，“中国人是最糟的公民”（《中国人的宗教》）。张爱玲举过一例小事，人们常常把自家阳台上的灰尘直截了当地扫出去，毫不顾忌落到楼下的阳台上。拿起扫把，突然想起人家栏杆上还晾着地毯呢，等他们收起来再扫罢。“一念之慈，顶上生出了灿烂圆光。这就是我们的不甚彻底的道德观念。”（《公寓生活记趣》）有点疙疙瘩瘩，必须绕一下才能到达他人。作为最糟的公民，张爱玲强调，这可不能怪老百姓，因为他们从来就没有被邀请过参与国家政治生活，所以公众意识极其薄弱。

中国人常常有意无意地把自己打扮成社会对立面，从张爱玲的众多议论中我们摘录两点。一是喜欢触犯代表社会力量的法律。杀人越货的事他未必敢做，小小的越轨举动却是家常便饭。走在马路上，看见旁边竖立着“靠右走”的提示木牌，偏偏不，非要来个反其道而行之不可，走到左边去。

另一是对不相干者格外缺乏同情心。有一出戏叫《纺棉花》，有人从中抽出的一幕改编成《新纺棉花》，一个因奸致杀的阴惨题材就这样被恶搞成了轰动一时的喜剧，“中国人的幽默是无情的”（《洋人看京戏及其他》）。日本进攻香港，战火稍平，张爱玲几个大学生便上街去寻找好吃的，站在摊位前吃滚油煎的萝卜饼，尺来远的脚底下就躺着穷人青紫的尸首。这似乎也是一种无情的幽默。

张爱玲是不赞成群体主义的，这从她对亲人的态度即可以看出一二。前面提过，她对唯一的弟弟的轻蔑和冷漠，对唯一赖以依靠的长辈姑姑的锱铢必较。

这种怀疑亲情的心态同样表现在她的作品中。她的第一篇正式小说《沉香屑·第一炉香》写的就是亲人之间的互相利用。姑姑梁太太收留侄女薇龙，给她大把花钱，不是出于亲情，而是因为这个年轻貌美的女孩完全可以充当工具，借以吸引那些老的少的男人，或者获得经济利益，或者借机物色中意的对象以满足自己的色欲，至少也可以使日渐冷落的门庭重新红火起来。除极个别例外，张爱玲小说凡是涉及家族关系，必定是对亲情的颠覆。她通过一个又一个故事反复证明，家庭是斗场，亲情是陷阱，个人的幸福和希望常常是亲人毁掉的。总之，亲情是一种负能量。张爱玲是亲情的淡化者，群体的解构者。

对群体否定意味着对社会的肯定，这在张爱玲那里是成立的，但她同时又充满了戒心，表现游移不定。

张爱玲曾经回忆起当年在教会学校读《圣经》的情景。里面有一段记载，是耶稣讲给门徒听的。说的是一个主人分别给他的三个仆人数量不等的钱，其中两人拿钱做生意，各赚一倍。另一个老实，生怕赔本，把钱埋到地里藏起来。前两个得到嘉奖，后一个受到惩罚，他的钱被收回，奖励给挣钱最多的那个。主人说：我要让已有的更富足，没有的则连他现有的也要夺去。这个故事出于“马太福音”，今天管这种使强者愈强、弱者愈弱的现象就叫“马太效应”，是社会学的一条重要定律。张爱玲说，这让她心中非常不平，也非常不解。以这种竞争为样本的社会，令人无法投入，使人害怕、退缩。

她很矛盾，这样说：“不过我觉得，社会上人心险恶，那本来是这样的，那是真实。如果因为家庭里的空气甜甜蜜蜜，是一个比较舒适的小天地，所以说家里比社会上好，那不是有点像逃避现实么？……如果因为社会上人心坏而不出去做事，似乎是不能接受现实。”（《苏青张爱玲对谈记》）社会的残酷又使人寄希望于群体。

群体耶？社会耶？还真是个问题。

关系至上 \

与重群体相伴随的必定是重关系。前面说传统道德是为群体服务的，其实亦可说是为关系服务的，一部道德规范，没有一条不是为了促使群体成员或者说人与人之间和谐相处。

传统政治强调贯彻善的原则。张爱玲说："在古中国，一切肯定的善都是从人的关系里得来的。孔教政府的最高理想不过是足够的食粮与治安，使亲情友谊得以和谐地发挥下去。"（《中国人的宗教》）这里，张爱玲突出关系，说善的原则出自关系，最后又落于关系。当然这种关系首先是亲族，即家庭和宗族。亲人之爱要求政府贯彻善的原则，并以亲族的巩固和发展为最终目标。家庭和宗族稳固了，国家和社会也就安定了。

这样的政治叫作善政。齐宣王咨询如何治理国家，孟子告诉他必须实行善政，主要是两条，即发展生产和开展教育。张爱玲家学渊源，曾外祖父李鸿章曾为翰林，虽然做了统帅和宰相，但不忘本行，闲下来喜欢给女儿也就是张爱玲的祖母讲书；祖父张佩伦也很了得，进士出身，留下著述多种。张爱玲肯定读过《孟子》，她聪明过人，理解极深，更可贵的是将孟子思想融会贯通，把善政与关系联系在一起，而亲族关系也正是孟子论述的重大问题。她说出了孟子想说却没有说出的话，作为一个作家而不是学者，着实令人惊异。

西方文明强势而至，将传统冲得七零八落。“近代的中国人突然悟到家庭是封建余孽，父亲是专制魔王，母亲是好意的傻子，时髦的妻是玩物，乡气的妻是祭桌上的肉。一切基本关系经过这许多攻击，中国人像西方人一样地变得局促多疑了。而这对于中国人是格外的痛苦的，因为他们除了人的关系之外没有别的信仰。”（《中国人的宗教》）正是在这样的崩塌中，张爱玲看到了关系在中国人生命和生活中的地位，那是如同神一样的信仰对象。偶像摇动，难怪要格外痛苦了。

对于关系的重要地位和关键作用，张爱玲是有亲身体会的。那是投稿，有人告诉她必须走关系。她将信将疑，用稿单位多少有点壁垒森严，这她是知道的，但采用作品的权力被某些人垄断，她还是不能相信。怎么办？是挟着原稿到各个单位的头头那里挨户兜售还是找人从中介绍，她真不知道如何是好。

重关系既是一种历史传承，也是一种严酷现实。

如果凡事都可以通过走关系去解决，人们就没有必要恪守规矩，那么不讲原则就是一定的。

张爱玲曾经比较过外国人与中国人的被窝。外国式被窝，毯子底下衬着被单，紧紧塞到褥子底下压住，形成一个套子。中国式被窝不同，铺在褥子上面，折成一个筒子。两种被窝各有千秋。外国式被窝很牢固，睡相再不好的人也轻易蹬不开。中国式的被窝十分松散，一下子就踢开了。外国式被窝虽然牢固，效率却差，里面空空荡荡，面积太大，不容易暖和，也不自由，热燥起来没法把脚伸出去。中国式被窝虽然松散，但效率高，捂一会儿就热了，同时自由自在，脚往哪儿放随你便。张爱玲说，别瞧小小被窝，“可以看出国民性的不同”（《被窝》）。

她还比较过外国人与中国人的思维习惯。白种人思维呈现一条直线，严格地遵循逻辑；中国人思维则表现为曲折的小直线，常常转过来弯过去。这意思是说，白种人一根筋，中国人灵活。比方大家突然认识到死是绝对的，无所谓灵魂的永恒。文艺复兴时代的欧洲人有点破罐子破摔，大大地作乐同时也大大地作恶。中国人不会这么做，不过是临风洒泪，对月长吁，感慨生命的短暂，但并不因此就灰心、绝望、放浪、贪婪、荒淫。白种人不知道迂回，线中断了便续不上，而中国人不存在断线问题，线路不通就弯到别的方向去。

无论是从被窝那样的小事上面还是思维习惯那样的大事上面，都可以看到中国人的灵活多变，说得重一点，就是缺乏一竿子插到底的原则性。前头曾提到张爱玲编的一出戏，一个住在亲戚家的人跟主人置气，招呼妻儿走。往哪儿走呢？不是走出家门，而是走到楼上去，下面一声开饭，一个不剩地全下来了。这就是灵活，走是表态，走上楼是具体执行，绝不把自己往死路上逼。

张爱玲坐在电车上，无意中瞥见车窗的黑漆用指甲刮出的字："公婆有理，男女平权。"男女平等是原则，然而公（男）说公（男）有理，婆（女）说婆（女）有理。原则要由当事双方来解释，非常灵活。

中国人尽管缺乏原则性，但还是要保持底线的。"谁都说上海人坏，可是坏得有分寸。上海人会奉承，会趋炎附势，会混水里摸鱼，然而，因为他们有处世艺术，他们演得不过火……上海人不那么幼稚。"（《到底是上海人》）

张爱玲喜欢孤居独处，最怵头与人打交道。这里有性格上的原因，也有职业造成的生活习惯，同时与她对人际关系的厌烦以及有意回避也是分不开的。仅从张爱玲与夏志清的通信所言即可看到这一点，如"我太不会跟人周旋""我最不会交际""我又太不会做人"，等等。

张爱玲到美国后，在夏志清的帮助下到美国加州大学柏克莱分校中国研究中心任研究员，专职收集和分析中国"文化大革命"期间的新名词。中心对她很照顾，别人白天上班，她在同事们下班后前往办公室，由此省去人际交往上的许多麻烦。

她的上司叫陈世骧，中国文学教授，喜欢学生和下属听他高谈阔论，偏偏遇上一个鄙夷搞关系的张爱玲，两个人自然很难协调。也该张爱玲倒霉，那两年大陆上纲上线，媒体小心翼翼，没有出现什么新名词。张爱玲没有办法，提交的报告中在讲明这个特殊背景后，勉强附了两页纸的名词解释。陈世骧阅过报告，又拿给别人看，大家都不满意，打回去重写。张爱玲修改后，陈世骧仍说看不懂。张爱玲笑着说：加上提纲、结论，一句话读八遍还不懂，我简直不能相信。陈世骧有些生气，道：你是说我不懂了？张爱玲顶上来：我是说我不能想象你不懂。陈世骧笑了，反唇相讥：一句话说八遍，反倒把人绕糊涂了。张爱玲提出那就找专家看看。陈世骧正色道：我就是专家！于是张爱玲丢掉了工作。这是她的第一份也是最后一份社会工作。

夏志清说，这是张爱玲到美国后遇到的一次最大打击。她太不重视关系了，要知道不管你名气有多大，现在只是一个普通雇员，而她的同事们也都不是庸碌之辈，个个都是中国通，本来对她的特殊就看不上眼，如今又跟上司顶撞。一旦遭到解雇，消息很快会传遍美国，让人认为大作家连极其平常的名词解释都做不来。

其实张爱玲还是有感情的。夏志清哥哥夏志安教授去世，张爱玲的信到得很迟，但在众多吊唁信中是最感人的。她给夏志清的每封信都要问候夫人和女儿，写最后一封信时，她的身体已经很糟糕，连拆信的精神都没有，居然写得很长，还附上一张精美卡片，记得夏志清爱吃西瓜，女儿爱吃洋芋色拉，令人感动不已。“超级张迷”水晶访问张爱玲，两个人长谈 7 个小时。得知水晶订婚，特地准备了一瓶 8 盎司的“香奈儿五号”香水，听说水晶在南洋生活过，还开了一罐糖腌番石榴招待他。

张爱玲完全清楚搞好关系的必要性。在港大读书她连拿两个奖学金，功课常常名列第一，不是一门两门，而是多门，用功当然是一个原因，另一个原因就是会揣摩教授的心思。她吹捧苏青，说自己不屑于跟冰心他们站队，但跟苏青相提并论则甘心情愿。其实张爱玲是不会看得起苏青的，无论才华还是成就，苏青都无法跟她比肩。张爱玲这么说有功利的成分，苏青办杂志，她写稿，两人是伙伴关系。这告诉我们，张爱玲在人际关系上的失败不是不能也，而是不为也，自信凭本事就可以打天下，何必把宝贵的精力浪费在自己厌烦的事情上呢？

对张爱玲而言，一个不靠关系而凭规则的社会是最理想的生存环境。

张爱玲重原则，用胡兰成的话说叫“她的生活里有世俗的清洁”（《张爱玲与左派》）。张爱玲曾两次遭遇被抢。一次在香港街头，一个瘪三抢她的钱袋，夺来夺去好一阵儿，终于没有得手。一次在上海，也是瘪三，抢她手里的点心，连纸包都被抓去一半，另一半张爱玲攥得紧紧的，生生夺了回来。要是换了别人，早就撒手了，张爱玲不，尽管她体单力薄，被抢的点心又不值钱，但她就是不退让，因为这没道理，你穷你饿，可以开口讨要，但绝不能动手抢夺。

就是跟亲人她也是规矩当先。跟姑姑同住，张爱玲打碎了桌面上的一块玻璃，照样赔了一块，花了600块钱。

胡兰成说："张爱玲没有一点这种禁忌，她要的东西定规要，不要的定规不要，什么时候都是理直气壮的。"（《张爱玲与左派》）因为有原则打底，张爱玲但凡做什么都好像在承当一件大事，就连走路的神情都非同小可，哪怕拈一枚针，都一脸的光明正大。

现实至上

中国人是最现实的族群，这首先表现在重物质上面。

你到农村去看看，走进农家宅院，最醒目的是两样东西，一样是粮仓，一样是棺材。张爱玲说，这完全符合农业社会居民储藏一切生活必需品的需要。粮食好理解，民以食为天，而脆弱的农业又常常因天灾而歉收，所以必须储存粮草，越多越好，乃至陈芝麻烂谷子腐朽在仓房里。建粮仓好理解，棺材呢？张爱玲认为也可以理解，它表现的是“合实际的远虑”。人终有一死，寿衣寿材早晚用得上，趁着年景好提前准备出来，以防灾年抓瞎。

最能体现物质主义的是理想。谁都喜欢长生不老，永享福分，中国人追求的是升天做神仙。对于这种现象，张爱玲分析得相当透彻。

神仙要分开讲。神有权力，需管人间事，有专用的庙宇以享用人间的香火贡品。来源通常是两类人，一类是政绩显著的官员，他们生前服务得好，死后还要他们接着服务，所以要通过这条路子成神，得吃苦受累，而且升天后仍不得休息，继续吃苦受累。另一类是节妇，走这条路子，同样得做出巨大牺牲，至于她们能够享受到怎样的待遇，要看她们对于收获、天气，还有私人的祷告是否负责，是否灵验。

而仙则不同，无需承担权力，当然也就没有任何责任。他们唯一要做的就是享受，过的是名士的生活，以下棋、饮酒、旅行等来消磨时间。仙的来源也有两个。一个是修炼，比较难，所谓“苦修”，但不妨走走捷径，试试炼丹吃药。另一类是撞大运，或者遇上仙人，见你慧根好，三言两语点化成仙；或者取巧，比方潜伏在狐狸精进行修炼的附近，趁着它练习吐纳的当口，把它呼吸凝成的光球一把抓到手，立即吞到肚里，也能够获得效果。

是做神还是做仙？大多数人的选择是成仙，因为既可以不用付出又可以永远享乐。但有一样不好，就是仙没有性生活与家庭之乐（神也没有）。怎么弥补这个缺憾呢？于是人们发挥想象力，创造出了“地仙”。这是神仙世界的两栖类，具有仙的身份，同时过着人的生活，既可以长生不老，又可以尽情享用醇酒美妇。

地仙，人的身内物质（生命）与身外物质（财富与自然界）两头兼顾的活神仙，有些像古希腊的神——一个聪明得了不得的发明创造。

偏重物质势必导致轻视精神。

张爱玲以一出戏为例，分析了中西方对灵魂的不同态度。这是出悲剧，名《乌盆计》，讲的是一个被谋杀了的鬼魂幽禁在一只乌盆里，而这物件其实是便桶。放在西方，这完全不可理解，悲剧向来具有崇高意味，如今给出的环境竟然是存放污秽物的马桶，而那具冤屈的灵魂居然跟这些肮脏东西混杂在一起。然而在中国人看来这丝毫没有什么不恰当，大小便又怎么了，随处可见，没什么可忌讳的，冤魂住在马桶里，不存在嘲弄问题，不代表任何倾向，根本想不到这是对灵魂的巨大冒犯。

对信仰对象也缺少真正的敬畏。如果有的话，那也是对祖先。在张爱玲看来，中国人中间唯一的敬畏似乎只是祖先崇拜。我们这里可以举出许多实例，比方两晋时期中原人的南迁，整个宗族甚至村庄在族长和太公（村长）率领下集体出走，千里迢迢，翻越岭南，到了韶关的南雄县，终于把战乱甩在身后，而太公也老了，躺下了，人们便把他葬在当地。为了缅怀那些带领族人脱离困苦的可敬老人，在广东安居后的各姓氏派代表返回南雄建造宗祠，称太公祠，按时前来祭祀。太公是真人，伟大而平凡，对他的崇拜只是追思，所以张爱玲认为这“没有任何宗教上的意义”（《中国人的宗教》）。

说到宗教崇拜对象，本来是极庄严的事，现在却被搞得马马虎虎。张爱玲提到几位神，一位是玉皇大帝，竟成了太太的代名词，而且通常指谓的是悍妇，俗称母老虎，文雅一点的叫“河东狮吼”。这哪里有一点点尊重，简直是亵渎神灵。还有王母娘娘，从中国神话演化而成，她的最初形象奇丑无比，头发蓬乱，面相凶恶，嘴里龇出两颗又长又尖的虎牙，浑身布满虎纹豹斑，身后还拖着一条豹子尾巴。八仙之一的麻姑倒很美丽，她虽不是崇拜对象，但人们却喜欢把她跟观音菩萨放在一起，后者拥有最多的信众。张爱玲说，也就中国人这么做，西方人无论如何不能想象圣诞老人与上帝有来往。关于观音不妨多说一句。名茶品种铁观音，之所以起这个名字，一是它落进茶碗会发出金属般声响，二是茶外形观音一般漂亮。夸奖信仰对象漂亮，恐怕有轻浮之嫌。

张爱玲发现，社会下层的宗教有点杂，找不出西方信仰所表现出的唯一性，而是由众多不相干的小小迷信组合而成，比如星相、狐鬼、吃素之类。许多诸如此类的对象共同居住人们心间，无形中把每一个都降了格。

分散信仰的还有道德力量。张爱玲说，夏天盛暑，施送痧药水的捐款，没有人敢私吞，然而石菩萨的头，一个个给砍下来拿去卖给外国人，却算不上一回事。显然二者相比，具体的偶像崇拜敌不过抽象的道德观念，这在世界上大概是独一份。

总之，张爱玲认为，中国人的宗教信仰是打了折扣的，社会高层几乎全不信教，社会下层虽然有众多信徒，但由于惩罚不重而奖赏不多，大都采取消极态度，不求有功但求无过，一事当前，首先想到的是如何推卸责任。

上述这些虽然不能代表精神生活的全部，但至少从一个侧面反映了精神领域的薄弱状况。

比较一下中国人对精神与物质的态度，还是物质占上风。《金锁记》中的童世舫，最讨厌小说里面的男人向女人要求同居时说：“请给我一点安慰。”为什么？因为安慰本来是纯粹精神上的，这里却做了满足肉欲的代名词。精神就这样被偷换成了物质。

张爱玲这样表白：“对于我，精神上与物质上的善，向来是打成一片的，不是像一般青年所想的那样灵肉对立，时时要起冲突，需要痛苦的牺牲。”（《私语》）善，好处；也可以理解为追求。张爱玲讲得很清楚，精神与物质她是双管齐下，不偏不倚。

自己的精神生活张爱玲谈的不多。也许因为她是作家、思想者，这职业本身就沾了精神气。

对于自己的物质追求张爱玲倒是讲得很细。她4岁时便立下大志：到了8岁要梳爱司（S）头，10岁要穿高跟鞋，16岁要随便吃粽子汤团以及一切难于消化的东西。她的第一笔稿费是9岁时创作的一幅漫画，立即用得到的5块钱买了一支小号的丹琪唇膏。随着年龄的增长，物质志向逐步提升，理想是一间中国风格的房子，墙壁一定要漆得雪白，桌椅一定要涂上金漆，座椅一定要铺着大红垫子；桌子上当然要摆着茶碗，必须是豆绿色糯米瓷的；还得有一盆糕团，堆得高高的，每一只上面都点着个胭脂斑。中国房屋讲究“一明两暗”，她的这间当然是明的，窗子朝南，阳光深深射进来，铺满半间屋子。

张爱玲说她对日常生活要求不高。一件蓝绿薄棉袍，旧得袖口都泛了色，拿出来才上身，便赶紧脱下，唯恐磨损。她喜欢这件袍子，总要等到再有一件同样颜色的，才舍得穿。吃菜也不讲究换花样，夹一筷子，说“好吃”，之后便要求“明天再买，好么？”永远蝉联下去，也不会厌倦。

按照胡兰成的说法，好像不是这样。胡兰成印象最深的是张爱玲的“贵族气”：她极少购物，但在饭菜上头从不凑合，舍得花钱，每天必须吃点心，喝茶也讲究，用玻璃杯子泡红茶。有位名慕容羽军的作家，50年代在香港一家叫YMCA的食堂巧遇张爱玲。那是下午3点钟喝下午茶的时间，他登上二楼餐间，赫然发现张爱玲独自坐在靠窗的桌前，上面放了一杯茶。两人聊起来，慕容羽军发现那杯茶似乎没有碰过，而一小杯奶也原封不动地摆在那里。张爱玲解释道：我家的红茶是正宗的锡兰产品，这杯用的茶是锡兰的香港版，味道差了一截。胡兰成说张爱玲调养自己像只红嘴绿鹦哥那么上心、讲究，还借用她书中的话，说她的生活方式如同雨花石养在水盂里，使生活的枝枝桠桠，哪怕是吃一只包子，上一趟街，都成为一种精致、明朗和亲切的享受。张爱玲出身贵胄不假，但她的贵族气主要来自对物质生活的高品位追求。

在张爱玲那里，物质与享受同义：“说到物质，与奢侈享受似乎是不可分开的。”（《我看苏青》）这就是为什么她对物质生活的追求讲究高品位的原因。这样的消费与那些单纯的物质消费，以及刺激性享乐，显然很不相同，后者是粗俗的，而前者有着更多的文化或者说精神内容，属于升华了的物质生活，带给人物质与精神的双重快乐。一块糕团，上面有没有胭脂点大不一样，那颗红点要营养没营养，要味道没味道，纯粹是美学意义上的。

如果说上面的认识是哲学的，那么下面的认识就是现实的。张爱玲说，生逢乱世，要继续活下去而且活得称心，真是难，就像“双手劈开生死路”般的艰巨，既如此，就应该格外珍重物质生活，对得起自己的生命，活出彩来，从中获得更多乐趣。

于是我们看到这样的场景：香港炮火刚熄，张爱玲几个大学生便满街寻找冰淇淋和口红。她们挨家打问冰淇淋，只有一家回答隔日下午不妨过来看看。于是第二天她们步行十来里地去践约，吃到一盘昂贵的冰淇淋，里面吱咯吱咯全是冰屑子。

形式至上／

张爱玲有篇散文，标题《必也正名乎》，专门讲“正名”在国人生活中的地位。

“名”是古代学术思想的一个重要概念。名，名称。字音与字义上通命、明。命，命令，规定之意，是说名称是有规定而具备内涵的。比如儿子，对其最根本的规定是恪守孝道，尊敬父母意志。明，明确，对事物进行辨明、端正之意。如果说命主要表达的是名，那么明侧重的则是正，合起来就是正名。

以儿子为例，正名分两步走。第一步是辨明儿子这个名，它有哪些规定？第二步是辨明作为儿子的这个具体的人，看看他做得怎么样，够不够格？正名是古代齐家治国的一条基本原则。子路问孔子，如果请您主持政务，您首先抓什么？孔子答：“必也正名乎。”（《论语·子路》）那一定是正名分了。这五个字很重要很著名，张爱玲取来直接做文章标题。

正名落实到民间，除了保留正统传承外，还衍生出求吉祥讨彩头的习俗，从而造成一种全民热衷于追求形式的普遍现象。张爱玲这篇散文以及其他文章针对的就是这样的形式主义。

最高统治者皇帝就是形式主义者。遇上不顺心的事便改元，也就是修改年号，以期明年国运好转。本来是元武十二年，改，一声令下，元武便被换成大庆，元武十二年变为大庆元年，以往不幸的日子就算告一段落了。

知识阶层也不能免俗。一个人死了，不说死，说“仙逝”，或者“西逝”。后者是随佛教传入中国后出现的，佛祖释迦牟尼原籍西方，“西逝”就是去见佛祖。棺材也不好直接叫，显得没文化，还不够尊重，要称“寿器”，跟长寿联系在一起。

至于大众，那就不用说了。张爱玲发现，但凡过大年，无论什么东西，饺子啦，茶叶啦，青菜啦，乃至火盆里的木炭啦，都被用来代表元宝，“真是个财迷心窍的民族”（《天地人》）。小说《半生缘》中有个在餐馆吃饭的情节。上来一碗蛤蜊汤，世钧舀了一匙子，笑道：过年吃蛤蜊，好口彩，算是元宝。叔惠道：蛤蜊也是元宝，芋艿也是元宝，饺子蛋饺都是元宝，连青果同茶叶蛋都算是元宝，你说我们中国人怎么了？眼睛里看出来，什么东西都像元宝。曼桢笑道：还有呢，有一种毛毛虫叫蓑衣虫，常常从屋顶垂下来，北方人叫它钱串子，真是想钱想疯了！

还有吃素，本来具有宗教意味，但信仰敌不过口腹之欲，便给豆制品加上荤腥名称，诸如素鸡、素鹅、素鸭、素蛋、素火腿之类，不但求形似，还求味似，吃到嘴里还真像那么回事，既修了行又沾了荤腥，什么都不耽误。

名称反映的不光都是财迷，也用来表达政治倾向。比方油条，据张爱玲考证那是南宋发明出来的食品，学校管理宿舍的老工友私下向学生贩卖零食，称油条为“油炸桧”，她以为是“油炸鬼”，后来才明白“鬼”应该写作“桧”，诅咒的是奸相秦桧。

人际交往也讲究字眼。比方下棋，叫“手谈”。西洋交际舞传进中国，获得了一个新名称叫“脚谈”。

凡此种种，张爱玲一律送与“字眼儿崇拜”（《必也正名乎》）。

当然，这种重形式也不都属于低档次的讨彩头，也包含高级有价值的东西。比方中国古典舞蹈，张爱玲就颇能体验其中韵味。舞女只是把雍容揖让的两只大袖子徐徐伸出，向左比一比，向右比一比，带着古圣贤风度。虽然单调些，如果联系唐诗“舞低杨柳楼心月”，这姿态就获得了大气泼辣的意味，把月亮都扫了下来。

形式不光具有美学价值，还具有认识价值。张爱玲说，生长于内地城市的人，总是先看见海的图画然后再看见海；少男少女总是先读到爱情小说然后才去恋爱，人们对生活的体验往往是第二轮的。形式先行。

扯得有点远了，收回。

总之在张爱玲看来，正名这种形式主义纯粹是主观的，通过字眼赋予对象以某种意味，以求心理上的满足。

那么是不是有了好字眼就可以收到理想效果了呢？当然不是。年号改成“大庆”国运就昌盛了？没有的事。棺材改成寿材人就健康长寿了？也绝无可能。

中国人的吃，讲究药食同源，形式往往参与其间。《红玫瑰与白玫瑰》中振保有一句话：的确这是中国人的老脾气，爱吃什么，就是什么最灵。猪蹄子人人爱啃，将其拟人化，前面的两个蹄子称猪手，后面的称猪脚，手臂不适吃猪手，腿脚不好吃猪脚。管用吗？大多属于心理安慰，觉得有效就有效，至于是否真的有效，没人较真儿。反正大家都这么讲，明知无效，仍旧照吃不误。

中国人是只要形式而不计效果的。

张爱玲研究近代服饰，比较中西样式上的点缀，发现有些东西属于可有可无。西方服装上的这类点缀虽然不是十分必要，但还是有个目的，或者发扬光大眼睛的蓝色，或者补助不发达的胸部，要不是使人看上去高些或矮些，要不是把众人目光吸引到自己腰肢上，要不是消灭臀部过度的曲线。而中国的呢，有些根本就是莫名其妙，比方鞋子上的装饰，高底边缘充塞着的细密花纹，如果尚有观赏价值的话，那么鞋底上布满了繁缛图案又为着那般呢？莫非走几步就把脚高高抬起来让鞋底在人前露个脸？

还有衣领。曾经有段时间流行“元宝领”，一种高得与鼻尖平行的硬领，活像缅甸的一层层叠至尺来高的金属顶圈一般，逼迫女人们个个伸长了脖子。这吓人的衣领与下面的一捻柳腰完全不相称，头重脚轻，毫无均衡感。后来“元宝领”演化出“圆筒领”，紧抵着下颚，使得肌肉尚未松弛的姑娘们也生出双下巴。“元宝领”还有些优点，它斜斜切过两腮，把人脸变成瓜子脸，“圆筒领”没有这种功能，除了制造丑陋让人颈项别扭外没有别的，既无美学价值也无实用价值，真不知道为的是哪般。

中国人喜欢起名字。张爱玲曾经收集过英国女子芳名，费劲巴拉统共二三百个。说有个老笑话，一个人翻遍《圣经》想找出一个别致些的名字用在自己身上，还真让他找着了，便得意扬扬告诉牧师。什么名字？——撒旦（魔鬼）。中国人的名字可不同，千变万化浩如烟海，但无论多么纷繁，都一定遵循着善意。

家里的老祖父，冬天两脚搁在火盆旁，吸着水烟，为新添的孙儿取名字。叫他光楣，他就是努力光大门楣；叫他祖荫，叫他承祖，他就得常常记起祖父；叫他荷生，他的命里就多了一点六月池塘的颜色。张爱玲说，除了小说里的人，很少有人是名副其实的。情况往往相反，名字代表一种需要，一种缺乏。穷人十有九个叫金贵、阿富、大有。然而贵了吗富了吗有了吗？光大门楣了吗继承祖业了吗？那就是另一回事了，天知道。

由于效果是第二位的，中国人特别喜欢也特别善于做表面文章，形式上花团锦簇，内里空洞无物，现在把这叫假大空。

张爱玲有过走形式的经历。那是过周岁的“抓周”。这种风俗非常普遍，无论是富贵人家还是贫贱人家都喜欢。通常是在周岁生日这天，将各种小物件摆在孩子面前，由他去抓，检验志向，预测未来。

张爱玲抓的是钱，据当时在场的姑姑说那是一枚小金镑。还有一个版本，出自女佣之口，坚持说抓的是笔。后经核对，统一认识，形成如下意见：张爱玲面前放一只漆盘，里面有笔、胭脂、骰子、骨牌、钱币等。骰子、骨牌摆得稍远一些。张爱玲伸手抓住笔和胭脂，又放下了，最后抓起钱币。

还别说，真的挺灵。笔象征文化，张爱玲成了文人，专职写作，以一支笔打天下；胭脂代表打扮，张爱玲好穿是出了名的，被当时媒体一致裁决为奇装异服癖。这两件属于明面上的，不必多言。下面专说钱。

钱分两层意思，一是爱钱，一是有钱。

先说爱钱。张爱玲对此毫不忌讳，多次自我暴露说：“从小似乎我就很喜欢钱。我母亲非常诧异地发现这一层，一来就摇头道：‘他们这一代的人……’我母亲是个清高的人，有钱的时候固然绝口不提钱，即至后来为钱逼迫得很厉害的时候也还把钱看得很轻。这种一尘不染的态度很引起我的反感，激我走到对面去。因此，一学会了‘拜金主义’这名词，我就坚持我是拜金主义者。”（《童言无忌》）接着又补充说自己“不知道钱的坏处，只知道钱的好处”（《童言无忌》）。

张爱玲最不愿意与人特别是贩夫走卒直接打交道。一次壮起胆子在距离家门不远的地方跟一个黄包车夫讲起价钱来，自己竟高兴得了不得，因为没忘了怎样去还价。接着写一句“真是发了疯呀！”

张爱玲对自己拜金主义者的定位很准确，胡兰成说她“一钱如命”，让人想起大年初一用红头绳穿起的一串压岁钱。在时人眼中，张爱玲就是钱串子。因为稿费，她撕破脸与刊物打笔墨官司；和姑姑一块儿过日子，开支分摊得清清楚楚；跟闺密炎樱上街，餐费车费计算得毫厘不差。总之谁也别想让她在金钱上面吃亏，当然她也绝不沾人便宜，钱上的事儿她是清清爽爽，纤尘不沾。

爱钱不等于不问来路。都说金钱没有臭味，但在张爱玲那里还是分香臭的。为搭救胡兰成，苏青与张爱玲曾去汪伪政府实力派人物周佛海家说情，见到不少古董文玩，张爱玲的评语是“其气不扬”，好东西到了周佛海家连气韵都失掉了。为什么？因为是不义之财。

对于不应该拿的钱，张爱玲一文不取。她爱钱是不假，但每一分每一厘都是辛辛苦苦爬格子挣来的，所以寸步不让。胡兰成把这叫“慷慨”，是一种恪守原则坚持是非的德行，看似计较，其实是大气。

再说有钱。刚好相反，张爱玲没钱。爱钱却没钱，是不是挺悲催？她很早就体验到没有钱的苦恼，那是问父亲要学费，她站在烟榻前，许久许久，就是得不到回答。她上高中是母亲出的钱，由于两个人关系有些特别，这给她造成很大心理压力，常常徘徊反侧，怀疑自己能否实现母亲的期望。进入香港大学，要不是拿到两个奖学金，恐怕是读不下去的。转回上海圣约翰大学，由于筹不到学费，只好辍学。从1943年开始发表作品到1952年离开内地，这段时间里她的经济情况是最好的，但最多也就是用钱无虞，离有钱人的生活差得还很远。到了香港去了美国，绝大多数时间处于拮据之中。与赖雅结婚成家，几乎天天吃意大利馅饼，花费不到一个美金。直到夏志清利用自己小说史权威的影响说动台湾皇冠出版社发表张爱玲作品，她才逐渐有了钱，走出贫困。这时已经是60年代中后期，张爱玲走过了生命的一多半。

钱这件事上似乎反映出张爱玲对形势的态度，有几分揶揄，但也不完全拒绝。

病源是自私／

张爱玲与萧红虽然都是族群劣根性的揭露者和批判者，但方式是不同的。在萧红那里，表现为一个优点相对一个缺点，当然反过来说也成，双方是对立的；而在张爱玲那里，则是一个缺点相对于另一个缺点，二者是链式的。萧红的态度清坚决绝，必欲肃清而后快，属于革命派；张爱玲则温文大度，否定中有肯定，属于改良派。萧红用的是正笔，血泪控诉，声势逼人；张爱玲则属闲笔，嬉笑怒骂外加调侃，轻松灵巧。

前面总结过，萧红对劣根性的批判最后归于铲除愚昧，那么张爱玲的批判最后落实在什么上面呢？回答是自私。重传统，轻创新；重群体，轻社会；重关系，轻原则；重物质，轻精神；重形式，轻效果，其实都是自私在作祟。

譬如重群体，轻社会。不是把群体放在首位吗，怎么反倒成了自私？要知道，这个群体不是社会大群体，而是家庭、宗族小群体，可以称作私群。个人服从的只是私群，而对社会公群则不管不顾，所以张爱玲才说“中国人是最糟的公民”，或许私德很好，但公德绝对的差。一个把自家打扫得洁净齐整的人，到了公共场合完全可能随手乱丢废弃物，他的德行仅仅在特定小范围内有效。

张爱玲承认自己就是一个自私的人。那是香港战乱期间，张爱玲到医院做临时看护。一个患者痛得受不了，不断地呼叫，她不予理睬，以“我是一个不负责任的，没良心的看护”来为自己解脱。病人想喝水，她回答没有。半夜当着众多患者的面，她抱着牛奶瓶去厨房给自己烧奶喝，患者的呼叫拖着长腔追过来，守着将沸的牛奶，她心里发慌、发怒。后来这个患者死了，张爱玲把后事推给别人处理，自己去厨房烤面包。她写道：“鸡在叫，又是一个冻白的早晨。我们这些自私的人若无其事地活下去了。”（《烬余录》）胡兰成也说张爱玲“非常自私，临事心狠手辣”（《今生今世·民国女子》）。一点人情都不讲。

张爱玲曾对胡兰成声明：“我在小处是不自私的，但在大处是非常的自私。”（胡兰成：《论张爱玲之二》）两件事可以作为她对自己评价的注脚。

一件事发生在日军进攻香港那天。这天也是港大期末大考的第一天。飞机低低飞过，传来爆炸声。战争爆发了，大家七嘴八舌，只有张爱玲默不作声，一动不动坐在那里，冰冷得像块石头，然而内心的喜悦潮水般阵阵涌上来。为什么？因为可以不考试！她高兴得差点跳起来，拼命压抑着，终于没有动，怕挨骂。然而到了没憋住，私下跟炎樱说自己非常快乐，弄得这位好友都心生反感。类似表现不是第一次，1938 年日军突袭上海，张爱玲跟舅舅一家躲进法租界旅馆。听说楼梯可以抵御轰炸，她便坐在楼梯台阶上，捧着张恨水的《金粉世家》读得津津有味，非常愉快。

另一件事发生在张爱玲婚后，日本败局已定，身为汪伪政府高官的丈夫胡兰成坐在沙发上看报，仔细琢磨有关波茨坦会议的报道，张爱玲坐在一边给丈夫画速写。胡兰成告诉妻子，第二次世界大战要结束了。不料张爱玲竟然带着几分失望说希望战争永远打下去。胡兰成不解。张爱玲笑着说自己不过是因为想跟丈夫在一起，因为如果战争结束，胡兰成就会受到通缉，那时他们夫妻这对同林鸟就该各自飞了。一个多月后的一天晚上，熟睡中的张爱玲被吵醒，窗外爆竹声声，就听姑姑说日本投降了。张爱玲一翻身又睡着了。

这两件事，一件是战争的起头，一件是战争的结尾，张爱玲的表现足以说明什么是自私，那就是完全彻底地从个人出发，以当下自己的利益、处境和心境衡量一切，全然不顾及他人、社会和国家。

其实在小事上张爱玲也是以自己的感受为中心。当时的上海已经沦陷于敌手，成为所谓“孤岛”，国破山河在，自有一种悲凉。她不，走在街巷，店铺梧桐树，那样熟悉，从而生出一种亲切感，便觉得破碎山河样样入眼。

这就是张爱玲，一切以个人为转移。

其实张爱玲的这种事不关己高高挂起的态度，除了自私之外，还有别的理由。她这样描写当时自己的内心活动：“她不觉得良心上过不去。她整个的成年生活都在二次大战内，大战像是个固定的东西，顽山恶水，也仍旧构成了她的地平线。人都怕有巨变，怎么会不想它继续存在？她的愿望又有什么相干？那时候那样着急，怕他们打起来，不也还是打起来了？如果她是他们的选民，又还仿佛是‘匹夫有责’，应当有点责任感。”（《小团圆》）是啊，张爱玲有资格冷漠，她不过是一介无足轻重的小民，没有选举权，没有参政权，没有话语权，没有选择权，唯有被动地接受事实而不能主动决定事实，凭什么要求她去关心那些由大人物策划和造成的历史事件进程呢？

这就涉及个人地位问题。这个问题太大，我们只谈个人的建立。

张爱玲认为，中国从来就没有过独立的个人。譬如怪癖，最特别最著名的要数魏晋南北朝时期，也就是《世说新语》记述的那批高人名士。他们有的嗜竹嗜酒，有的喜欢发酒疯，有的有洁癖，有的不洗澡，有的一边捉身上的虱子一边跟大人物对话，谈的还净是高深学问，政治、人生、玄学、之类。怪是够怪的，然而至少两条说明他们仍旧缺乏独立意志。一是不管如何变，总是属于某个群体，哪怕进入竹林七贤，也还是依附于群体。一是仍恪守规矩，别看表面放荡不羁，实则绝不击穿政治底线，所以张爱玲说他们表现的“都是循规蹈矩的怪癖”。

正是缺少个体的独立性，我们才看到国人的许多极端消极面，诸如推卸责任，从众随大流，自私自利，等等，由此不断上演一幕幕令人心痛脸红的场景。南京大屠杀之所以酿成如此惨剧，固然应当归罪于日本军人的“兽性”，但同时跟中国军人的“羊性”也是分不开的。两三千俘虏在十几个日本兵的押解下，竟然列队自动走入长江，活活被淹死。有人说就是杀一群猪也没这么容易便当。其实只要有一个人振臂呼唤，大家一拥而上，日本兵必定丧命众人拳下，然而就是没有一个人勇于挺身而出，人人都看着别人，谁都不想承担起始风险。

这就告诉我们，要铲除族群劣根性，必须从建立个体入手。

胡兰成认为，张爱玲就是这样的个体，他用的词是“个人主义”。在胡兰成那里，个人主义是与“集团主义”相对而言的一种世界观、人生观和价值观，与集团主义认群体为根本归宿不同，个人主义认个体为世界的本原、人生的本体和价值的最终单位。胡兰成对个人主义评价甚高：“个人主义是旧时代的抗议者，新时代的立法者。”（《论张爱玲·之二》）

胡兰成的观点反映的其实是五四新文化运动的根本成果，即个体意识的觉醒和个性解放。几千年来，中国只有家族、宗族、王朝，这些群体是社会的本原、人生的本体和价值的最终单位。其中没有个体的独立位置，每个人，包括皇帝在内，都是群体链条上的一个环节。五四运动的锋芒直指这个链条，推翻群体的最高也是唯一权威的地位，力图将个体解救出来，形成另一个权威。这是一次伟大的还原，个体才是人类社会的原子和第一性，是价值的基本单位。这并不意味着个体是脱离群体的孤立存在，二者仍然是联系在一起的。如果说从前的个人只是群体链条上的一个环节，那么现在的个人则是奥运五环上的一环——群体是独立个体的联合。

那么个体是什么呢？从意识角度看，可以用陈寅恪的一句话来概括：“独立之精神，自由之思想。”张爱玲达到了。

确切地说张爱玲是在某些方面、某种程度上达到了。其实她是由旧到新的过渡，她身上既残存着族群劣根性的陈腐，诸如自私，同时也生长出个体性的新芽，诸如独立自由。

五 男权·屈从·觉醒

男人与女人之间的不平等主要表现为男人对女人的压迫以及女人对男人的依赖，问题的实质不在于压迫与依赖本身，甚至不在于渗透进生活的方方面面和点点滴滴，而在于这种压迫和依赖固化为两性的存在方式，形成难以动摇的心理意识，也就是恶居然转化为“理”，这才是最可怕最可悲的。

心理上的囚与觉

萧红的总结：心安理得的压迫／

男人对女人的压迫具有野蛮性质，越是底层越是粗暴。萧红来自东北小城并长期在艰辛中挣扎，对此体会极深。从她那里我们读到了残酷、愤怒、无奈，还有近于绝望的沮丧。

呼兰河的男人喜欢打女人，几乎没有一个不动手；呼兰河的女人习惯挨打，几乎没有一个尝试着逃脱男人的拳头。

萧家大院里的租户，数赶大车的胡家过得最好。大孙子已经成亲，媳妇能干又温顺，人长得不肥不瘦不高不矮，说起话来声音不高不低不急不慢，与这等人家正好般配。这么好的媳妇照样挨丈夫的打。回到娘跟前，问起婆家，她说都好都好，什么事只要粘上婆家的就好，自己没一点不顺心。那么挨打呢？她的回答是哪个男人不打女人呢？有了这一条，挨打根本算不上是一回事儿。

男人打女人早就成了一种本能、一种定势，就连女人生孩子的时候也不放过。那是在乡下，一个女人难产，就要死了，直挺挺躺在炕上，像具僵尸。突然她的丈夫酒疯子般的撞进来，站在炕边吼叫，命令女人给他拿靴子。见女人不应声，男人便伸手撕扯幔帐，斥责女人装死，说着操起身边的长烟袋朝女人投去。母亲好歹把他拉走。惊吓中女人坐了起来，这时男人又闯进来了，手中端着个大水盆，二话不说，举起盆就向帐子抛去。男人被大家拖走后，孩子生了下来，死了。

呼兰河四月十八日那天举行娘娘庙大会。城里除了娘娘庙还有老爷庙。娘娘庙里供奉的是女神，泥塑的，温良恭俭让，慈眉善目，很是和顺。老爷庙里供奉的是男神，横眉立目，气势汹汹，很是霸气。说来奇怪，庙会的主角本来是女神，主题是向她求子求孙，然而人们却必须先去老爷庙，而后再进娘娘庙。在男神跟前打过钟磕过头，才敢去给女神上香。

同样是膜拜，人们的态度大不一样。面对男神，战战兢兢，不但嘭嘭地磕头，而且打心眼里服气，很是虔诚。事毕站起身看看泥塑老爷，觉得这个头磕得值，毫不后悔。为什么？因为他身高力大，眼睛似乎冒着火，如同老虎似的张着大嘴，在这凶神恶煞跟前，再狠的男人也心虚，盘算一番，要是泥塑下来和自己打上一架，还真不是他的对手。面对女神，就没有这份敬畏了，左看右瞧，总觉得一脸温顺的泥塑娘娘实在没什么了不起。温顺等于老实，老实等于好欺侮，这无疑在告诉人们，这是一个忍气吞声的主儿。所以别看子孙娘娘是神，在人们眼中其实跟普通女子没多大区别，只不过多生了几个孩子罢了。

所以男人打老婆的时候理直气壮：娘娘还怕老爷打呢？何况你一个长舌妇！

“可见男人打女人是天理应该，神鬼齐一。怪不得那娘娘庙里的娘娘特别温顺，原来是常常挨打的缘故。可见温顺也不是怎么优良的天性，而是被打的结果，甚或是招打的原由。”（《呼兰河传》）

暴力之下，呼兰河的女人都怕男人。

不光女人怕男人，女人也怕女人。

上面说的萧家大院赶大车家的孙媳妇，是他家大孙子的女人。二孙子也有女人，就是前头提到过的团圆媳妇（童养媳）。说是媳妇，其实是个小姑娘。对外称 14 岁，实际上只有 12 岁，因为长得高怕人笑话，便多报两岁。这是虚岁，换成周岁，真实年龄也就 11 岁。一个大辫子又黑又长，黑乎乎脸上笑呵呵的女孩。

她的到来是件大事，这个小媳妇顿时成为话题中心。议论来议论去，归纳起来就一条，不像个童养媳，因为不知羞。有人给她计数，进门头大，一口气吃了三碗饭；有人看不惯她大模大样的，两个眼睛骨碌碌地转；还有人说她坐没坐相，身子挺得笔直，走没走相，快得像阵风。就连有二伯都拿她发牢骚，说这是啥年头，团圆媳妇都不像是团圆媳妇了。

没几天，那户人家便传出哭叫，不管离得多远都听得见——那是女孩挨打时发出的悲声。团圆媳妇挨打了，并且被打得特别厉害，要不哭声怎么那般响。左邻右舍又议论开了，都说该打，早就该下手了，哪家的童养媳像她那样一点都不知道害羞呢。

井台上她的婆婆遇上周二奶奶，道：这不过是给她一个下马威。你听着吧，回去我还得打她。没见过这么厉害的小团圆媳妇，你拧她大腿，她咬你，再不然就要回家去。

打她的人是她的婆婆，一个年级和辈分高一些的女人。

从这天开始，萧家大院便天天有哭声，日日有叫声，声音很大，边哭边叫。

小萧红的祖父看不下去了，到胡家劝过几次，说小孩子懂什么，出点差错教育教育就行了，不要打。但没人听。

秋天伴着哭叫声过去了，到了冬天终于停止了。

但另一种声音响起来——跳大神的声音。鼓上的铃铛叮叮地响，唱词声声交错。

婆婆说小团圆媳妇害了病。这孩子常常做梦，梦到婆婆打她，不是用梢子绳把她吊在房梁上，就是拿烙铁烫脚心，要不就是用针刺手指尖。她大哭大叫，嚷嚷着“回家”。请人圆梦，回答是“回家”就是去阴曹地府。

婆婆特别忌讳回家二字，要是真的回了家，当初为了买她做童养媳花费的 8 两银子算是白瞎了。所以一听到儿媳妇嚷嚷“回家”就伸手拧她大腿，拧得多了，下手又重，梅花鹿似的青一块紫一块的。然而事与愿违，朦胧中的小团圆媳妇以为婆婆动手打她，便呼喊着从炕上跳下地，瞪着眼张着嘴，连哭带叫。她的力气比牛还大，拉也拉不住，她的声音好像杀猪，凄厉得怕人，止也止不住。婆婆断定她是着了魔见了鬼。不光婆婆，全家人都相信这孩子的身上一定有鬼。结果便请来跳大神的给她驱鬼。

于是差不多一个冬季都是在大神的跳跃中过去的。

跳大神的没能赶走鬼，邻居们的各种偏方和古怪办法也没有效果，“抽帖儿的”也没有进展。她被“打掉了魂”“吓掉了魂”，神经出了毛病，病得很厉害。

冬天快过去的时候，黑乎乎脸上笑呵呵的小团圆媳妇死了。

“人若老实了，不但异类要来欺侮，就是同类也不同情。”（《呼兰河传》）

男女之间的不平等有其自然根源。

主要是两点，一是性，一是生产。

男女在性的表现上不一样。

《生死场》里有一对青年，女的叫金枝，男的叫成业。书中描写了他们的两次幽会，都是成业发出信号，金枝偷着前往。听不见甜言蜜语，看不见柔情蜜意，有的只是动物式发泄。第一次幽会，萧红用在女人身上的词是“小鸡”，男人是“野兽”，双方被称为“两个贪婪着的怪物”。狂放之后，金枝怀上了孩子。书中出现的第二次幽会就是金枝向建业告急。然而男人根本不加理会，也不关心被焦虑折磨得病恹恹的女人，二话不说便强行发生关系。金枝挣扎，男人“仍被本能不停的要求着”。

第一次幽会之后，建业跟婶婶有一段对话。

婶婶不看好他俩的关系。建业保证一定娶金枝为妻。婶婶回答这没用。别看女人现在年轻，很快就会变样，那时你就再也不把她放在心上了，会打她骂她。婶婶告诉侄儿，男人只有在刚跟女人好的时候，心里才有女人。

接着婶婶讲起自己。做姑娘的时候，她被成业的叔叔拉进马房，半推半就成其好事，那时她并不怕这个男人。可没过多久，情况就变了，男人冷冰冰的像石块一般硬。她开始害怕丈夫，而丈夫曾有的热情一去不返，就跟枯死的树木不能活过来一样。

果不其然，金枝“出嫁还不到四个月，就渐渐会诅咒丈夫，渐渐感到男人是炎凉的人类”！那时她挺着大肚子，在河边洗衣服，夕阳西下。成业远远站在她身后，斥责道：天黑了你才洗衣裳，懒娘们儿，白天你干什么来着！

“男人是炎凉的人类”，炎凉，由热烈到冷淡，用现在的话说就是喜新厌旧，而男人又掌握着性的主导权。这是自然所赋，属于天性，是人类从他们的动物祖先那里继承下来的。雄性动物绝不会终身只与一个雌性交配，而是到处撒播自己的种子，唯如此种群才能兴旺。人类尽管进化了，但终究属于动物，只不过高一级罢了，所以喜新厌旧于男人就是不可避免的。叔叔是这样，侄儿是这样，他们的男性前辈也是这样，男性后代还是这样。自打有了人类就一直是这样，到人类消亡，恐怕仍旧是这样。

性是两个人的，但其所造就的后果——生产，则完全由女人单独承受。

萧红对生产的定性是“刑罚”。这个说法不是萧红的发明，是人类自古以来的共识。《圣经》记载，亚当夏娃被逐出乐园，上帝诅咒道：你们的后代将永世遭受惩罚，男人劳作，终日汗流满面；女人生孩子，痛苦万分。中国民间也有类似说辞，河套有言“男人怕割麦子，女人怕生孩子”。生产于女人无疑是死亡线上走一遭，要不怎么说儿女出生日同时是母亲的受难日呢。

萧红对女人生产的描写纯粹是自然主义的，也许她认为只有采用这种手法才能表现“刑罚”的残酷。她笔下的场景太真实了，很难读下去，但为了说明问题以及表明萧红的态度，还是摘录两段。

一段出自《生死场》。“光着身子的女人，和一条鱼似的，她爬在那里。黄昏以后，屋中起着烛光。那女人是快生产了，她小声叫号了一阵，收生婆和一个邻居的老太婆架扶着她，让她坐起来，在炕上微微的移动。可是罪恶的孩子，总不能生产，闹着夜半过去，外面鸡叫的时候，女人忽然苦痛得脸色灰白，脸色转黄，全家人不能安定。为她开始预备葬衣，在恐怖的烛光里四下翻寻衣裳，全家为了死的黑影所骚动。”“受罪的女人，身边若有洞，她将跳进去！身边若有毒药，她将吞下去，她仇视着一切，窗台要被她踢翻。她愿意把自己的腿弄断，宛如进了蒸笼，全身将被热力所撕碎一般呀！”“这边孩子落产了，孩子当时就死去！用人拖着产妇站起来，立刻孩子掉在炕上，像投一块什么东西在炕上响着。女人横在血光中，用肉体来浸着血。”

一段出自《王阿嫂的死》。“等到村妇挤进王阿嫂屋门的时候，王阿嫂自己在炕上发出她最后沉重的嚎声，她的身子是被自己的血浸染着，同时在血泊里也有一个小的、新的动物在挣扎。王阿嫂的眼睛像一个大块的亮珠，虽然闪光而不能活动。她的嘴张得怕人，像猿猴一样，牙齿拼命的向外突出。村妇们有的哭着，也有的躲到窗外去，屋子里散散乱乱，扫帚水壶，破鞋，满地乱摆。邻家的小猫蹲缩在窗台上。小环低垂着头在墙角间站着，她哭，她是没有声音的在哭。王阿嫂就这样的死了！新生下来的小孩，不到五分钟也死了！”

女人生孩子属于自然分工，天经地义，不可更改。

性与生产，决定着男人与女人之间的重大差异，男女不平等绝非简单现象，可以说是天注定。

男女之间的不平等还有其社会根源。

如果说两性差异为不平等提供了自然前提，那么社会差别则是决定不平等的现实基础。

譬如女人被施暴。

男人打女人固然是由于男人力气更大，拳头更硬，性子更暴，体力和心理上占尽优势，但也不尽然。《呼兰河传》里的王大姑娘这方面一点都不差，用老厨子话说，这姑娘长得跟扛大个的似的。大个，重物，如装满粮食的麻包之类；扛，放在肩膀上。是形容王大姑娘身强体壮。老厨子举证，说姑娘家家的打起水来比男子大丈夫还有力气，就没见过姑娘家家的那么大的力气。老厨子这番话不是夸她，是骂她，在他以及众人眼中，女人身强力壮就是罪过。结果王大姑娘还没干什么呢，舆论暴力便劈头盖脸地倾泻下来，好端端的人被妖魔化了。尽管是女汉子，力气比男人还大，也避免不了挨打受气的命运，小说里虽然没写，但这是一定的，在剥夺妇女经济自立、政治独立的地位的社会制度下，没有哪个女人能够独善其身，正如人们思想中认定的那样，连女神都挨打，就别说王大姑娘了。

女人打女人更跟体力没有关系了。小团圆媳妇的婆婆喜欢打人，这是人性中恶的一面的发作，应该承认，人天生就具有暴力倾向，这是动物性在人身上的遗留。团圆媳妇的婆婆失手打了一只饭碗，无意中丢了一根针，或者不小心跌了一个筋斗，总之一不顺心，就觉得自己的手想要打人。打谁呢？谁能够让她打呢？有娘的，不能够打；自己的儿子，舍不得打；打猫，怕把猫打丢了；打狗，怕把狗打跑了；打猪，怕把猪打掉了斤两；打鸡，怕把鸡打得不下蛋。于是眼睛盯上了童养媳，因为唯独这个女人没有上述后遗症，她又跑不掉，丢不了，又不会下蛋，即便打掉一些斤两也不要紧，反正也不过秤。于是婆婆打了一只饭碗，便抓过团圆媳妇打一顿；丢了一根针，也抓过团圆媳妇打一顿；跌了一个筋斗，还是抓过团圆媳妇打一顿。尽管童养媳挣扎时的力气比牛还大，声音比猪叫还凄厉，但无济于事，还是结结实实挨顿揍。

为什么团圆媳妇必须充当婆婆的出气筒？因为宗法制度就是这么规定的。人性中都有恶的因子，为什么团圆媳妇的婆婆表现得格外强烈？也应当到宗法制度中查找原因，是这种关系助长和加强了人的暴力倾向。

还有生育和性，它们对女人所造成的伤害也因社会制度而放大。

前面提到一个叫王阿嫂的女人遭受生产的“刑罚”而身亡，其实她是早产。她是雇农，在张地主家干活。那天她拖着大肚子在田庄的地里忙活，从早晨太阳刚刚出来一直干到正午，肚子太沉重实在干不动了，便坐在地头稍稍喘口气。不想被地主瞧见了，上来就是一脚，惊动了胎气。第二天王阿嫂还得下地锄草，没法像正常人那样劳作，只能趴在地上干。说她遭受生产的“刑罚”而死，还不如说是剥削和压迫制度害死了她。

金枝，前面也提到过，是一个遭受性伤害的形象。这方面的欺凌不仅发自丈夫，还来自更多的男人。为了躲避日本鬼子奸淫，金枝从乡下逃进城里，进店做了缝补女工。然而累死累活挣的钱却被雇主收走四分之三，活不下去，不得已只好卖身。男人不可怜她，女人不同情她，似乎人人都把她往绝路上逼。最后金枝鼻子哼了一声：“从前恨男人，现在恨小日本子。”转到当下伤心处，加重语气说：“我恨中国人呢！除外我什么也不恨。”（《生死场》）

“中国人”——其实就是制度，金枝恨这个侮辱她损害她的社会。

女人的种种不幸，萧红都亲身经历过，一件不落。

萧红 9 岁时，母亲去世，几个月后父亲再婚。萧父冷血，对租户没有好面孔，因为他们是穷人；对祖父没有好面孔，因为他是老人；

对女儿也没有好面孔，因为她是小孩子。后来萧红发现，继母也渐渐怕起父亲来，他喜欢时便同她说笑，他恼怒时便责骂她。于是萧红用了一个词“落到”，“我看到新娶来的母亲也落到他的手里”。小萧红奇怪，“母亲也不是穷人，也不是老人，也不是孩子，怎么也怕起父亲来呢？我到邻家去看看，邻家的女人也是怕男人。我到舅家去，舅母也是怕舅父。”（《祖父死了的时候》）

成年后，萧红也“落到”了男人手里。其中关系最深的是萧军，一个把她带上文学之路的作家。他在萧红最危难的时刻出现，拯救她于水深火热之中，但同时又把她推向另一种水深火热——当时中国妇女注定要遭遇的以男权为中心的生活方式。由于萧军格外强势，而萧红又格外看重平权，这种痛苦也就演化得格外深刻。

萧军行伍出身，性格暴烈，兵匪气重，紧急关头常常诉诸武力。从积极方面认识，比方用萧红的话说，也可以换成“直爽坦白，天真英勇”。这当然是萧红心情好的情况下的评语，闹别扭时就变成“固执倔强，孤芳自赏，目空一切”了。这副性子，用在纤弱的萧红身上是够遭罪的，急眼了，萧军便动粗。人们有时发现，萧红脸上有伤，青一块紫一块，便断定是萧军打的。萧红自尊，当然不会讲，萧军也不会承认，但时人和后人都认为这是事实。这在晚年的萧军那里终于得到确认，20 世纪 80 年代中期青岛故地重游，对访者坦言自己“打过萧红”。

萧军是五四之后新青年，又是左派，属于革命者，激烈地反对压迫和剥削，追求自由平等博爱，主张妇女解放和男女平权。然而一旦进入个人现实生活领域，立马换成男权主义。可见现代文明生活的真正建立是多么艰难的事情。

双方在性上也是不平等的。萧红与萧军结合后，一心一意地对他，可谓守身如玉。而萧军呢，却改不了男人喜新厌旧的毛病。他有才华，男性气质十足，极易吸引异性，加上大胆热烈，常常主动出击，而萧红又忍隐为上，结果第三者不断出现。仅在记载二萧哈尔滨共同打拼的《商市街》中，萧军明确出轨的女性即有三位：嘴唇通红的敏子、南方姑娘程女士、房东女儿汪女士。萧红没有大哭大闹，特别是对汪女士，她的对策柔性而有效，具体做法是借助大家一起去松花江游玩的机会，有意把一位编辑与汪女士安排在同一条小船上，制造条件使双方迅速坠入情网。

然而萧红还是没能留住萧军。这位多情种子原本期待萧红这个不一般的伴侣在私生活上也有非凡表现，以完全不设防的姿态为他的滥情大开便利之门，结果大失所望，便以自己实在不适合做丈夫只能够做情人为理由，离萧红而去。

对于萧军，萧红始终念念不忘。几年后她在胡风家看到萧军与他人的结婚照，一片懵怔，双泪长流。直到生命的最后时段，仍旧坚信，只要“三郎”（萧军）身在交通便捷的重庆，一个电报过去，他定然会像当年在哈尔滨那样来搭救自己。她把成名作《生死场》的版税留给了萧军。而萧军呢，表现差多了。得知萧红去世的消息，不见伤情，发出的只是对她多舛命运的感慨。

至于生产的“刑罚”，萧红遭受过两次。小说《弃儿》即是第一次“刑罚”的如实记录。她的体质不适于生孩子，所以刑罚来得格外沉重。这部分内容前文介绍过，不赘述。

也许是因为女人的苦难太重，冤仇太深，便生出一种利落的狠劲儿，一种清亮的决绝。譬如，萧红说，面前有口井，很深，问男人敢不敢跳，不管嘴上怎么英雄，实际上绝不敢跳。换成女人，一准儿的不退缩，明知跳下去是死，也敢一迈腿扑通一声下去。

女人能够逃离这些不幸吗？社会可以改造，自然天性呢，能够彻底改变吗？男人能够做到不喜新厌旧吗？女人可以不生孩子吗？似乎不可能，因为这属于自然分工，本性难移。

因此萧红很沮丧，在生命即将走到终点时这样说：“我一生最大的痛苦和不幸，都是因为我是一个女人。”

张爱玲的总结：理所当然的依赖＼

与萧红一样，张爱玲也是过来人。由于社会地位不同，生活经历不同，甚至生活地域不同，再加上思维方式不同，对男女不平等的感受和认知也就不同。张爱玲要温和很多，更关注的是女人对男人的依赖。

张爱玲也谈男人的拳头，不过不是现在时而是过去时，说的是上古时代，那时体力决定一切。自然造物，男强女弱，女人体力不济，不得不屈服于男人拳头之下，就此形成了女人被支配的从属地位。几千年这样一路走过来，逐渐养成了所谓“妾妇之道”。

妾，本意是有罪。“妾妇之道”说白了就是妇人的劣根性。张爱玲列出如下表现：小性儿、矫情、作伪、眼光如豆、狐媚子。对最末那条，张爱玲作注说，别看正经女人常常做出痛恨荡妇的样子，其实如果给她机会荡一荡的话，没有一个不跃跃欲试的。

为什么会有如此表现？男权逼的。女人是男人的附属品，必须时时处处迎合他们，而自己却又于心不甘，便生出种种毛病。比如狐媚子。食色，性也，男人好色，女人也好色，或许有程度区别，但在享受性乐趣上没有质的不同，然而男人却要求女人保持贞洁，没有法子，女人只好作伪，表面一套，暗中一套。口头上的痛恨淫荡用以应对男人，暗地里的荡一荡则用来取悦自身。作伪某种程度上也在培养编造能力，张爱玲引用他人的话说，女人编故事的本领天下第一，如果可以抽版税，所有女人都发财了。

所以“妾妇之道”恰恰是女人对男人的依赖性的证明。妾这个字眼也具有依附之意，古时不仅女人自称妾，男人有时也以妾自表，意义与称臣称仆差不多。

由于劣根性，“女人常常被斥为野蛮，原始性。人类驯服了飞禽走兽，独独不能彻底驯服女人”（《谈女人》）。为什么？道理很简单，因为要驯服女人首先必须驯服男人，他才是因。“女子的劣根性是男子一手造成的，男子还抱怨些什么呢？”（《谈女人》）

那么女人有没有优点呢？当然有。最大的优点就是爱，或者说是妻性和母性。这种爱如同大地般厚实无限，所以女性的大神叫地母。

有出戏叫《大神勃朗》，美国戏剧家奥涅尔所作。张爱玲认为这是她视界中最能打动人心的杰作，她读过多遍，读一遍落一次泪。戏中的地母不是圣洁的女神，竟然是一个妓女！所谓以美好身体取悦男人的职业妇女，强壮、安静、肉感，黄头发，20 岁左右，皮肤鲜洁健康，乳房丰满，胯骨宽大。

张爱玲还评论过一幅题为《山姥与金太郎》的日本画，题材取自民间传说。山姥的地位有点像地母，画面上的她披一头乱蓬蓬黑发，丰腮长脸，眼睛妖淫，带点潇潇的笑。她低着头，头发被大风吹得横飞出去。她的乳房从脖颈底下就开始了，长长地垂下来，是所谓“口袋奶”。小孩子金太郎横卧在她胸脯上，怪眼圆睁，不时顽皮地伸手去捻她的乳头，山姥并不介意，潇潇地笑着，一手执着描了花的拨浪鼓逗他，眼色里说不出是诱惑还是卑贱。

显然，这里的女性大神形象是以男性本位为标准的，反映的是男性的性意识，也就是被弗洛伊德称为“本我”的东西。就是说，女性的优点仍然是男权的产物，证明着自己是男性的附属品。

以上这些是张爱玲对男权的批判，源头可以追溯到自然天性。但她并不一味地把责任都推给男人，也捎带提示一下女人自身也不是无辜的。“女人当初之所以被征服，成为父系宗法社会的奴隶。是因为体力比不上男子。但是男子的体力也比不上豺狼虎豹，何以在物竞天择的过程中不曾为禽兽所屈服呢？可见得单怪别人是不行的。”（《谈女人》）

女人对自己依附地位的存在也要分担些责任。

女人对男人的依赖还是一种文化传统。

张爱玲对人名感兴趣，研究一番，有不少发现，男人与女人名字的比较即为一项。

说到男人的名字，那真是太丰富了。他们一出生，便从父母或祖父母那里领取乳名（北方习惯称小名）。上学了，家里送给孩子一个学名（北方叫大名）；如果长辈是文盲，也不打紧，这个任务便由先生承担。学名很金贵，须用恭楷写在开蒙的书卷上。学而优则仕，做了官，这个名字就成了“官印”，只有君主、父母亲、老师可以呼唤，别人是不能随便叫的。然而他总得跟人打交道啊，怎么办呢？由此便出现了另一个名字，这就是“字”，专门提供给朋友与平辈亲族用以称呼自己。“字”较为洒脱，如关羽字云长，张飞字翼德，刘备的道行最深，字玄德。玄，幽深也，德行深不可测。男人相见，拱拱手，呼一声对方的字：云长别来无恙？亲切而又不失礼。

除此之外，还有备胎，叫“别号”，一般不用，只在特殊场合拿出来。别号是自己起的，跟着性子走，漫无限制。比方买到一件得意的古董，就换一个别号，体现出那件古董；搬个家，根据新居的特点又换个别号；捧一个女戏子，再换一个跟她相关的别号。

女人就简单多了。与男人一样，出生便有乳名。但也就到此为止了，因为她既不上学也不做官，根本用不着堂皇的“学名”；文化上不去，也就没有什么雅兴，别名自然也就免了，所以乳名是大多数女人唯一的名字。

女人一生中最大的事是嫁人。离开娘家进入夫家，相应的名字也必须改一个，表明男权的转移。在家从父，父亲姓李，女儿自然也姓李。嫁鸡随鸡嫁狗随狗，夫家姓张，便在李姓之前加上张姓，成为“张门李氏”，简称张李氏。为什么要以氏来表称，她不是有乳名吗？不错，是有名字，但不能公开。女人的一切都属于私密，是不能让人知道的，名字亦如此，就跟她完全属于丈夫一样，名字也只有丈夫才有知情权，才可以称呼。

这里不妨谈谈胡兰成的母亲。胡兰成的《今生今世》有一节，题为“胡门吴氏”，专门介绍自己的母亲。母亲是吴家姑娘，嫁入胡家，便叫胡门吴氏。胡兰成十几岁时曾问起母亲的名字，母亲笑骂道，小孩子怎么这样顽皮！可见就连儿子打听母亲的名字也是不行的。胡母去世后，一次谈起这件事，侄女青芸说她知道，但就是不告诉叔叔。最后终于打探出来，然而胡兰成又忘记了，不知是真的忘了还是因为遵循保密惯例而刻意隐瞒。倒是透露一点信息，说好像是菊花二字，也不知道是不是出于应景而随口编一个。

男人不光喜欢给自己起别名，也常常把这个雅兴用在女人身上。张爱玲提到《儿女英雄传》里的安公子，他有两个老婆，一位“东屋大奶奶”，一位“西屋大奶奶”。他替东屋题的是“瓣香室”，西屋是“伴香室”，他自己则署名“伴瓣主人”。他是主人，双香之主。

与男人凭借体力降服女人不同，文化走的是柔和路线，今天叫软实力，潜移默化地造就和筑牢女人的依附意识。

男权社会里，女人永远扮演着“取悦于人”的角色，男人是她们生活的轴心，迎合男人成为最重要的生活准则。张爱玲说：“女人……女人一辈子讲的是男人，念的是男人，怨的是男人，永远永远。”（《有女同车》）

女人拿什么去取悦男人呢？只能依凭自己独特的资源，也就是男人没有而又不能或缺的东西，这就是女人的身体，上天赐予的财富。于是以美好的身体取悦于人，便成为世界上最古老的职业。张爱玲强调这一职业的普遍性，说这里并不单指妓女，也包括普通妇人，那些为了谋生而结婚的人。妓女出卖肉体的目的是赚钱，普通妇女嫁人也是出于经济考虑，二者并无本质区别。恩格斯也讲过这层意思，说：“妻子和普通的娼妓不同之处，只在于她不是像雇佣女工做计件工作那样出租自己的身体，而是把身体一次永远出卖为奴隶。”（《家庭、私有制和国家的起源》）结论是没有爱情的婚姻是不道德的。

当然女人也是人，不仅有身体，也有思想，可以用美好思想迎合男人。张爱玲认为，这并不能说明什么，因为仍是取悦于人。

这说的是婚制内女人。还有一类女人身处婚制之外而与男人共同生活，所谓的“拼居”（同居），她们的情况略好一点。采取这种生活方式的男人的社会地位通常是中等或中等以下，女人的地位还要低一些，双方属于社会下层，完全凭自己的劳动吃饭。然而这里仍旧存在着女人对男人的依赖，仅仅从女人的身体状况和性格就能看出这一点。她们身体健康，焕发出泼辣的生命力。男人需要这样的配偶，只有这样的身体和生命才能承担起生活重负。除了繁重的家务，她们还有一层担忧，就是自己地位始终不确定，而且缺乏制度保证，生怕遭到男人的遗弃。长期的猜忌与自危改变着她们的形象，喜欢争风吃醋甚至撒泼打架，性格变得越来越自私。

只要妇女的社会定位是依附，那么问题的实质就没有改变。

这种社会制度下，女人是离不开男人的。

张爱玲喜欢读《金瓶梅》。别看《金瓶梅》一书是以三个女人的名字缩略命名的，其实真正要的就西门庆一人。张爱玲说，西门庆一死，故事也就差不多结束了，春梅、孟玉楼、潘金莲的个性只有在与西门庆的相互激发中才有戏剧性和生命力，少了主角，自然没有多大意思了。

见到驻颜有术的女人，张爱玲总结出三条。一是身体相当好；二是生活安定；三就不一样了，是心里不安宁。为什么？因为担心男人失去兴趣，便不得不时刻关注自己的体格和容颜，从早到晚都得格外当心。别看颜值高，活得很累。

见到男人当街打女人，一路扭着打过来。旁观者路见不平，嚷嚷着要叫巡捕。女人哭道：我不要他到巡捕房去，我要他回家去呀！又转向男人哀求道：回去吧——回去打我吧！

要不张爱玲为什么说女人对自己依附地位的存在也负有责任呢。

如果凭借上述便认为张爱玲是反对女人依赖男人的，那就错了。

一位女士曾经挺着胸脯说：我从 17 岁起就开始养活自己，到今年 31 岁了，没有花过一个男人的钱。张爱玲听到耳朵里，总觉得味道不对，评道：这话虽然说得豪情万丈，“然而也近于负气吧”（《流言·童言无忌》）。有点狐狸吃不到葡萄便说是酸的意思。

倒是苏青的话引起了张爱玲的共鸣。苏青是上海当红女作家，文学杂志《天地》月刊的创始人和主编。苏青把自己的房间审视过一遍，发现每一样东西，哪怕一颗钉子都是自己掏钱买的。自豪吗？一点也不，说："可是，这又有什么快乐可言呢？"是的，张爱玲接道："这是至理名言，多回味几遍，方才觉得其中的苍凉。"（《流言·童言无忌》）她跟苏青一样，也是个自食其力者，所以颇能体会个中况味。

为什么有苍凉感呢？因为一个人的打拼实在不值当，应该有个男人站在旁边，他才是主角。一次炎樱说起苏青，认为她最大的吸引力就是男人总觉得不欠她什么，同她在一起心安理得。苏青认为问题恰恰出在这里，男人不把她当女人对待而放在与自己对等的位置上，不照顾她，不忍让她，凡事都要她自己负责。其实苏青还真不愿意做完全独立的女性，新式女人所追求的自由她要，旧式女人所拥有的权利她也要。现在她获得了自由，却失去了权力，所以心里不平衡。张爱玲说，这不是苏青一个人的问题，而是"一般新女性的悲剧"（《我看苏青》）。

那么这个权力是什么呢？从根本上说，就是对男人的依靠，或者说是要男人负起对女人的责任。张爱玲说："苏青是乱世里的盛世的人。她本心是忠厚的，她愿意有所依附。"（《我看苏青》）苏青身处新旧交替的乱世，表面上看不安分，是个新女性，但内心却很守旧，向往着世代遵循的男外女内的传统，使自己的人生有所依恃。

比方，用男人的钱。新观念认为这是不应该的，甚至是一种耻辱。苏青不这么认为，说要看这个男人是谁，如果是丈夫的话，这钱该着用，因为女人承担着一份额外的工作，即生育，既然女人多付出了，男人就必须给予补偿。张爱玲也是这种观点。说用自己挣的钱当然好，想怎么花就怎么花，没有一点良心上的负担，自由而坦然。"可是用丈夫的钱，如果爱他的话，那却是一种快乐，愿意想自己是吃他的饭，穿他的衣服。那是传统的权利，即使女人现在有了职业，还是舍不得放弃的。"（《苏青张爱玲对谈记》）

花丈夫的钱是一种幸福，值得炫耀。说明，第一，你有丈夫可依，有人痛惜你；第二，夫妻感情好，"能够爱一个人爱到问他拿零用钱的程度，那是严格的试验。"（《流言·童言无忌》）男人是否给钱而女人是否接受是检验爱情的一个标准。

这就涉及女权问题。有两种女权，一种是传统的，必须由男人负担的权利，一种是新式的，完全独立生存的权利。如果二者必择其一，张爱玲毫不犹豫的选择前者。她说：“前两天在报上看到关于菲律宾的一个岛上，女权很高，因为一切事情都由女人来做，男人完全被养活，懒得很，只知道斗鸡赌博。那样的女权我一点也不羡慕。”（《苏青张爱玲对谈记》）

在张爱玲意看来，女人具有“依赖男性的本能”（《浮花浪蕊》），就是说依赖是女人的独特人性。这就是张爱玲为什么站在传统一方的认识上的根源。

现实生活中的张爱玲是如何表现的呢？

张爱玲在讲女权这番话的时候，已经与胡兰成结婚，实际上是对自己经验的剖白。胡兰成说：世人都是丈夫给妻子钱用，爱玲也要。胡兰成给过妻子两笔钱，一笔小钱一笔大钱。

给小钱的时候，两个人刚刚结婚。胡兰成因为离婚用光了积蓄，还欠下一屁股债，手头很紧，看着妻子眼巴巴的样子实在不落忍，便挤出几个钱给爱玲，爱玲拿去做了件皮袄。因为是第一次花丈夫的钱，她非常认真，亲自设计，大襟，镶边，腋下开气，宽身肥袖，随意而贵气。美滋滋地穿上身，还去照相馆拍了张写真。人倚墙而立，脸侧向一方，目光斜视，望出很远，长发沉沉坠过肩，一只手臂自然下垂，另一只手掌贴在墙上。很踏实很舒心的样子，身后那面墙仿佛是丈夫胡兰成。

给大钱的时候，胡兰成与日本人合作去武汉办报，筹到一笔款子，便从中分出一部分装在一只中号箱子里交给妻子，之后胡兰成又从武汉带回不少钱。时局不稳，张爱玲一律换成黄金，总共四两。这笔钱是为张爱玲还债专用的。这个债主很特殊，是张爱玲的母亲。风言风语张爱玲计较稿费，她对胡兰成解释说是想偿还母亲那些年在她身上花掉的生活费和学费。尽管张爱玲的稿费属于最高档次，但若想凭此还债几无可能，所以胡兰成主动揽过来。

这两笔钱特别是花在自己身上的第一笔钱，张爱玲拿得很痛快，也很自豪。在她眼中，这不光是钱，同时还代表自己妻子的身份，包含着丈夫与妻子之间的互爱。所以这不是单纯的经济问题而是名位问题、感情问题。

然而张爱玲并不永远是小女人模样，也有大女人的面貌和做派。

她写稿为生，自己养活自己，日子过得还不错，不求人不靠人，秉持经济独立。这种独立在关键时刻展示得大气磅礴，有理有节，清清爽爽。

日本投降，胡兰成逃亡温州。将近两年时间，胡兰成都是靠妻子汇的钱维持生活，而当时张爱玲也没有收入，是省吃俭用从积蓄中硬挤出来的。胡兰成与人同居，女方怀孕，到上海打胎，找到张爱玲，张爱玲没有钱，当场拿出一只金手镯，让她到当铺换成钱。胡兰成出逃，胡家生活无着，张爱玲交给胡兰成侄女青芸二两黄金，以资度日。夫妻分手，张爱玲从剧本《不了情》和《太太万岁》的稿费中拿出三十万元汇给胡兰成。这些钱加起来，总数正好对上胡兰成送给张爱玲的那四两黄金，据胡兰成计算，兴许张爱玲付给的还要多一点。

这就是张爱玲，绝不占人一丝一毫的便宜。尽管这个男人曾经是丈夫，一旦解除关系，就是陌生人，感情账不好算，经济账是一定要算清的。

张爱玲与当时的一些大文人一样，身处大变局时代而新旧兼之。比如胡适。本来他是有意中人的，为尊母命却不得不忍痛割爱，与一位旧式女人结婚。后来也想选择新生活，但还是与妻子走完了一生。他去世时蒋介石送来一副挽联："新文化中旧道德的楷模；旧伦理中新思想的师表。"当代学者叶嘉莹说，20世纪二三十年代，父辈们对她的教育模式是"新知识、旧道德"。本领要以西学来支撑，做人还是要走传统的路子。

张爱玲走的是自立之路，同时保留女性的传统权力。用月亮的大意象来表现，可以说是动中取静。

最后要提一句的是张爱玲对做女人的感觉。萧红经历了女人的种种磨难，认为如果自己不是一个女人，人生将会好得多。张爱玲不，萧红的痛苦和不幸她大约一样也没有遭遇过，所以一点也不后悔今生今世是女人。别的好处不提，单单穿着一项便令她割舍不下。她嘲笑男人衣装的单调乏味，说仅就颜色而言，多少年了一直在灰色、咖啡色、深青色里边打滚。谁说男人自由，穿衣服就不自由。"单凭这一件不自由，我就不愿意做一个男子。"（《更衣记》）

情感上的醉与醒

萧红偏重情\

爱情是男女关系中最重要的内容，是生命的基本活动，是人生的永恒主题，萧红与张爱玲自然要给予格外关注，从而形成她们各自独特的爱情观。用知情意的框架来定位，可以说萧红的爱情观是情的，张爱玲的爱情观是意的。

要明白什么是爱情，必须首先厘清两个关系，一个是爱情与性欲的关系，一个是爱情与物质的关系。

毫无疑问，爱情包含性，并且以性为特征，由此区别其他种类的爱。问题的关键在于性的成分有多大。

我们前面谈到过性，说的是萧红小说《生死场》中一个名叫成业的农村男青年与金枝姑娘的两次幽会。其中几乎没有别的，全部内容只是性活动，不要说情话了，连前戏都没有，“只是被本能支使着想要动作一切”。萧红让我们看到的是“两个贪婪着的怪物”。贪婪，性欲的占满，表现为动物本能的冲撞；然而他们却不是动物而是人，所以又说是“怪物”，所谓人形动物。

不能说两个人之间没有爱情。金枝肯定爱成业，否则不会一听到他的声音就心神不定，循迹前往，“仿佛她是一块被引的铁跟住了磁石”。成业也爱金枝，或许这种爱单一而粗鲁，但不能否定感情的存在。正如婶婶点明的那样，男人只是在最初接触的新鲜劲儿里心中才有女人，而成业正处在这一时段，所以他立志娶金枝为妻。

然而由于性的成分过重过于赤裸，情被遮盖住了，成业与金枝的交往看不到爱情的色彩和暖意。随着性比重的加大，情遭到进一步排斥，最后被全部挤占，这时候的金枝便成为男人纯粹的泄欲对象，不要说爱了，就是连从她的方面最起码的一丁点考虑都没有。金枝挺着大肚子干了一天重活，累得腿都快要断了，成业竟然强行房事，结果孩子早产。经验丰富的产婆一眼断定，两口子一定是瞎折腾来着，幸亏只是早产，没把命丢掉就不错了。

显然，没有性，爱情不能存在；但如果放大性，使之成为主体，爱情一定变质或者死亡。

同样的，物质的放大也一定会熄灭爱情。

物质与性不同，性是爱情的有机构成，本身应有之义，而物质充其量不过是爱情存在的必要条件，正如人们喜欢说的那样，爱情不能靠空气活着。然而正是这个条件常常反客为主，大模大样地占位，成为两性关系的轴心。

萧红有篇小说《小城三月》，与《生死场》的农村背景和人物不同，讲的是小城镇里小市民的故事。主角是一位被称作翠姨的女子，十八九岁，静若秋水。小城遵循旧式婚制，沿袭“父母之命，媒妁之言”（当地叫“爹许娘配”），姑娘找到好婆家，立即便会里外一新。翠姨的妹妹订了婚，男方送来丰厚聘礼，妹妹大大阔气起来。姐妹出门，妹妹总是抢着付钱，弄得姐姐挺没面子。但翠姨一点也不羡慕，妹妹未来的丈夫，她是见过的，没什么好看，个子很高，身着蓝袍子黑马褂，像是商人，又像是小士绅。

然而没过多久，翠姨也订婚了，婆家更有钱，聘礼给了十多万。未婚夫年龄比翠姨小，个子也小，虽然上着学，但是在乡下私塾，所以人显得保守而土气，一点也不像翠姨平日接触的洋学堂里的学生哥。

翠姨顿时成了有钱人。市面上出现新东西，虽说不一定第一个买回来，总是没多长时间一准收进箱子里。在亲戚的婚礼上，翠姨惊艳亮相，她身穿为将来做新娘子而准备的蓝底金花缎子夹袍，美丽得像一枝初放的蜡梅，满屋子人都呆呆地望着她。

然而这一切并没有带来爱情。

婚期到了，婆家送来娶亲通知，翠姨一听就病了。她一想起那个又丑又小的男人就感到恐怖。她知道婆家对她很好，相信嫁过去会过上好日子，但她就是不愿意。不想结婚的另一个原因是暗恋上了一个男青年，两人只是聊天下棋打牌弹奏乐器什么的，没有丝毫物质上的来往，然而爱情却悄悄萌发、生长。

听到翠姨病重的消息，婆家担心人财两空，立即张罗结婚，说用喜事冲一冲就会平愈。这加重了翠姨的病情，只盼望早死，她拼命糟践自己身体，想死得快一点。于是翠姨死了。

故事很简单，没有曲折的情节，爱情只是淡淡的一缕，暗香浮动，就连面上大张旗鼓的婚事也显得异常平静。但却明白无误地透露出一个事实，物质就是条件，一旦升格，势必变成爱情的对立物。爱情不会向物质低头，物质也产生不了爱情。

上述表明，爱情存在着两个危险，一个是爱情的性欲化，一个是爱情的物质化。

物质化虽然很普遍，但认识上的厘清是容易做到的，因为爱情与物质界限分明，是全然不同的事物，即便所谓傍大款的物质女孩也会痛快地承认金钱换不来爱情。

性欲化要复杂得多，常常令人犯糊涂，因为性欲出自人本身。性欲在爱情中的地位和作用，人们已经说过很多了，诸如基础、本质、要素、动因，等等。这些说法都有道理，也都可以接受。这里要强调的是必须对性欲做个大致定位。

“食色，性也。”性欲尽管是人的基本欲望，但并不是人所独具的特征，而属于人与动物共有，故而从哲学上说不能成为人的本质。性欲仅仅是人的生理需求，不管它对个体和种群的存在多么重要，不管它给人带来多大乐趣，也不管人们怎样尽心尽力地去追求，这个性质是不变的。情就不一样了，它是属人的，为人类所独具。动物可能也有感情，但只是一种本能，而人的感情不是本能，是长期历史和文化发展中形成的高级意识，具有本质意义。所以性欲只有嵌入情，或者说只有情渗入性欲，才是人的欲望，也才能够产生出爱情。一旦脱离情，性欲只能降格，沦为动物式发泄。正如萧红小说《商市街》中曹先生说的那样：“‘爱情’这话很难说，若是为了性欲才爱，那么就不如临时解决，随便可以找到一个，只要是异性。”曹先生做过萧红的老师，他告诉学生：“爱是爱，‘爱’很不容易”。之所以不容易，就在于它包含着比性欲丰富得多的内容。

当然，从单纯的性欲中也可以生出“爱”，曹先生说的因为“性欲才爱”便属于这个范围。这种东西究竟叫什么不好说，暂且借用爱这个字眼。这种爱可以很强烈，但由于在情的方面呈现空白，是动物式冲动的副产品和伴生物，可称为“恶之花”。

总之爱情的主体不是性欲而是情，可简称情本位。这也是爱情比单纯的性欲更高级、更美好、更享受、更永久之处。

萧红作品中有这样的性情中人，他就是《后花园》里呼兰城的磨工冯二成子，一个进城打工的农民。

他早已经被简单劳动打磨成一个无比枯燥麻木的人，日复一日重复着不变的生活节奏，不要说周围的人和事了，三十好几的人了，连娶媳妇的心都死了。一个雨夜，他的心突然被激活，那是隔壁赵家窗子里传出的姑娘的咯咯笑声。他连忙关上门去干活，可不管怎么着，笑声都好像追着他走。说来奇怪，他第一次意识到隔壁居然还住着人。

就此他变得敏感起来。在院子里偶一抬头，发现跟姑娘站个脸对脸，赶紧低下头。问赵家借大瓦盆，姑娘拿给他，他连头都不敢抬。然而那一双葵花似的大眼睛总在面前扑闪，那么动人，那么清晰。其实他跟她并不常见，但觉得似乎天天见面，尤其到了深夜，经常听到隔壁的笑声。笑声又响起来，他一把抓过被头堵住耳朵，可笑声依旧。与女孩相邻两年多，听到笑声还是最近的事，自己也奇怪的不行。后来不光能听见隔壁的笑声，刷锅的声音，劈柴爆裂的声音，吃饭的声音，件件都听得真真的。他想起母亲要自己成家的叮嘱。成家，这两个字让他脸上烧红好一阵。

冯二成子恋爱了。

当然是单恋，姑娘并不知道。他的爱非常专注，除了情什么都没有。

那天他一回身，发现姑娘就站在磨房门口。“她的嘴是红的，她的眼睛是黑的，她的周身发着光辉，带着吸力。”他怕了，低头不敢再看。姑娘望见磨盘上供着的黄色牌位，自语道这儿还供着白虎神呢。

说着便跑掉了。冯二成子差点儿晕过去，以为在做梦。

结局是悲剧。冯二成子觉得自己配不上人家，退缩了，姑娘嫁给了别人。

然而这也促成了他的觉醒，终于鼓起勇气敲开王寡妇的门，两个苦命人找到共同语言，大胆结合，之后结婚成家。

比较一下冯二成子与成业，两个人的爱哪个更接近于爱情？显然是冯二成子，他是情本位，把情放在首位去追求。

爱情无疑是人世间最美好、最高贵、最难得的事物，它造就的灵肉结合度之密且之深刻为任何力量所不及。两情无论是热烈迸发还是默默相对，都会进入无比的愉悦和莫大的享受，而相生相伴的惆怅、遗憾乃至忧伤，也别具一番滋味在心头。喜剧自不必说，即便悲剧也笼罩着无尽的凄美，荡漾着丝丝暖意，令人悠然神往，回味无穷。然而这还是仅仅就性与情而言，如果扩大到整个男女关系，爱情的意义更大更显著，概括说，它带来的是平等和自由，给人以做人的尊严。爱情是全价的。

我们看看翠姨。她是一个特殊人物，身上交织着包办婚姻与自由恋爱两种情境。

包办婚姻属于爱情的物质化，在给翠姨带来金钱的同时，也把她变成了一件财物，她的聘礼十多万，这就是她的价码。婆家催促病重中的翠姨赶快结婚，试图以喜事消灾，就是心疼这笔钱白白浪费掉。不妨比较一下《生死场》中的金枝。她是爱情性欲化的牺牲品，作为男人发泄对象而存在，最初是成业一个男人的对象，后来是诸多男人的对象。翠姨的境况当然比金枝好许多，但就尊严而言，两个人并无实质性区别，都是物品，只不过档次不同罢了。

物品供主人使用，没有自主权。只要成业需要，金枝就得献身，只要男人出钱，金枝就得接受。翠姨也一样。自打她签订婚约，便被贴上了夫家的标签，属于他家的人。不管她对小男人未婚夫满意还是不满意，也不管她对这家人喜欢还是不喜欢，到日子必须嫁过去，这没有商量余地。一纸婚书剥夺了翠姨的人身自由，使她成为附属品。

然而翠姨的意识是自由的，她恋爱了。

一个男青年从哈尔滨回到小城过寒假，他高颜值高学历，一脑门子新观念。翠姨喜欢跟他待在一块儿，他也乐意接近翠姨。他跟弟弟妹妹们说话用“是的，是的”；对翠姨则说“对啦，对啦”。大家聚在一起玩乐器，翠姨起身回自己房间，他定定地看住门帘，目光好久好久不离去。两个人躲在屋子里说话，他被叫出去下棋，每战必赢的人现在每局必输，显然是心猿意马。

翠姨不识字，突然动了读书的念头，谁也拦不住。20岁的人了，学校没法儿安排，便请来一位老先生在家里开私塾。

她去哈尔滨采办嫁妆，男青年的同学做向导。大家不拿她当外人。洋学生开一代新风，请她吃大菜、看电影，上车让她先上，下车扶她下来，外套一脱便有人接过去，刚表示要穿外套，就有人帮着穿上。这让她越发感觉到新旧的差距。现代青年尊重妇女，平等相待，不像她的妹夫常常打她妹妹。买嫁妆这事虽然不痛快，但那几天却是她一生中最开心的日子。

矛盾出来了。翠姨与新派异性的接触，开启了通向新生活的大门，她喜欢那种自由和平等的感觉，并试图通过学习改变自己，以配得上意中人。然而她已经被许配出去，是不独立不自由的，不能支配自己的身体，不能决定自己的前途，只能去重复无数妇女被欺压被损害的蛮荒生活。她非常痛苦、绝望，看不到任何出路，只盼速死。

为这个悲剧加上遗憾一笔的是，男青年居然始终不知道翠姨深深地爱恋着自己。虽然后来他一提起翠姨便常常落泪，不知道她究竟因何而死。大家也不知道，也都心中纳闷。

加上冯二成子，至此我们从萧红的作品中看到了两起单恋，一女一男，一市民一农民。这两个人物写得都很好，人物单纯，故事平淡，叙事舒缓，却张力十足。萧红对单恋的情有独钟，似乎传达着一个认识，即真正爱情的获得以及它所达成的自由平等关系的建立，是极其不容易的事情，非常的金贵，应该特别珍惜。

萧红在作品中讴歌爱情，在生活中追求爱情，但绝不是爱情至上主义者。如果让她在爱情与生存之间只取其一，她会毫不犹豫地选择生存。如果排个序，在萧红那里是生存第一，其他包括爱情在内的统统靠后。她太苦了，终身都在为生存而奔波而挣扎。这也是她的创作中为什么以爱情为主题的作品比较少见的原因。她没有时间、精力和条件沉醉于爱情享受，也没有兴致没有心思去细细咀嚼、品味爱情滋味。

需要澄清的是，这里的问题与爱情的物质化是两码事。生存大于爱情指的是前提条件，爱情与生存是分开的；爱情的物质化说的是主导，爱情与物质混为一体。爱情建立在一定物质基础上与用财富去交换身体是完全不同的事情。

下面是爱情与面包的故事，出自萧红散文集《商市街》。

郎华与悄吟这一对情人搬进出租屋，时值寒冬，外面冷，屋里也冷，玻璃窗上结起厚厚的霜。他们在吃晚饭，主食是黑面包，菜是咸盐，汤是白开水。郎华喝一口水，润湿嗓子，把一块撒了盐的面包送下肚，说：我们不是正在度蜜月吗！悄吟应和道：当然是，说罢笑了。郎华受到鼓舞，又拿起一片面包撒上盐，学着电影上度蜜月的样子，送到悄吟嘴边。女人咬了一下，男人再把面包放进自己口中。盐撒多了，齁得慌，赶紧拿起杯子喝水，说：不行不行，再这样度蜜月能把人咸死。

如此情节，如果换了别人会写得浪漫又温馨，恨不得把盐的咸说成甜，虽然面包上撒的是盐，但一对情人权当蜜糖吃，因为爱情是甜蜜的，具有化腐朽为神奇的无比魔力，吃进嘴里也齁，感觉不是齁咸而是齁甜。但萧红不会走这个套路，她写道："盐毕竟不是奶油，带给人的感觉一点也不甜，一点也不香。"

萧红笔锋一荡，转到房间。他们的屋子也不是什么爱巢，家徒四壁，又阴又冷，像是个封闭了的门洞，与外界相隔绝。在这个洞洞里他们"素食，有时候不食，好像传说上要成仙的人在这地方苦修苦炼。很有成绩，修炼得倒是不错了，脸也黄了，骨头也瘦了。我的眼睛越来越扩大，他的颊骨和木块一样突在腮边，这些工夫都做到，只是还没成仙。"他们找不到工作，只能借钱度日，每次借个三角、五角的，借到一元钱都是稀罕事。"黑列巴和白盐许多日子成了我们唯一的生命线"。

路过饭馆，想吃包子。一算要花掉五角钱，而这些钱可以维持三天的黑面包和咸盐，只好咬牙离开。见到卖花生瓜子的小贩，悄吟问郎华有没有铜板。要零钱干吗？答是想买点瓜子。男人说没有铜板，就用纸票整钱吧。话说得挺气派，其实解读出来是，"这不是给爱人买瓜子的时候，吃饭比瓜子更要紧；饿比爱人更要紧"。

悄吟站在过道的窗前焦急地等候郎华，她肚子很饿，咕咕地响。铁门响一下，她的神经便震荡一下，铁门响了无数声，她的神经震荡了无数次，可还是没等回郎华。房东女儿出现了，皮领子，高跟鞋，肚子想必很饱很饱。她朝这边笑笑，说：又在等你的郎华，怪好的一对啊。临走又撂下一句：他出去，你天天等，真是——。悄吟权当没听见，肚子又咕咕响起来。

她是在等爱人还是等面包？都有，恐怕后者更多些，只有爱人回来她才有东西吃，实在是太饿了。

这不是虚构情节，是萧红与萧军相爱之初在哈尔滨生活的真实记录。

萧红从亲身经历中体验到：人不能没有爱情，更不能没有面包。

萧红不幸，一踏进社会便面临着爱情与面包的选择。

跟翠姨一样，萧红“爹许娘配”早早地便有了人家，而且也是19岁订婚。未婚夫叫汪恩甲，大萧红几岁，在小学当老师。汪家在旗，满族，广有田产，实力与萧（张）家相当，或许更强一些，据说汪父曾有军职，少将衔。两家离得不远，都在哈尔滨附近，萧家在呼兰，汪家在阿城。

翠姨的未婚夫又丑又小，土里土气，萧红的未婚夫可强得太多，有点像翠姨暗恋的那位男青年，用后来回忆者的话说是“相貌堂堂”。不妨参照一下《小城三月》中对那位男青年的描写：“人很漂亮，很直的鼻子，很黑的眼睛，嘴也好看，头发也梳得好看，人很长，走路很爽快。大概在我们所有的家族中，没有这么漂亮的人物。”这种高大上的帅小伙肯定招人喜欢，萧红当然也不例外。她真拿他当未婚夫对待，给他写信，打毛衣。汪恩甲也很在意这位弯弯细眉下两只乌黑大眼睛的未婚妻，迎合她的想法立志做上进新青年，辞去教职考入俄国人在哈尔滨办的法政大学预科班学习深造。当时尚无本科，这个成绩已经相当不错了。

《小城三月》中有一个翠姨参加亲戚婚礼的情节，那家在旗，也是满人。萧红也有类似活动，那是汪父的丧仪，估计也相当出风头，为夫家挣足了面子，得到他家200元奖励。这个数目可不小，后来她被旅馆老板逼得走投无路的欠款也才不过400多元。

然而萧红很快就失望了，汪恩甲抽上了鸦片。鸦片是当年最厉害的毒品，足以摧毁一个人、一个家庭甚至一个民族。这时候萧红的心情大概跟翠姨一样，想起未婚夫“她就恐怖”。萧红阻止不了汪恩甲自毁前程，但可以自救而避免一起走向沦落。显然最好的办法就是解除婚约。一步到位不现实，但不妨先拖着，等关系变冷了再说。所以在她进入20岁而被要求完婚时，跑掉了，很远，跑到了北京。这里我们看到了萧红不计后果的江湖气，逃婚不说，还从家里要了笔钱，名义竟是结婚费；更严重的是还有一个同行男同伴，以表哥自居的陆哲舜。这个称呼最为可疑，当年私奔的男女对外最常用的称谓就是表哥表妹，所以舆论中萧红的行为就是私奔。

事情到了这一步，可以说发展得相当理想，既有面包又有爱情。倒不是说萧红与陆哲舜恋爱——表哥可能对表妹有意，表妹的反应却一直不明朗——而是说萧红保住了自己感情的纯洁性、自主性，为追求真爱留下了自由空间。

之后就不妙了。陆家在强大舆论压力下断绝了陆哲舜的经济供给，萧红的钱很快用光。这时候面包就成了第一位的，萧红只好低头，回到呼兰小城。毕竟心有不甘，又来了个二次出走北京。物质前提如何保证？第一次可以编瞎话，第二次就不好使了，那就拿。据说是偷取了家里的房契抵押换的钱。在萧红再次陷入生存困境时，汪恩甲追来了。萧红再次向面包屈服，随未婚夫返回呼兰，等于认同了这场婚姻。之后萧红遭到家里长达六个月的软禁，再次出逃，跑到哈尔滨。生活无着，关键时刻，汪恩甲又出现了。在他资助下，萧红返校插班读书，很快发现自己已有身孕。书是没法读了，索性与汪恩甲同居，住进东兴顺旅馆。

生存问题暂时是解决了，爱情呢？不能说一点没有，但不多，争强好胜的萧红能看上吸食毒品的男人吗？她的感情很大程度上属于依赖感，汪恩甲两次出现都是在萧红物质上最困难的时刻，她已经习惯于靠在这个男人肩头，而且他是法定未婚夫。可以说萧红的爱情有许多无奈在里面。

这样凑合了几乎小半年，欠了旅馆不少钱，汪恩甲必须回家取钱。不想一去不返，他被家里扣住了。更糟糕的是男人的哥哥出面代替弟弟解除婚约，萧红大怒，一纸诉状递上法庭，告汪家盗用汪恩甲之名单方毁约，她坚信男人不会抛弃怀着他的孩子而且又身无分文的未婚妻。结果法庭上汪恩甲认怂，作证说休妻出于自己的真实意愿。

官司输了。爱情没了，面包也没了。萧红一下子被打入一生中最黑暗时期，她被旅馆扣为人质，欠费400多元从她身上要，不行就卖人。自由也没了。还挺着个大肚子。这年萧红才22岁。

自此萧红的人生进入下行通道，虽然经萧军搭救跳出苦海，但一直在饥寒交迫中徘徊挣扎，直到25岁时落脚上海，得鲁迅先生扶持才出现转机。

这就是萧红的第一次爱情，完败，她不得不选择面包，一个坏的开头。这个起始似乎永远没有结束，不是说事情，而是说运道，生存的阴影每每笼罩住她，直到生命的最后。

张爱玲偏重意

前面说过，张爱玲的爱情观与萧红不同，萧红重情，张爱玲重意。

意，意志，与知和情相渗透便是意念。我们这里说的意指的是关于爱情的意念，具体说，就是把爱情当作信仰对象来尊奉来实行。

那是在一次家庭派对上。来宾中有一对男女，男的叫邵之雍，女的叫盛九莉。待了一会儿，九莉觉得乏味，便去叫之雍一起离开。之雍坐在沙发上正跟两个人说话，望着男人的眼神，她不由全身一震，那里面满是轻藐——他看不起谈话对象，毫不掩饰自己的不屑，而这种眼神从来就没有在她面前出现过。这是一个怎样的男人！顿时崇拜感油然而生。她想走过去把自己的崇拜如同献花一般送给他，就像中世纪欧洲的骑士做的那样。骑士爱他的女主人，绝对是纯爱，没有任何目的，所以就连女主人的丈夫也就是他们的君主也毫不干涉，反而给予欣赏和鼓励。九莉"一直觉得只有无目的的爱才是真的"。后来收到的之雍的信，在这一点上与她的观念完全吻合，用的是"寻求圣杯"四个字。

这段情节出自张爱玲自传体小说《小团圆》。其中的盛九莉、邵之雍分别是张爱玲和胡兰成的化身。真正的爱情不怀目的，或者说爱情不是手段，它本身就是目的，而且是唯一目的。这就是张爱玲对爱情的理解。

这种爱情观非常纯粹，胡兰成的“寻求圣杯”即是一种经典表达。这是基督教术语，中世纪十字军东征时期的口号，用以宣示目的的纯正性与神圣性，号召和鼓动教众。这个概括可谓神来之笔，直见性命，一下子把张爱玲爱情观中的宗教内涵凸显出来，它以信仰为本质，视爱情为神圣之物。

这是什么意思呢？我们看两件事，一虚拟一真实。

虚的是《色·戒》中的王佳芝。这是一位具备献身精神的女性，拥有成为圣女的先决条件。为了与日伪特务头子易先生建立亲密关系而创造机会除掉他，从未有过性经历的王佳芝跟同学发生关系，学习做爱技巧，终于拿下目标，发展成情人。假戏真做，越做越真，女人的敌友界限日益模糊。锄奸组织在珠宝店设伏，王佳芝假借修理首饰带易先生进店，易先生临时决定给王佳芝买钻戒。就在行动开始的时候，灯光下易先生那满是温柔怜惜的神态突然触动了王佳芝，使她猛然意识到“这个人是真爱我的”，随即“心下轰然一声，若有所失”。思想防线顷刻崩塌，便提醒爱人快走。易先生逃了，王佳芝与她的同志们被易先生下令枪杀。行刑时王佳芝是什么心境呢？恨是一定的，但完全理解对方的绝情，因为“‘无毒不丈夫’。不是这样的男子汉，她也不会爱他”。是爱情让这个女人昏了头，直到临死还昏着。

这是一个爱情由手段演变为目的的故事。开始时爱是假的，就像拿它换钱一样用它来接近对手，目的是锄奸。随着两个人深入彼此，爱情萌生并迅速蔓延，将一切杂七杂八的因素统统排挤出去，只剩下真爱。为了爱，王佳芝可以舍弃一切，这种因其而不管不顾的精神就是信仰，所以她才在意识到“这个人是真爱我的”时候本能地做出反常决定。王佳芝是圣女，身体奉献国家，灵肉、生命献给爱情。

实的事情发生在胡兰成身上。他去武汉办报，与小护士周训德结为情侣。日本投降后胡兰成逃亡温州，张爱玲千里寻夫，一个目的是当面逼胡兰成表态：要情人周训德还是要妻子张爱玲。张爱玲说，如果你选择周训德，我可以走开。这个问题对一般人来说还真不是什么事儿，十有八九为了蒙混过关，会回答当然要你张爱玲，你是老婆嘛。

然而碰到的是胡兰成，一个拿爱情当“圣杯”的人。这种人死心眼儿，用老北京话说喜欢犯轴，就是不会拐弯不肯变通，一条道走到黑——他与周训德之间是至诚至爱，这样的爱纯洁而神圣，岂可亵渎？就是权宜之计也不行。

所以他死活不肯正面回答妻子的问题。说：你在我心目中至高无上，是没有什么能够比较的，如果进行选择，不但委屈你，也对不起周训德。张爱玲寸步不让，说还是请你选择，即便骂我不讲理也罢。胡兰成辩道：时局如此动荡，我跟周训德有没有见面的那一天都不知道，你何必一定要我表态呢！胡兰成的意思是，你们两个都是真爱，我一个也不放弃！见事已至此，张爱玲叹一口气，说：你到底不肯。遂生出离异念头，好吧，既然你离不开周训德，我就离开你。

胡兰成是汉奸，政治上无气节，但对爱情却忠心耿耿，信仰坚定，不作假，不改初衷，表现得很男人。

信仰最具人性。动物有知，也有情，但绝无信仰。什么东西能够使动物牺牲包括生命在内的一切呢？恐怕找不到。所以信仰构成了人与动物的最终区别。爱成为信仰是爱情的最高升华。

说爱情是信仰只是明确爱情的性质，尚未回答爱情是什么？下面我们来看一下张爱玲是如何解说爱情的。

因为钟爱并翻译《海上花》这本小说，张爱玲对青楼里的男欢女爱做了深入研究，发现这是1900年前后孕育爱情的地方。那时男人早婚，性不成问题，但爱情成问题，男人对结发妻就是爱不起来，说不到一块儿，玩不到一块儿，身体挨得很近，心灵离得很远。那时“男女授受不亲”，男人自由接触女人的渠道只有一个，那就是青楼，于是这里便上演了一出又一出爱情剧。

《海上花》中有个妓女小云，结交上了一个姓齐的男人，跟别人夸耀，当晚过得“特别欢洽”；男人们遇见类似的欢乐，回到家里也跟妻子做夸耀，张爱玲说“这也就是爱情了”（《国语本〈海上花〉译后记》）。欢洽得自哪里？小说中还有个妓女翠凤，颇得男人倾慕，大半原因是她的为人不一般，有精神层面的东西，她对男人不是单纯的性，而是“灵肉并重”（《国语本〈海上花〉译后记》）。男人在妻子那里找不到的心灵交流在妓女身上实现了，精神融合使肉体结合更紧密更深入更协调，所以感觉大不一样。妓女胜过妻子，全在于多了一层精神，缺乏具有心灵交流能力的肉体是僵死的、动物式的，而具备这种能力的肉体则是活的、属人的。

青楼是爱情的发源地，这个观点够得上惊世骇俗的。其实这也是恩格斯的论断，他曾认定古代最初的爱情是在专门从事祭祀众神的所谓神女那里实现的，而这类女人就是娼妓的始祖。

当然，旧式婚配中也不乏产生爱情的个例，但张爱玲却认其为另类。因为过程太一般化，先有性再有爱，看不见悬疑和憧憬，缺少紧张感和神秘感，“就不是恋爱”（《国语本〈海上花〉译后记》）。所以即便从性中生长起情，也不够格。灵肉一体得配上情节才是那么回事。

家庭中倒是有一种情况符合这个标准，就是早熟的表兄妹之间，他们青梅竹马，耳鬓厮磨，随着性成熟很容易爱上对方。这也是前头我们说的表兄妹称呼最为可疑的原因。这里不妨提示一句，张爱玲的懵懂恋爱就是以她表哥为对象，当时她年仅 10 岁，确实早熟。然而却是单恋，她挺上杆子，痛苦得不行，人家毫无反应，结果弄得她大哭一场。据说她一生大哭过两回，这是其中的一次。这个印迹太深了，张爱玲非得找回来不可，于是在宣布与胡兰成分手前，选择桑弧为替身过了把瘾。对这种恋爱，张爱玲圈定了一个时间界限，即表哥成年之前，因为男人一旦可以自由活动，便直奔青楼了，那里的多情女子正朝他招手呢，她们可比表妹有味道得多。

再有一种情况也不错，可惜是虚拟的，叫“《聊斋》中狐鬼的狂想曲”（《国语本〈海上花〉译后记》）。狂想得没了边，人兽恋、人鬼恋都出来了。百分之百的意淫。

那时的男女真可怜。

在谈《海上花》时，张爱玲还提到一个词，叫“长性”。常言“婊子无情”，这是就职业而言，但于人性来看，妓女也是有情的。人都有自己的喜爱，女人有中意的对象，男人亦如此，这是爱情产生的前提。张爱玲说：“恋爱的定义之一，我想是夸张一个异性与其他一切异性的分别。”（《国语本〈海上花〉译后记》）也就是使意中人凸显出来，所谓“在人群中多看了你一眼，再也没能忘掉你的容颜”。由于双方互有好感，非你不可，随着交往的频繁、深入，也就渐渐习惯起来，日久自然生情。这时候爱情的需要便压倒了求新求异的刺激，产生从一而终的倾向。

关于这一点，张爱玲说过两句话。一句是："精神恋爱的结果永远是结婚，而肉体之爱往往就停顿在某一阶段，很少结婚的希望。"（《倾城之恋》）建立在性欲基础上的关系没有长性，完全受喜新厌旧规律支配，建立在爱情基础上的关系则不同，走向的是婚姻，两性长久结合的法定形式。另一句是："也许爱不是热情，也不是怀念，不过是岁月，年深月久成了生活的一部分。"（《半生缘》）爱情嵌入你的生命年轮，也许可以褪色，但绝不会消失。

张爱玲最经典的说法自然是这一句："爱就是不问值得不值得。"（《惘然记》）还看到过这样的句子："你问我爱你值不值得，其实你应该知道，爱就是不问值得不值得。"所注明的出处是张爱玲小说《半生缘》。其实这句话《半生缘》中查不到，想必是某部经他人改编的剧本里的话。虽然不是张爱玲讲的，但意思不错。一对情侣历经波折饱受苦难，虽然只有半生的缘分（不是就时间而是就人生而言），却在心底铸就了一辈子的爱情。付出那么多，得到的却微乎其微，值当吗？不值当，太不值当了。但这不是爱情的问法，爱情只问爱还是不爱，不问值得不值得。因为爱情不是投资做买卖，不能计算是赚了还是赔了；爱情不是工具，不能指望它给自己带来什么，所以只要可以衡量付出与得到之间比值的一定不是爱情。

显然这个说法之所以最著名，就在于直击爱情的信仰本质。

张爱玲的以上论说可以概括为三句话：灵肉一体的欲求，天长地久的愿望，不计得失的态度。这，大概就是她对爱情的界定。

爱情是生命最基本最重要的资源，是人生最原初最有力的动能，具有无比神奇的作用。

都说恋爱中的女人最妩媚，恋爱中的男人最英俊，而张爱玲则说恋爱中的人最富有人性，"一个人在恋爱时最能表现出天性中崇高的品质"（宋淇：《张爱玲语录》）。爱情把人的最大潜能开掘出来，把人最美好的东西发挥出来。

张爱玲评论过一幅西洋画：清晨的一缕阳光照在女人白头巾上，她的一只手按在男人赤裸的肩头。她的身心原本是浅薄的，她的善良也只是恪守规矩，然而当恋爱的太阳照到她身上的一刹那，她顿时变得宽厚聪明起来，似乎什么都懂得了，而且感动得眼里泛起泪光。

张爱玲以革命对照恋爱。革命打碎了各种束缚，使人的资源得以充分展现，使人的才情得以全面释放，而爱情的力度超过了革命，恋爱中的人解放得更彻底更完全。因为革命是潮流，多少带点强迫性，裹挟着个人去行动，爱情不同，全然是自由自主的，是纯粹个人化的。张爱玲认为恋爱与革命是近亲，恋爱是个人的革命。

我们就以张爱玲本人为例，看看爱情是如何使人洗心革面的。

张爱玲与赖雅相恋，两个人穷得厉害，女人穷，男人更穷，每个月只有52美元福利金。张爱玲在钱上一向较真，锱铢必较，曾因稿费官司弄得恶名在外，即便对闺蜜和亲人，钱财往来上也是一清二楚，互不相欠。这副习性又是初到美国，还没有什么存款，肯定会变本加厉。然而，情况截然相反。两个人在文艺营分手，张爱玲给了爱人200美元，足足是他4个月的收入！而此时的张爱玲在文艺营结束后去哪里居住都不知道，是否能够靠写作挣钱更不知道。

成家容易生活难，两个人结婚，立即陷入困顿。赖雅不去说他，张爱玲可是个讲究生活品质的女性，胡兰成说“她调养自己像只红嘴绿鹦哥”（《今生今世·民国女子》），衣食住行上从来不肯凑合。在张爱玲看来，物质与奢侈享受是分不开的，换成现在的话说就是，要买就买最好的。这倒未必是价格上的，而是一种消费方式，哪怕是吃一只包子，上一趟街，都成为一种精致、明朗和亲切的享受。这样的生活，开销肯定小不了，姑姑说她是个“高价女人”。如今“高价女人”遭遇低收入，又是在异国他乡，如何？讲究或许还有一点，但质量肯定大幅下降，一对新人几乎天天吃意大利馅饼，花费不到一美元。可贵的是尽管如此拮据，却见不到女人一丝一毫的埋怨，仍旧津津有味地规划每一笔开支。

最难的是丈夫的身体状况。婚后仅仅两个月，赖雅旧病复发，中风了。张爱玲背上沉重包袱。她是个生活能力极差的人，说这方面“我等于一个废物”（《天才梦》）。她不会削苹果，不会划火柴，在一间屋子住了两年居然不知道电铃在哪儿，连着三个月天天乘黄包车去医院去打针却依旧不识路，烧一次菜弄得油锅冒烟起火。这样的低能儿别说侍候病人了，就是照顾好自己都不容易，况且还要挣钱养家。张爱玲到底是张爱玲，以往用在学习和写作上的坚韧现在移到了病人身上。她一天给丈夫做多遍按摩，从后背到脚趾，而且满怀亲情。特别是在赖雅大小便失禁的时日，她每天几次更换床单和衣裤，体力不支，索性跪在浴缸边洗涮。这还好办，难的是移动病人和给他翻身，真难以想象瘦弱的张爱玲面对病人那庞大的身躯是怎样做到的。

张爱玲一度写作受挫，收入无着，求助华人朋友圈帮忙找工作，声称要求不高，小事即可。这让刘绍铭犯了愁，就她那“临水照花人”的体格，能干些什么呢，恐怕连到麦当劳卖汉堡的气力都没有。这是实话。然而“临水照花人”却有力气承受服侍病人的重体力劳动，这也是实话。

应该感谢赖雅，他的出现让我们看到了另一个张爱玲：一个与个人主义的张爱玲相反的为他主义的张爱玲，一个与冷酷无情的张爱玲相反的充满爱心的张爱玲，一个与超级才女的张爱玲相反的家庭主妇的张爱玲。

“真正的中国女人是世界上最美的，永远不会过了时。”（《倾城之恋》）

不同民族在爱情上的表现是不同的。

张爱玲与闺蜜炎樱曾就此进行过讨论。比如妻子与情人幽会，被回家的丈夫撞上了。要是英国人，丈夫非但不生气，反而相当窘迫，好像犯过错的是他，忙编借口嘟囔着说忘记拿雨伞，然后赶紧离开。《红玫瑰与白玫瑰》中也讲，英国学生有一种潇洒的漠然，特别是对最要紧的事尤其潇洒尤其漠然。俄国人不同，性子火热暴烈，自然是另一种处理方式。丈夫勃然大怒，从身旁拔出三把手枪，发给每人一把，自己也拿一把，各自对准太阳穴，一二三，同时扣动扳机，轰的一声，大家同归于尽。

还有美国人。当时上海外国人不少，盛行美国风，随意之极，拿拥抱接吻根本不当回事儿，有了主儿的男女在大庭广众之下与他人常常上演吻戏。炎樱虽然也属于外国人群体，却大不以为然，表示自己守旧，遵循老式传统，别说当众了，就是在没人的地方，也不能这么随便。你的爱人会做何感想？如果他爱你，同时也相信你爱他，你与别人这样做显然对他是不尊重的；如果他对你本来就有保留，你再这么做，只能让他更看不起你。

张爱玲深表赞同，认为美国青年确实把拥抱接吻看得太轻飘了。久而久之，这种随意便会养成一种习惯，导致以稀松平常的态度对待两性交往。结果一旦遇上真心相爱的人，原本可以从身体接触上获得极大快乐，却由于感情已经钝化，幸福度大打折扣。

炎樱到底是外国人，为这种随意做法找一点理由，说也许是年轻人等不及了，想零零碎碎先得到一点愉快。张爱玲说不然，因为轻率的态度绝不使人仅仅停留在拥抱接吻上，会自然而然地往深里去，那就麻烦了。

炎樱又提到一种情况，即从众。女孩本身也许并没有需要，但为时尚所趋，怕人家笑她落后或缺乏性感，便去追风。张爱玲说这同样危险，会影响到她今后的性心理。

总之，张爱玲认为爱情是人生大事，必须认真处理，采取严肃态度，随意对待自己的感情和身体，不管什么理由都是不负责任的。

那么中国人如何？这个范围太大，不妨把问题置换成具体到张爱玲身上如何。

有一件事可以作为注释，即张爱玲在与胡兰成接触之前，不要说与异性拥抱接吻了，就是手都没有拉过，按传统说法真可谓冰清玉洁，严肃认真得几近刻板。她与胡兰成接吻，男人说挺熟练嘛。女人答，电影上看来的。张爱玲学习能力超强，初次行动不输情场老手。

她与炎樱曾设想她们这对好友共同出现在三角恋爱中，当场撞见丈夫热吻对方——要知道这非常容易，因为丈夫从妻子嘴里听到的一定是关于自己朋友的好话，自然形成好感。怎么办呢？像英国人那样潇洒漠然不可能，因为克服不了嫉妒心；像俄国人那样火热暴烈也不可能，因为下不了狠手。

炎樱说，她会口吐白沫大闹一场，过后又懊悔起来，给情敌张爱玲打电话让她哪天过来看看自己。

张爱玲说，她不会当场发脾气，而是假装没看见，等炎樱走后，背地里问丈夫到底是怎么回事。其实问也多余，男人亲吻女人当然可以找出充分理由。她可以原谅他们，但原谅归原谅，一定要明确坚定地表示反对：喂，这是不行的！然而有用吗？恐怕没有什么效果。如何解决呢？张爱玲甚至提出多妻主义，两个好友一起嫁给同一个男人。但权衡一番，结论是理论上可行，实践上行不通——女人之间早晚得闹翻。

这就是中国人独特的地方，什么都要，哪一个都舍不得放弃——纯粹属于爱情上不成熟的表现。毕竟中国正处在社会文化转型中，一切都难有最终定论。

张爱玲求助多妻主义可不是调侃开玩笑，而是作为现代婚制的一种补偿来设想的。那么究竟是什么原因使她竟出此下策呢？要知道这简直是逆潮流而动啊。

这与张爱玲对男人性爱特点的认识直接相关。

张爱玲与萧红一样，认定男人极不可靠，实乃本性使然。小说《五四遗事》中有个密斯范，一辈子都在与"男子喜新厌旧的天性"做斗争。不用说，肯定是屡战屡败，天性岂可更改？男人最耐不得寂寞，张爱玲借小说人物之口道："我不是不知道呀，庞小姐！我早猜着他一定是讨了小。本来男人离开了六个月就靠不住——不是我说！"（《等》）听听，6个月180天，如此精确，这就是张爱玲揭示的男人守身的时间表。

所以就出来这么一个经典比喻："只有一只茶壶几只茶杯，哪有一只茶壶一只茶杯的？"（《色·戒》）据说这句话是民国初年大学者辜鸿铭讲的，专为多妻制辩护而发。张爱玲不是密斯范，自然不会去做唐·吉坷德，她是顺势而为，主张一定限度上给男人这方面的自由。"如果一个男子公余之暇，做点越轨的事来调剂他的疲乏、烦恼、未完成的壮志，他应当被原恕。"（《谈女人》）

男人的喜新厌旧同时也是制度惯出来的。小说《怨女》的女主角银娣有个见解，富贵人家的老爷少爷硬是让堂子（妓院青楼）惯坏了，那里永远有可供他们情爱更新的姐儿，"给他养成了'吃着碗里，看着锅里'的习惯"。其实这只是一个方面，另一个方面是妻妾成群的婚姻。二者似乎有个分工，青楼侧重于满足性，妻妾侧重于繁衍子孙。二者都从社会的角度助长着男人求新求异的天性。

这里应该特别强调一下，具体到个人而言，男人的这个习性是历时性的而不是共时性的。性爱具有排他性，即便是花心男人在一个时期也有他的主要爱恋对象，"其实不会同时爱，不过是爱一个，保留从前爱过的"（《小团圆》）。皇帝三宫六院，然而"三千宠爱在一身"；原始社会实行群婚，但也有所偏爱，呈现出主妻和主夫现象。这也是人性，男人虽然易变，但仍保持相对稳定。

俊男靓女在爱情上自然占有优势，这于男人要突出一些，选择对象更重颜值，往往以貌取人。张爱玲发现，尽管有的男人口口声声关注道德美、性格美、精神美，然而"有几个女人是为了她灵魂的美而被爱"（《我看苏青》）？张爱玲曾把苏青比喻为"红泥小火炉"，恨不得人人都跑过去围着取暖，但打动男人的还是她的相貌，据说一夕情中也有胡兰成其人。一次张爱玲夫妇聊起苏青，胡兰成印象最深的是苏青漂亮的脸蛋；张爱玲认同，说苏青的美在于俊，她的脸好像喜事人家新蒸的雪白馒头，上面顶着胭脂点。

女人没那么偏颇，要颜值，但更注重智慧、健康、谈吐风度等，相貌要靠后些。

这不是说男人只要外表不要内里，女人仅仅漂亮是不够的，还必须带几分放姿，这才够味。《倾城之恋》中的范柳原告诉白流苏，说自己喜欢老实点的女人。白流苏心中暗笑，她是过来人，又极聪明，还能不明白男人那点小心思？她清楚得很，范柳原的理想其实是一个冰清玉洁而又富于挑逗性的女人。冰清玉洁是对他人，挑逗是对自己。正因为范柳原认定白流苏符合这一标准才去追求她，否则根本不会去留意这个落魄的外乡女。于是便回答：你是要我在旁人面前做好女人，在你面前做坏女人。张爱玲总结道，对男人而言，女人最好是“天真老实之中带点诱惑性”（《童言无忌》），用形象来说话，就是“女人清清爽爽穿件蓝布罩衫，于罩衫下微微露出红绸旗袍”（《童言无忌》）。

这种老实而诱惑的尤物太稀罕了，可遇不可求，于是这个角色便分裂为二，老实留给妻子，诱惑送与情人。对此张爱玲的说法相当俏皮，说古人留下来的节烈一词在这里以分工的方式实现了，妻子与情人，一个管守节一个管热烈。《红玫瑰与白玫瑰》中的振保就是这么去实践的，生命里有两个女人，一个是他的白玫瑰，圣洁的妻；一个是他的红玫瑰，热烈的情妇。张爱玲强调这绝非个例，而是普遍现象，推断道大约每一个男人都经历过这样的生活，至少是两个女人。分工不同，留下的印迹自然也就不同。白玫瑰妻子是粘在衣服上的一颗饭粒，红玫瑰情人则是长在心口上的一点朱砂痣。孰重孰轻，一目了然，所以妻子永远斗不过小三。这在一定程度上也反映出生殖与性在男人内心深处的地位，天平向性倾斜。如果说性属于个人而生殖属于群体，那么这种偏向代表了个人主义的胜利。

这种个人主义表现在爱上，就是占有。男人对女人的爱实质上是建立在占有基础上的，男性极强的排他性也就是恩格斯称之为雄性动物强烈的嫉妒性，即是证明之一，一群狮子只能容下一头雄狮，一群马只允许有一匹公马。

对于这种占有的极端形式，张爱玲在小说《色·戒》中以及谈这本书的议论中用了三个比喻：影子，猎人与猎物，虎与伥。伥这种东西很贱，本来是人，被老虎咬死后变成鬼，反倒帮着老虎去伤害别人，所谓为虎作伥。是说女人被男人俘获后死心塌地地追随男人。影子也是这个意思，女人如同影子一样地依傍男人。这三个比喻讲的都是易先生与王佳芝的关系，他爱她，用“得一知己，死而无憾”的老话来加以明确，正是在这个他爱了又杀掉了的女人身上，实现了“最终极的占有。她这才生是他的人，死是他的鬼”。

这就是男人的爱：自己多情风流并且盼望女人迎合他的花心，然而同时又要独占女人并且要求她对自己忠贞不二，很矛盾，很自我，也有几分滑稽。

男人的爱是占有式的，那么女人能接受吗？当然能，她正巴不得呢。

这就要谈到女人的性爱特点。

张爱玲通过小说《心经》中许小寒之口说：“一个女人决不会爱上一个她认为楚楚可怜的男人。女人对于男人的爱，总得带点崇拜性。”为此她叮嘱男人，你们千万不要害怕女人提高自己，即便她的本事长得跟你一样大，也没有丝毫关系，仍旧自认为低人一头。为什么？“因为女人要崇拜才快乐，男人要被崇拜才快乐。”（《苏青张爱玲对谈记》）张爱玲强调，这是“女性的本质”。崇拜是前提，只有女人认为某个男人比自己高明，拜服在他脚下，方能生出爱情来。被崇拜与崇拜，或者说占有与奉献是两相对应的。

所以我们常常看到，不少优秀女性完全依附于她们的男人，唯其马首是瞻，尽管那可能是个渣男。在这里她们要的不是客观比较，图的只是精神愉快，崇拜自己的男人让她们过足了女人瘾，很平衡很踏实。反之如果让她们意识到男人不如自己，那就糟了，会立马失去依恃，六神无主，天昏地暗。所以对待一个女人最大的仁慈，就是颂扬她们的配偶，绝不点破双方差距，令其永远沉浸在崇拜梦中。

是不是有点贱？对，张爱玲用的就是这个字。“一个女人，再好些，得不着异性的爱，也就得不着同性的尊重。女人们就是这点贱。”（《倾城之恋》）《小团圆》中有一个情节，那天盛九莉（实则张爱玲）从街上回来，明月当头，心中不禁一阵空虚，已经22岁了，写了那么多爱情故事，自己愣是没有恋爱过，给人知道了不好。正是这个心理，构成了张爱玲与胡兰成结合的原因之一。才女也是女人，就是加上超级两个字也仍然不能免俗，结果便犯了次贱。

贱表现在一系列方面。比如，“如果你不调戏女人，她说你不是一个男人；如果你调戏她，她说你不是一个上等人”（《谈女人》）。“女人往往忘记这一点：她们全部的教育无非是教她们意志坚强，抵抗外界的诱惑——但是她们耗费毕生的精力去挑拨外界的诱惑。”（《谈女人》）“你疑心你的妻子，她就欺骗你。你不疑心你的妻子，她就疑心你。”（《谈女人》）等等。再如对娼妓。女人观感比较复杂，固然蔑视和愤恨，但同时也有一份羡慕在里面。尤其是那些闲得发慌并且与之来往的男子太少的上等妇人，常常对妓女的生活抱着浪漫的想象。张爱玲出主意说要想根治这个贱毛病，非得被卖到三等窑子里去不可，那时她们便晓得其中的甘苦了。

恋爱场中，女人永远是配角，而且心甘情愿。小说《封锁》中的男人与女人相恋，搭讪时留意的是她的手臂，白得像挤出来的牙膏；产生了好感，看的是她的脸，像一朵白描牡丹；爱上了，感觉还是白，稀薄，温热，像冬天自己嘴巴里呵出来的一口气，要她，她是你的，不要她，便悄悄飘散了。主导权完全握在男人手里。还有交流。本来是两个人之间的谈话，结果只见男人在那里叽叽呱呱地说，无休无止，而女人呢，一贯擅长说，而且还是教师，反倒破了例，不大讲话，只是倾听。她本能地意识到，男人彻底懂得女人后，是不会爱她的，所以恋爱的男人向来喜欢说，恋爱的女人向来喜欢听。女人完全以男人为转移，男人说真话，她为你心酸；男人说假话，她微笑着。

深入下去也仍是以男人为主体。比如身体接触。《色·戒》中有言：“到女人心里的路通过阴道。”与前面一样，这话据说也是辜鸿铭讲的。所以《红玫瑰与白玫瑰》里的红玫瑰娇蕊与振保亲热时，极尽做爱之能事，使对方非常满意，觉得她真是个“太好的爱匠”。娇蕊这么做有迎合的意味在里面，知道只有这样才能使对方进入自己的感情世界，从而牢牢拴住这个男人。

女人最在意的就是被男人爱。《色·戒》中的王佳芝，一个热血爱国女青年就是让被爱意识颠覆的。当她感到易先生确实是真爱自己的时候，不说民族大义和信仰，仅就这些年她为了暗杀这个男人而付出的贞操、身体、磨难等统统在一瞬间全部清零。

这样的情境在张爱玲小说中反复上演。《半生缘》中的曼桢，被姐夫与姐姐合谋奸污，又遭监禁，被迫产子，如此屈辱如此恨，也因被爱意识而淡化。姐姐说过，这个男人完全是“因为爱得她太厉害的缘故”，昏了头，一时神志不清做下了事。这样的瞎话居然打动了曼桢，使已经出逃了的她又自动返回。

还有《茉莉香片》中的丹朱，也因为被爱意识而亲近聂传庆。此人自私、无礼、不近人情，猥琐之极，说是渣男都抬举他。在爱的名义下，缺陷竟也成为优势，聂传庆的怪癖不仅没有造成丹朱的疏远反而拉近两个人的关系，让丹朱的虚荣心得到极大满足——就连这样一个怪人也爱自己。“丹朱是一个善女人，但是她终究是一个女人。”只要是女人，没有不在被爱意识面前低头的。

被爱意识是女人的命门，要想征服她就去爱她。

这种被爱意识的刻骨铭心张爱玲亲身体验过，对方当然是胡兰成。

那是暮春的晚间，和风熏熏，暗香浮动。张爱玲起身送胡兰成，身子擦着男人而过。胡兰成按灭烟蒂，双手猛地捉住女人手臂，要她拿掉眼镜。张爱玲眉眼含笑，顺从照办。面对贴近的男人，张爱玲脸红了，不由低下头。胡兰成盯着女人看了片刻，开始吻她，很动情，女人感觉到了自己手臂上传来的男人阵阵冲动。“这个人是真爱我的”，张爱玲确定，两只手臂软软地溜上对方肩膀，围住脖颈。

张爱玲坠入了爱河。

当然伴着崇拜。

胡兰成向张爱玲示爱，不是贸然行事，而是接收到了明确信号。胡兰成第一次接触张爱玲的名字是读她的小说《封锁》，一起刊出的还有作者的一帧照片，只是太模糊，瞧不清楚。重提旧事，张爱玲记在心间，隔日便送给男人一张相片，背面还写了字：

“见了他，她变得很低很低，低到尘埃里，但她心里是欢喜的，从尘埃里开出花来。”

世界上没有比尘埃更低的了，都说匍匐于脚下，尘埃比脚还低，被脚踏在下面。张爱玲本是才女，在一般之上，而且是超级才女，在精英之上，如今竟自动放低身段，一放再放，一直放到地底，与尘埃为伍。然而一点也不沮丧，更不悔恨，而是满心欢喜，在尘埃中绽放美丽的花朵。

爱把张爱玲放倒了。论写作才华，即便不说她比胡兰成高，至少也打个平手，现在却视胡兰成为偶像，五体崇拜还不行，竟产生出做他脚下尘埃的冲动。正应了她所揭示的“女人要崇拜才快乐”的“女性的本质”，幸福得花一般开放。

其实在送照片之前女人已经崇拜男人了。也是胡兰成离开张爱玲房间，女人从抽屉中取出一个信封交给他，打开一看，里面装的全是烟蒂，都是自己丢下的。烟蒂比烟的气味更强烈，极其难闻。张爱玲有洁癖，稍微一点不干净立刻就会引起不良反应，如今竟然把烟灰缸里的烟蒂一颗颗拣出来，装进信封，又藏进书桌抽屉里。爱人的东西都是好的、干净的、高贵的，就连与他相关的垃圾都值得珍重。

定情之前尚且如此，关系确定之后更不必说了。张爱玲本来就欣赏胡兰成的文字，相爱后发展到了狂热地步。胡兰成在张爱玲房间赶写文章，她望过去，眼中的他简直就是“案头一座丝丝缕缕质地的暗银雕像”（《小团圆》）。女人去厨房，回屋时胡兰成迎上前，她竟一下子跪倒，双臂抱住的男人的腿，将脸紧紧贴在上面。

还有相貌气质。那时张爱玲看胡兰成是眉眼俊秀，荡漾着一股英气；口操湖南腔国语，身着旧黑大衣，来去如刀，一副革命者形象。

后来不爱了，再看胡兰成，一切都翻转了。那叫什么文字？总是“好的”与“不好”那一套，令她又厌恶又好笑，眼前的文字实在令人无法忍受，几乎要高声叫起来。相貌也令人厌恶，怎么瞧都带些女人气，而且是市井中撒泼犯浑那类女人相。她实在无法面对这张脸，转过身子，把脊背对着他。

女为悦己者容，张爱玲也一样。她的第二位情人电影导演桑弧，大张爱玲 5 岁，看上去却比她还年轻。为了能够让这位英俊小生更喜欢自己，同时在人前不失面子，她开始美容，往脸上抹粉。桑弧不放心，站在一旁指挥，一会儿让往这里搽些，一会儿又让往那里搽些，即便女人觉得没有必要，也还是遵命。其实她是不愿意抹粉的，觉得脸上仿佛盖了层棉被，闷得难受。有时候发现桑弧脸色不对，偷偷取出小镜子一照，原来是粉膏掉了。每次与桑弧约会，张爱玲都要从冰箱中取些冰块做面部冷敷，使皮肤紧缩而显得年轻一些。

桑弧没法跟胡兰成比，无论是学识还是天资，文字功夫更不用说了，但同样得到张爱玲的崇拜。两个人一起看电影，张爱玲见桑弧那种内行的样子便不由得肃然起敬，打心眼儿里佩服。还有赖雅，他的文学成就远不如妻子，张爱玲去世时人们发现，房间里有数的几本书里，就有赖雅的亲笔签名书。女人总是喜欢仰视自己的爱人，而且总是不由自主千方百计地寻找对方比自己高明之处，并且总是能够如愿以偿。

恋爱中的女人有一种独特的美，张爱玲称之为“低卑的美”（《关于倾城之恋的老实话》），那是尘埃中开放的花朵。

裹挟在男权社会中的云和月

夫：都找了一个花心丈夫

对于萧红与张爱玲的私生活，似乎流行这样一种印象，即萧红放纵，张爱玲刻板。其实满不是这么回事，事实上正如我们前面讲过的那样，她们二位都是事不过三，发生性关系的男人仅仅三位。同时丈夫也都是两位，萧红的是萧军、端木蕻良，张爱玲的是胡兰成、赖雅，都是文学界中人。而且这两次婚姻都是一次不大正规，一次完全正式。萧红与萧军没有举办婚礼，当年也没有结婚登记一说，属于事实婚姻，大家公认他们是夫妻。张爱玲与胡兰成倒是举行了婚礼，也写了婚书，留下“岁月静好，现世安稳”的名句，但这仪式怎么瞧怎么像是游戏——拜天地，多重大的礼，红蜡烛倒是点燃了，却是插在两只大白馒头上，因为一时找不到烛台，可见婚礼纯属心血来潮。

这些尚在其次，这里重点要说的是两人的第一任丈夫都是花心，而且是大花心，属于本性使然，无可救药。

萧军结过婚，原配许氏，还有两个孩子。跟萧红同居后，不断出轨，仅在哈尔滨期间，至少就有三位。到了上海，继续搞婚外恋，其中一位叫陈丽娟，笔名陈涓，哈尔滨时期就有她，属于旧情新续，关系较深。萧红非常苦闷，只身飞赴日本东京，投奔好友黄源的妻子许粤华。许粤华返回上海，不想又被萧军发展成情人，还怀上了他的孩子。萧红算是彻底失望了，又只身北上故地北平。萧红与萧军分手是明智之举，这位绯闻不断的革命文学家新中国成立后居然在那么严苛环境下又与一位女大学生婚外恋，并育有一女。

胡兰成比萧军更花。与张爱玲之前，已有三次婚姻，子女五个。交友更是随意，只要有好感，又有需要，便直截了当地风流一番。更严重的是还有出入声色场所的习气，与舞女艺伎往来频繁。他的第三任妻子应英娣，即为歌女出身，艺名“小白杨”；也有说是舞女的，来自上海百乐门。为胡兰成管家的侄女青芸说她是舞女，并明确为“向导女”。旧时舞场赚钱不易，为招揽顾客，发展多种经营，鼓励舞女出台，为客人提供各种陪伴，也包括性服务，这种舞女即称“向导女”。张爱玲小说《半生缘》中的曼璐就是这样的舞女。胡兰成自诩喜欢偕妓出游的妓，亦含“向导女”，应英娣就是这么结识的。与张爱玲结婚后，胡兰成照样出入声色场所，同时找女朋友，发展情人。日本投降，胡兰成从武汉逃回上海，藏进一个日本军人家中，三两天时间便拿下女主人，同时打发时间等候妻子的到来。

丈夫风流是一个方面，要紧的是妻子的态度。那么萧红和张爱玲是怎样对待丈夫的毛病的呢？反对是肯定的，重要的是如何反对，这里的事情就不那么简单了。

萧军的妻性观念极强，动不动就拿它来衡量萧红。妻性是一种传统观念，通俗说就是妻子应有应尽的本分。古代有“七出”一说，其中之一为嫉妒，妻子干涉丈夫纳妾甚至不积极主动地张罗纳妾，丈夫即可以提出休妻。萧军闹风流，又强调妻性，目的就是要萧红不干预，任其自由。别看萧红辩论时赞同“杯水主义”，实际上骨子里非常传统。上面说过，她一生只有三位男人，两位是丈夫，即使另一位也是履行过订婚手续的未婚夫，就此可以说她在性关系上比张爱玲还严谨。许是为了突出萧红的妻的地位，萧军安慰她说，自己跟那些女人都是逢场作戏，只有对你才是动真格的。萧红也确实一定程度上做到了“不嫉妒”，没有硬行阻止丈夫的滥情，也没有去找情敌吵闹，她最激烈的办法就是避走，去东京，去白鹅画会，去北京，似乎是负气给萧军和他的情人腾地方。人走了，心还在。远在东京的妻子给丈夫写信，字里行间都是关切，生怕这个粗陋男人在生活上委屈自己，光一个枕头就在三封信中反复叮嘱。

然而萧红毕竟是五四之后成长起来的知识女性，不可能像古代妻子那样“不嫉妒”，对于丈夫的不忠她很痛苦，不知道遇见萧军是幸运还是不幸。萧军是进入她内心世界的第一个男人，打开精神之门，启动文学之路，如同一根火柴，划亮了她全部的灵魂；然而，却又当着她的面，划亮一根根其他的火柴。以至于在给丈夫的信中写下了这样的句子：“什么能救了我呀！上帝！什么能救了我呀！我一定要用那只曾经把我建设起来的那只手把自己来打碎吗？”

她矛盾，她徘徊，忍不下去又走不脱。

张爱玲比萧红还能忍。作为胡兰成的情人，她不光不介意对方已有妻室，对其拥有诸多女友，乃至偕妓游玩，也并不吃醋。用胡兰成的话说，“她倒是愿意世上的女子都喜欢我”（《今生今世·民国女子》）。特别是对年轻漂亮的应英娣，竟然心存感激，因为在她看来胡兰成必须离开上海去南京上班，有这个女人随侍在侧，他可以不必去嫖娼。张爱玲去看望藏身日本军人家里的胡兰成，察觉出丈夫与女主人之间的隐情，胡兰成也坦然承认，张爱玲很是平静，对这种露水姻缘根本不在乎。上述种种已经不是忍了，说纵容都不为过。

张爱玲的这种态度不是被动的顺从，完全出于自觉，有自己的一套理论为依据。她深知男人如同一只茶壶一定要配几只茶杯那样的多妻本性，也非常了解胡兰成是好色之徒，知道管是根本管不住的，“他是这么个人，有什么办法？如果真爱一个人，能砍掉他一个枝干？”（《小团圆》）所以不如索性大撒把，给他自由空间，这对维持情人或者夫妻关系兴许更有利些。

当然这一切是以不动真情为前提的，既然是逢场作戏，何必较真？然而一旦弄假成真，那就绝对不行了。胡兰成在武汉与护士周训德相恋，张爱玲感觉不妙，听到阳台上胡兰成问炎樱一个人能否同时爱两个人，知道丈夫不是逢场作戏，顿时眼前发黑，天昏地暗。这件事对她刺激太大，追到胡兰成逃亡的温州去做了断，不想丈夫又与范秀美同居。多情并不是胡兰成的专利，在桑弧那里，张爱玲亦尝到了男人多情之苦。张爱玲做了他四年情人，桑弧瞒着她与人成婚。张爱玲笑了笑，没说什么。然而想起这位往日情人偎依在别人情怀，“心里像火烧一样”。

这就是两位杰出女作家对自己的花心男人不忠行为的态度：理解而且是深入人性层面的理解，忍耐而且是最超出常人的忍耐，痛苦而且是认知与心情剧烈冲撞所造成的灵魂纠结的痛苦。

萧红与张爱玲的另一个共同之处是绝不做丈夫的附庸，始终保持自己的独立人格以及自主选择的权力。

萧红的独立性主要表现在做职业女性上面。

最初萧红没有工作，所以我们在《商市街》中看到的是一个站在窗前焦急地等待丈夫回家的饥肠辘辘的家庭妇女形象。对此萧军毫无怨言，他一向以大丈夫自居，认为养活妻子是其天职。他确实很努力，顶风冒雪，四处奔走，像是“一匹受冻受饿的犬”，找到一份工作不行，还必须兼职，上午教国文晚上教武术，同时还要去报考电影广告员，学习开汽车，非如此不能维持这个两口之家。在他的妻性字典里，萧红就该是生孩子做家务侍候男人的家庭主妇，所以当妻子喊他去提水，得到的回答是：我不管，你自己去提吧。

萧红完全有条件做一个出色的家庭主妇。她心灵手巧，给自己剪裁缝制的丝绒旗袍不亚于专业水准，令女友们羡慕不已。首次参加鲁迅先生宴请，连夜为萧军赶出一件方格子上衣，为丈夫在新师友面前挣足了面子。她厨艺也不错，擅长面点，做的韭菜合子、荷叶饼之类颇具美名，鲁迅先生举着筷子问许广平，“我能再吃几个吗？”她很会过日子，长于核算，收入和开销笔笔记得清清楚楚，还写进小说里，以至于有人建议，谁要想研究30年代上海和哈尔滨的物价，乃至日本东京的物价，尽可以去读萧红。

然而这绝不是萧红想要的生活。她想：“雪花为什么要翩飞呢？多么没有意义！忽然我又想：我不也是和雪花一般没有意义吗？坐在椅子里，两手空着，什么也不做；口张着，可是什么也不吃。我十分和一架完全停止了的机器相像。”（《商市街》）再也不能继续下去了，她决定出去工作。

目标是应聘到一家电影院去画广告。她绘画不错（这方面虽然赶不上张爱玲，但总算有些基础），自认为可以胜任这份工作。跑了两趟，未果。路上夫妻俩争吵起来，倒不是因为招聘方，而是萧军的态度，打心底不愿意妻子出去工作。晚上又吵，萧军跑出去买酒喝，萧红抢过喝掉一半，两个人都哭了。萧军躺在地板上打滚撒酒疯，嚷道："一看到职业，什么也不管就跑了，有职业，爱人也不要了！"萧红自问："我是个很坏的女人吗？"（《商市街》）尽管丈夫气成这样，萧红并不妥协。

到底画了广告。然而只干了一天，还是跟萧军一起干的，并且是给别人打下手。除了这个行当外，萧红还在家当老师辅导学生。不过实在萧条，只有一位女学生，还总跟老师抢着念小学课本上的字，什么猪羊狗之类，因为她岁数比老师还大，生怕被小瞧了。最后萧红把工作定格在写作上——与丈夫合作出了本小册子，自费，朋友舒群掏的钱。兴奋极了，倾其所有吃了顿俄式包子，还叫了两杯伏特加。未尽兴，又去逛公园，兜里只有两角钱。花一角五分钱租一小时的游船，光身子跳进松花江里洗澡，丢了件衬衣捡了条死鱼，用最后的五分钱打醋炖鱼，庆祝萧红当然还有萧军晋身作家。从此写作成了萧红唯一的也是终生的职业。正是这个职业给她带来收入和名声，使她得以自立于家庭和社会。

张爱玲不同，她不存在生计问题，一踏进社会就是作家，并且是稿酬最高的那类大作家。

她闹独立是在名位上，说破了就是坚决彻底完全地无论怎么着也不做妾。其实还真没人拿她当妾——倒是有那么一回，一个不知天高地厚的洋人看上她，竟动了包养心思，被干脆顶了回去——她是心理上的危机感，生怕做妾。这种感觉当然是胡兰成造成的——这个情人、丈夫实在是太滥了，不光滥交异性，而且婚史混乱。前后几任妻子有明媒正娶的也有私下结合的，第三任应英娣被领进家门时只有15岁，没有婚书，属于事实婚姻。张爱玲好一些，有婚书为凭，但毕竟不曾公开，类似地下婚姻，这让她形成心障。按照老习惯，纳妾不像娶妻，无须公布，用不着举办婚礼，收进门就算完事。再加上两人没有共同居室，缺少家的稳定性，每次都是胡兰成到张爱玲小屋相聚，让她或多或少地产生被视为外室的屈辱感。这些都使她总也摆脱不掉妾这种卑微身份的心理意识。

胡兰成从武汉带回不少钱交给妻子，说这些钱放在你这里。这话很正常，但“你这里”让张爱玲听着却十分刺耳，似乎还有个“她那里”。胡兰成要妻子去武汉看看，张爱玲说自己没资格坐飞机，胡兰成一向是飞来飞去的，乘的是日本军用飞机。丈夫答家属可以乘飞机。这话又让张爱玲郁闷半天，在她心目中家属是妾的代名词。胡兰成逃亡前与妻子最后的那一夜，张爱玲突然产生幻觉，五六个身裹长袍的女人剪影鱼贯而入，她们都是丈夫的女人，在这个队列中她看到了自己，排在最后的那个就是。

即使到了晚年，身在美国的张爱玲依旧耿耿于怀，谈到胡兰成，这样说：“三十年不见，大家都老了——胡兰成会把我说成是他的妾之一，大概是报复，因为写过许多信我都没回信。”（夏志清：《张爱玲给我的信件》第六十九封信）

张爱玲心头始终蒙着妾意识的阴影，反映着强烈的平等意愿。她是完全自主的人，无论如何崇拜对方，哪怕姿态低到尘埃里，人格上也是独立的。

可以说萧红的一生是荒凉的，张爱玲的一生是苍凉的，但她们活得很挺拔很高大，与男人站齐，如果论成就，萧红当在萧军之上，张爱玲当在胡兰成之上。

萧红与张爱玲的再一个共同之处是都离开了自己一生中最重要的男人。萧红离开的是萧军，张爱玲离开的是胡兰成。

萧红的离开拖泥带水，婆婆妈妈。她有过几次娜拉式出走，最远的一次东渡日本，在东京住了半年；最近的一次是去上海的白鹅画会，一个类似职工业余美术学校的可住宿的民间机构，时间不长；再有一次是千里之外的北平，待了二十几天。都没能走成，最后又回来了。

最终的离开，始于临汾，终于西安，依旧断断续续。萧红、萧军一干文化人在抗战全面爆发后前往山西临汾民族大学任教，战局不利，随即撤退西安。萧军不走，要留下来打游击。萧红不想分开，说你本是作家，应该以笔为枪。哪里劝得住？萧军是借机放手，说要是有重逢那一天，要是你没有别人我也单身，要是心中还有彼此的话，我们就一起生活，否则各走各的路。话说得委婉，实际上点明了两人已是自由身。其实萧军早就不能容忍萧红了。说到底还是在妻性上。萧红必须心甘情愿地做他的附属品，闹独立不行，站齐也不行，超过更不行。萧军自视极高，经常口出狂言，传言中最出格的话是：我一支笔要管两个党——国民党和共产党；鲁迅是我父辈，毛泽东只能算是我大哥。读了毛泽东的《整顿党的作风》报告，总体印象不错，只是觉得感性的东西太多，尚欠理性的深刻，认为自己有责任点化毛泽东，帮他一把。于是便常去毛泽东窑洞串门，开导这位大哥。如此个性，一个声名鹊起的女人立在身边总让人浑身别扭。现在机会出现了，你身体不行，是“病驴”，只能去后方；我军人出身，一向尚武，是“犍牛”，应该上山打游击，不分手也得分手。

萧军说，他仍爱着萧红。不知这爱是什么意义上的？怜悯？牵挂？亲情？萧红不同，她确实还爱着萧军，是真爱。到了西安，谈起两人关系，她说：我爱萧军，今天还爱，他是优秀小说家，思想上也是同志，又是一起在患难中挣扎着走过来的人。

萧军没有上山打游击，两个星期后也来到西安。风尘仆仆的他打了盆水洗脸，萧红立在一边，努力笑了笑，叫了声“三郎”（萧军的名号），道：“咱们永远分开吧！”萧军继续洗脸，平静地答了个“好”字。萧红赶紧走了。萧军早就等着这句话，他不肯先说出口，因为他是男人，是强者。

萧红说：“做他（萧军）的妻子太痛苦了！我不知道你们男子为什么那么大的脾气，为什么要拿自己的妻子做出气包，为什么要对自己的妻子不忠实。忍受屈辱，已经太久了。”（聂绀弩：《在西安》）这句话可以看作是萧红的离婚宣示。

张爱玲的离开清坚决绝，干净利索。当她认为丈夫与其他女人只是“要一要”的时候，不过问也不干涉，一旦认定是来真的，那么自己也就一定认真对待，绝不姑息养奸。张爱玲温州千里寻夫，摸清了胡兰成底牌，不止放不下周训德，还跟范秀美夫妻相待，由此看穿了丈夫的本性，这样的情种任何女人包括她张爱玲在内是绝对拴不牢的。熬过痛苦期，她立即镇定下来，开始有条不紊地处理遗留问题，最主要的是偿还胡兰成的那四两黄金。她拾起搁置一段时间的笔重新投入创作，编写了《不了情》和《太太万岁》两个电影剧本，获得一笔稿酬，足够扫清账款尾数。于是给胡兰成发出诀别信，随附三十万元汇款。这期间胡兰成曾转道上海，在张爱玲处住了一夜，张爱玲离开卧室睡在客厅的榻床上，没有给对方留出任何余地，当然更不会有分手前身体最后接触的浪漫纪念。

信是现成的，从温州回来就写好了，在抽屉里放了半年，可见离婚的念头早就确定了。信中说："我已经不喜欢你了。你是早已不喜欢我了的。这次的决心，我是经过一年半的长时间考虑的，彼时惟以小吉故，不欲增加你的困难。你不要来寻我，即或写信来，我亦是不看的了。"（《今生今世·永嘉佳日》）小吉是小劫的隐语，指的是胡兰成因汉奸罪遭民国政府通缉。这是胡兰成的抄录，据《小团圆》，信中还写有："我并不是为了你那些女人，而是因为跟你在一起永远不会有幸福。"为什么说造成分手的原因不是由于周训德和范秀美一干女人呢？原来后面还有一句："没有她们也会有别人，我不能与半个人类为敌。"听上去像气话，被张爱玲删去了。胡兰成自诩世上的女人都是他的妻，谁的主意都可以打，也自信可以搞到手，所以张爱玲说即便没有周训德和范秀美，你也会跟别人滥情，那可是一半的人类啊，如何敌得过？做你胡兰成的妻子永无宁日，这样的生活何谈幸福？哪来的安稳和静好？

这是张爱玲的离婚宣示。胡兰成说她有"理性的清洁"，如今用在他胡兰成身上，字字在理，生冷坚硬，不容商量，没有丝毫回转余地，人来了不见，信来了不看。

有一个因素不可不提，就是第三者介入。萧红的第三者是作家端木蕻良。端木是在萧红和萧军从战火中的上海撤退到武汉时出现的，之后跟他们一起到临汾，又伴随萧红转往西安。正是在萧军离开萧红的那两个星期，萧红成了端木的情人——尽管她还爱着萧军，而且这时她还是萧军的妻子，但彻底失望了，身心俱疲，匆忙中便抓住了身边的端木。这个男人与萧军正好相反，文气、内向、细腻，更重要的是欣赏萧红的作品崇拜萧红的才华。

张爱玲的第三者是电影导演桑弧。他是在张爱玲温州受挫而陷入感情危机时出现的。张爱玲做电影《不了情》的编剧，桑弧负责导演，两人由工作关系发展成情人关系，自然而然顺理成章。如果说萧红与端木蕻良的结合像是小说情节中的偶发事件，那么张爱玲与桑弧的结合则是合乎逻辑的结果。桑弧身材细高，与张爱玲属于同一类型，看上去比张爱玲与胡兰成站在一起要协调，胡兰成身材矮小，比张爱玲低一些。

别说，端木与桑弧还真有点像，两人都是英俊小生，都洋溢着艺术气质，都是不够成熟的大男孩。这样的人是担当不了大任的，作用当然也就有限，充其量是加速了现存婚姻的死亡。萧红以及张爱玲的婚姻的解体，不是因为第三者，主要责任在她们各自丈夫身上。

萧红与张爱玲是一心一意追求“执子之手，与子偕老”的。张爱玲自传体小说名《小团圆》，萧红的《呼兰河传》中有个“小团圆”媳妇。“小团圆”媳妇有确定含义，是东北地区对童养媳的称谓，但我们不妨从字面感受。团圆始终是传统文化的大众梦，戏剧、小说、诗词、民歌、传说，无一不贯彻着团圆精神。剧中人历经波折，最终团聚，皆大欢喜，谓之大团圆。大，表示程度，大悲大喜，大起大落；亦表示范围，合家欢乐，可以是一家，也可以是几家。小团圆当然也是团圆，但没有那么强烈的悲欢离合，也不涉及众人，在张爱玲那里，仅两个人而已，她与胡兰成。“小团圆”媳妇的小团圆，表达也是这一点，媳妇一词限定的是夫妻之间。《小团圆》的结尾便是张爱玲的一个梦，蓝天阳光下，山间木屋前，两个冤家相逢，胡兰成还是那样，老风流，见面就动手动脚。

小团圆，不敢有过高要求——但生活还是没有给予她们。

父：都摊上了一个专制粗暴的父亲／

都说女儿是父亲的前世情人，这个定位揭示了父女关系的复杂性，所谓爱恨情仇。如果说这对一般人有夸张之嫌，那么用在萧红和张爱玲身上再恰当不过了。

萧红的父亲叫张廷举，师范毕业，从教师做到县教育局局长，家里还有田产和商铺，属于典型的乡绅。中国自古实行双层治理结构，政府直接管辖只到县一级，乡村实行地方自治，主导的就是乡绅，同时他也是家族的族长、家庭的家长。萧红眼中父亲很不称职，不是好乡绅，也不是好家长，更不是好父亲。所有不好，都因为一点，即“失掉了人性”（《永远的憧憬和追求》），缺乏起码的同情心。

他毒打长工有二伯，出手极重，声音听上去像是用棒槌捣衣裳。有二伯被打倒在地，爬起来又被打倒，最后爬不起来了，谁也不敢过去，鸡、狗都躲得远远的，只有两只鸭子围着啄食地上的血。赶大车的住户欠交房租，他连马带车一并收走。一家老小跪地哀求，祖父看不过，把两匹马送回，父亲跟祖父吵了一夜。祖父说：两匹马对咱算不了什么，可对穷人就是命根子。话说到这份上，父亲仍旧不依不饶。

对自己的亲生女儿同样冷酷无情。萧红记忆中父亲就没有过好脸色。偶尔打碎一只杯子，便招来一顿痛骂，骂到使人发抖的程度；从他身边经过，只觉得一双眼睛高高地斜视着，冷傲的目光从鼻梁经过嘴角流下来，令人浑身上下针刺一般不自在。他也动手，也很重，一下子就把女儿打趴下。后园的酱缸上遮着草帽形缸盖，下雨了，萧红把缸盖顶在头上挪蹭进屋，刚开口说话，便被一脚踢翻，骨碌碌朝灶口火堆滚去。原来是祖母死了，大人们正忙着。如果说这次打人还情有可原的话，那么后来的动手就属于维护父权了。他骂女儿不要脸，姑娘已经大了，知道要面子了，辩道我怎么不要脸？父亲勃然大怒，一巴掌过去，萧红应声而倒。从这天起，父亲加倍张扬自己的权威，老远就发出威严的咳嗽声，无端地制造紧张气氛。

最让萧红接受不了的是中断她的学业。女儿该升中学了，父亲的脸拉下来，一天到晚都阴着。女儿问他，他两眼一瞪，在地板上转两圈，半分钟后才开口：上什么学，在家念吧。萧红急病了，祖父出面说情，告诉父亲这样下去孩子要病坏的。得到的还是那句话：上什么学，有病在家养着吧。往后只要有人劝，他转身便走，多一句话都没有。“父亲在我眼里变成一只没有一点热气的鱼类，或者别的不具有情感的动物。”（《镀金的学说》）他自己师范出身，当过教师，又管着教育，对女儿上学竟然采取这种态度，实在令人费解，莫非跟女儿有仇？

哈尔滨时期，一群进步青年时常聚在一起讨论，只要谈到父亲，萧红便激动起来，控诉他的种种无情无义，自称是叛逆女性。她的叛逆是从反抗父亲起步的，“过去的十年我是和父亲打斗着生活。在这期间我觉得人是残酷的东西”（《祖父死了的时候》）。让萧红认识到人性阴暗面的第一人竟然是生身父亲，这是多么悲哀的经历。

张爱玲的父亲叫张廷重，与萧父张廷举只差一个字，听名字像是兄弟。在对待女儿态度上，两位父亲的确相似。也是为了学习，张爱玲开口要学费，也是许久得不到回答，父亲和继母躺在烟榻上抽大烟，女儿站在一旁等着，担忧、无助、屈辱、失望、悲凉，五味杂陈。这段经历对她的刺激太大了，以至于后来一再提起，写进散文和小说。在上学这件事上，张爱玲比萧红好一些，只是学费有点纠结，并没有中断学业，也不必像萧红那样为了上学而出走。

但在承受家暴的程度上，张爱玲远远超过萧红。那顿毒打，我们前面描述过，被牢牢揪住头发拳打脚踢，失去理智的父亲竟吼叫着不打死女儿决不罢休，甚至真的要拿手枪打死她。这里强调两个情况，一个是这时张爱玲已经16岁，几乎成年了。一个是后续折磨，被关进黑屋子几个星期，恰逢日军进攻上海，不时听见炸弹爆炸声，接着又染上痢疾，无医无药，足足过了半年地狱般的日子，肉体和精神的双重折磨根本无法用语言表达。

精神上的折磨相当程度上来自感情上的落差。父女俩曾经一度很亲。那是在父母离婚后，女儿随父亲生活，俨然做了家里的小女主人。父亲没事的时候便跟她聊家长里短，带她坐汽车兜风，一起去糕饼店挑选各自喜爱的面包蛋糕。那天高兴，拿过女儿的团扇在上面题字，称她为“孟媛”。孟，子女排行之首；媛，女中之优秀者。张爱玲是老大，故称孟，父亲眼中的女儿不一般，故称媛。张爱玲非常喜欢这个荡漾着女性气息的名字，认为比“恶俗不堪”的张爱玲三个字好得太多。女儿确实配得上“媛”，13岁便创作章回体小说《摩登红楼梦》，完全是鸳鸯蝴蝶派风格。父亲读过，不由技痒，给每章拟名，共五章五名，如第一章“沧桑变幻宝黛住层楼，鸡犬升仙贾琏膺景命”。回过头来看，张爱玲说这几个拟名“颇为像样”。文化根底是一个方面，重要的是上心——他爱他这唯一的女儿。

风云突变，父亲要结婚了。在夏夜公寓的阳台上，姑姑把这个消息告诉了侄女，张爱玲哭了，知道好日子到头了。无论如何也不能让这个女人进门，要是在眼前，她就一把将她推下去，一了百了。她当然阻挡不了，于是便有了一个继母。张爱玲的预感完全正确，父亲对女儿施暴，挑事的就是她。

父亲是女儿生命中的第一个男人，父女之间的爱与生俱来，却也容易转化成恨。这在萧红和张爱玲身上看得清清楚楚。她们都摊上了不称职的父亲，最后恩断义绝，形同仇人，永世不再相见。

你可以不认父亲，但无法也不可能抹去对父爱的需求。

失去了的父爱一定要找补回来。从哪儿找补呢？从所爱的人那里。于是我们常常发现，女性的意中人或崇敬者身上总是闪动着父亲的影子。

看看萧军就明白了，复制了太多的张廷举，统治欲旺盛，自尊心畸强，狂妄自大，脾气暴躁，虽是文人却喜欢动粗，时不时整个家暴什么的。萧红呢，能忍则忍，忍不了就像做女儿时那样出走。正如她与父亲是“打斗着生活”的，跟萧军共同生活的6年也是打斗着过来的。这也是在萧军照看下的6年，大主意都是丈夫拿，朋友圈也是他建立的，所以当萧红离开萧军选择端木蕻良时，没有一个朋友站出来说话。萧红依赖丈夫，唯其马首是瞻，只要萧军在场，从不主动发言，一旦他离开，立即换了个人似的，议论风生，妙语连珠。萧红最后还是认同萧军，临终前坚信要是他知道自己身陷困境，会像当年那样救她出去，萧红把成名作《生死场》的版税赠送萧军，而没有留给端木蕻良任何东西。意识里萧军是萧红的终身丈夫，就像父亲一般摆脱不掉。

如果说萧军作为丈夫体现的是萧红父亲的现实面，那么鲁迅先生作为尊长则寄托着萧红理想的父爱。

萧红对鲁迅的感情极深，所有关于鲁迅的回忆性文章数萧红的最诚挚最细致最生动，那完全是一个女儿对无比亲切无比熟悉无比敬仰的父亲的写真。

萧红拿鲁迅住宅当自己的家。为了方便，萧红迁至附近，晚饭后一定去鲁宅，风雨无阻，从不间断。见是萧红，鲁迅说好久不见。萧红想自己每天都来啊，哪来的好久不见？这时先生才笑起来，原来是开玩笑。

鲁迅发现萧红瘦了，说这样瘦是不成的，要多吃点。萧红穿了身新装，问好看吗？先生从上往下看了一眼，答不大漂亮。萧红有约，许广平挑了条桃红色发带比划着说多么漂亮，鲁迅看一眼，满脸严肃地说不要这样装饰她。口吻随便而认真，完全是父亲式的。

鲁迅的衣食住行乃至日常生活以及工作中的点点滴滴，萧红记述甚详。比如饮，这样说：除了喝清茶再无其他，所以咖啡、可可、牛奶、汽水之类家里都不预备。酒吃一点，中国酒，多半是花雕，不多吃，吃半小碗或一碗。写他工作，这般场景：晚间全家歇息了，窗外也安静了，先生坐到书桌旁在那盏绿色的台灯下开始写文章。鸡鸣了，他还坐着，街上的汽车嘟嘟叫起来，他也还坐着。天光蒙蒙，映出灰黑色的背影。人们都起来了，他才睡下。这样的描摹绝非一般人能完成，相信萧红下笔时心中一定满怀女儿的关切和情义。

病床上的萧红知道自己时日不多，乡愁阵阵袭来，说“我要回到家乡去”。东北早已沦陷，内地战火连绵，天遥路远，云水茫茫，回不去了。最后她的思绪飞向上海的万国公墓，鲁迅先生安息之处，那里也是她希望的归宿地，长眠于这个情感上精神上的父亲墓旁，她才踏实。

张爱玲的两任丈夫都是父亲式的。

对于择偶张爱玲始终提倡一个标准，就是男方年龄至少比女方大10岁。她也是这样去做的，胡兰成年长15岁，赖雅年长30岁，她欣赏有阅历而经验丰富的男人。这一点桑弧早就留意了，说张爱玲喜欢老男人——自己年长5岁，显然不够老，因此总是感到对方有所保留。

张爱玲认为妻子依赖丈夫是天经地义，尽可以大大方方地吃他的喝他的用他的花他的。这与女性的独立并不相悖，前者属于权力，后者属于地位，各有各的说头。所以她从胡兰成手中拿到一点钱，高兴得不得了，立即做了件皮袄，还跑到影楼拍照留念。听到妻子要偿还母亲的养育费，胡兰成帮助筹款，张爱玲有些犹豫，但最终还是接受了。妻子依赖丈夫，其实是女儿依赖父亲的延续，似乎有着顺理成章的逻辑在里面。这种依赖性当然不仅仅限于日常开销，还反映在干涉度上，比如对丈夫花心的大尺度容忍，如果换到父亲身上，做女儿的能怎么样？还不是即便不高兴也得由他去。

张爱玲对丈夫在不少方面也表现得像个女儿。这点赖雅的感受非常明显，他瘫痪了，妻子给他按摩，一天数次，从不厌烦，老先生在日记中特别强调，说她“带着对父亲的仰慕”。

其实张爱玲意识深处始终系着恋父的死结。父亲叫女儿给他剪手指甲，她发现他的手指细长而头方，跟自己的一模一样，不由心中震动。父亲的房间杂乱无序，到处是随手丢下的小报，以至于她独自生活后大叠的小报仍旧给她一种回家的感觉。爱屋及乌，即便是父亲吐出的鸦片烟雾也不一般，与阳光混在一起浮动飘荡，使她记忆中父亲的房间永远是下午，在那里坐久了便觉得沉下去，沉下去，整个人都消解了。她手中有一本萧伯纳的书，上面写着父亲的英文题识，长长一串，对于这类习惯她一向反感，但因为是父亲的，便很是喜爱，似乎嗅到了春日迟暮的气息。她曾经在多伦多街头发现了一种香肠面包卷，想起昔日父亲带她去饼屋，她挑的是蛋糕，而父亲总是要香肠卷，于是一口气买了四只，权当吃父亲的。

张爱玲把自己的体验写进小说，并进行充分想象和发挥，如《心经》《多少恨》。特别是《心经》，完全以恋父为主题和主线，而且已经不是暗恋了，而是明恋；而且已经不是女儿的单向追求了，同时还是父亲对女儿的主动接受，描写之大胆在此类小说中实属罕见。可以肯定，这里一定包含着张爱玲的性幻想，出于对父爱的渴望、对母亲的疏离以及对继母的嫉恨，她是真想通过父女恋把父亲争夺回来。

胡兰成就是以父亲的姿态进入张爱玲生活的。两人第一次见面，胡兰成滔滔不绝刹不住，突然问张爱玲每月的稿酬收入有多少？头次相见便问收入是失礼的，对方又是小姐，更是失礼。不想张爱玲竟老老实实回答了。长谈 5 个小时后张爱玲告辞，胡兰成相送，并肩走在街巷，发现张爱玲比自己还高，便说：你身材这样高，怎么可以？张爱玲很是诧异，初识男子竟如此随便说话。眼见要起反感了，不想一下子便释然了，双方立即拉近许多。胡兰成眼中的张爱玲像个不成熟的女学生，第二天胡兰成去张爱玲家，发现吃睡工作都在一间屋子里，便笑道你还是过的学生生活。这话说得也过头，口气太亲近，张爱玲报以的只是微笑。

对于胡兰成的种种失礼张爱玲为什么不仅能够容忍，而且还心生好感？就因为对方的表现太像父亲了，而这恰恰是自己所需要的。于是张爱玲接受了胡兰成，使他领到了继续深入发展关系的门票。

从萧红和张爱玲对父爱的追求上，我们看到了她们柔软的一面。对父亲一肚子怨言不假，甚至说结仇也不为过，但意识深处仍旧深埋着对父亲的爱，那是一种血亲结成的真情以及赋予生命的恩典，足以化解一切——相信某个时刻，她们心头一定痛过，眼里瞬间涌满泪水。

母：都跟母亲不和／

萧红的母亲叫姜玉兰，听名字就知道来自农村，她确实是乡绅的女儿。从照片上看，有几分男性化，属于那种健硕泼辣、心直口快的女性。

这样的女性往往容易相处，然而女儿对她却不亲。

童年的萧红比男孩子还淘气，似乎就没有正经八百地走过路，攀墙、上房、爬树，有门不进，非得抱住墙边的树往下溜。听动静就知道是女儿，母亲便朝窗外骂道：小死鬼，还敢回来——母亲经常这么称呼女儿，似乎那是她的另一个名字。也有被堵在树上的时候，母亲够不着，便拾起地上的石子投去，打在身上虽然只是一个点，却像小钻子似的刺得全身生疼，可见出手的力道不小。要不就操起烧火的叉子乱捅，那可是铁制的啊，把胳臂上的皮都扎破了。萧红只好往高了爬，母亲威胁要拿更长的木杆对付她，可杆子也够不着。母亲没辙了，气得围着树转圈子骂人：你这小贴树皮，你这小妖精，我还真就治不了你了……太阳落了，天暗了，野猫在墙头蹿来蹿去，小萧红一个人蹲树上，恐惧、孤独阵阵袭来。

萧红也帮母亲做事。母亲出去串门儿前对镜梳妆，喊回萧红，把小妹妹往她怀里一放。小妹妹很重，萧红十分吃力，汗刷刷地往下淌。

母亲的下颚尖尖的，伸出骨节暴突的手指，扯下一条很肥的鸡腿送到嘴边，撕着，咬着，露出一口白牙。萧红突然害怕起母亲来。

跟父亲一样，母亲的心也很硬。有二伯叫门，没人搭理。萧红要去开门，被母亲一把按住，说：让他外头站会儿。有二伯叫道：没人吗？母亲答：人倒是有，不是侍候你的。外面开始打门。就听母亲说：骨头硬，就别吃人家的饭，讨饭吃，还嫌酸。有二伯只好翻墙进来，那么大年纪了，“咚”的一声，脚步极重，走过的地面印下一个个泥窝窝。母亲骂道：这死鬼，咋还不死。

张爱玲的母亲叫黄素琼，名字很文气，其实出自武人之家。祖父是湘军悍将黄翼升，官至长江水师统领，相当于今天的舰队司令，因军功封男爵。父亲是独子，袭爵位，曾任广西盐道，极肥的差事，可惜到任不足一年便去世，死后女儿才出生。兴许是没有父亲的缘故，再加上尚武进取的家族遗传，黄素琼打小就养成了强劲健朗的个性，这一点上与萧红母亲一样，很是男性化。她生得相当漂亮，散发着一种异域女人的独特风情，经历更是不凡，属于较早出洋留学的女子，而且去的是浪漫之域法国，与徐悲鸿等同道，后转往现代化发源地英国。黄素琼这名字虽然不俗，但终嫌老旧，便给自己改名黄逸梵，跟她的相貌气质一样的洋气十足。

与萧红一样，张爱玲对母亲也没有亲近感。她不如萧红，萧红怎么着也叫过妈妈，她却从没喊过这两个字。张家长房没有子女，便把张爱玲过继给伯父，她只能管自己的父母叫二叔二婶，却管伯父伯母叫大爷大妈。

母亲在女儿3岁时离家出国，回来时已经7岁，10岁时母亲再次出国，之后来来去去，行色匆匆。即便回国期间，也是各忙各的，母女相处时间很少，即便在一起，也没有多少交流，总是隔着什么。女儿心目里，似乎就没有母亲这个人。母亲对女儿也不上心，被张爱玲定性为“恶俗不堪”的这三个字就是母亲起的。母亲送女儿入学，得有个学名，临时想了一阵儿，道：暂且把英文名字胡乱译两个字罢，于是从此女儿便被称为爱玲。比比她自己的名字逸梵，爱玲的确没特点。

母亲的手与萧母差不多，张爱玲牵着像一把细竹管硌得慌。母亲有些敌视女儿，似乎认为她来到世上就是专门跟自己捣乱破坏的。张爱玲逃出父亲家跟母亲同住，染上伤寒，临时住在客厅。原本母亲是打算请人来喝茶的，只好取消约会。母亲非常生气，突然出现在女儿床边，说：反正你活着就是害人，像你这样只能让你自生自灭。母亲对张爱玲缺乏信心，曾经花费心思研究过一番，认定她应对不了曲折坎坷的人生道路，后悔那时过多地看护伤寒症中的女儿，说：我宁愿看你死，不愿看你活着使你自己处处经受痛苦。这话造成了强烈的心理暗示，使得张爱玲总是觉得生活很是糟糕很是麻烦，处处跟自己寻别扭，无法摆脱无处不在的“咬啮性的小烦恼”，于是便说了那句著名的话：“生命是一袭华美的袍，爬满了蚤子。”（《天才梦》）

跳蚤不单是象征也是生活现实，她对小虫子特别敏感，所以总是被蟑螂、蚂蚁、跳蚤之类包围着，最后终于演变成“虫患”，使她深陷“啮蚀身心的恐惧”中，几乎时刻手持装满了杀虫剂的喷射筒四处扫荡，但身上还是瘙痒难耐，只好避而走之，不停地搬家，张爱玲谓之“人虫大战”。折腾了两三年，一个偶然机会才澄清真凶，制造“咬啮”的不是什么跳蚤之类的虫子，而是皮肤病！当然还有潜伏更深的心理因素，它把极寻常的病症误导为放大为整个身心的啮蚀，而这实实在在地跟母亲的预言有关。

张爱玲在香港读大学期间，一位外籍教授因为她申请奖学金而没有通过，汇来 800 港元，作为教师个人发给学生的奖学金。钱被母亲收去，拿去打牌，输得精光。这件事发生后，张爱玲对母亲越发冷漠，尽量不去想她。

母亲后来定居英国，收养了一个华裔女孩儿做养女。她离开中国的最后时间是 1948 年，从此母女天各一方，再未相见。

如果说父亲在萧红和张爱玲那里形同仇人，那么母亲便形同路人。好一些，但相距更远。

萧红 9 岁上死了母亲，她像平日一样在后花园扑蝴蝶；而祖父去世，她却饮酒寻醉。也是 9 岁上，张爱玲的父母协议离婚，母亲离开家搬进公寓。子女面对这样的家庭剧变自然心情沉重，张爱玲有点特别，虽说也惆怅，却表示赞成，同时又感到挺新奇，跟家里出了个科学家似的很有些时尚感——科学家和离婚都属舶来品，是时代产物。后来张爱玲在一次谈话中曾说，父母离婚，小孩子并不像一般人想象的那么痛苦。这说的就是她的经验。

真是“少年不知愁滋味”，人生的拐点马上就跟来了，她们很快有了新母亲。萧红的继母很客气，不打她，喜欢骂人，也不直接骂，骂桌子骂椅子，句句落实在继女身上。这招挺绝，父亲态度大变，对女儿的精神和肉体的双重暴力就是从这时开始的。这倒不一定是继母喜欢看到的结果，但父亲的变化肯定跟她的到来有关。

张爱玲的继母也挺客气，还从娘家带来许多旧衣服给她穿，一件又一件永远穿不完。父亲见女儿衣服这么多，也就不再出钱买校服了。张爱玲只好穿着旧式长袍在那号称贵族化的教会女校里进进出出，很是扎眼。继母喜欢跟原配较劲儿，不自信，越发在意自己的权威。张爱玲看望母亲回来，继母质问为什么不跟她讲，回答是跟父亲说了。继母认为张爱玲小瞧自己，刷地打了她一个嘴巴，见对方想还手，便向张父求救，污蔑张爱玲打她，这才激得父亲出手，暴打张爱玲。继母事先一定做了充分铺垫，否则父亲不至于如此暴怒。

与需求父爱一样，需求母爱也是人的本能；正如失落的父爱能够以寄托的方式复活，错过的母爱也能够通过替身而再现。

萧红母亲的替身是鲁迅夫人许广平。萧红在追忆鲁迅的同时也记述了这位女性，同样的深情同样的崇敬。萧红笔下的许广平完全是一个普通主妇的形象，冬天穿一双自己做的大棉鞋，一直到二三月还在脚上；身上穿的是几年前的旧衣裳，洗得次数太多，纽扣都洗脱了，也磨破了。桌子上的茶壶蒙着蓝花棉罩子，是她亲手做的。她从早忙到晚，悉心照料家人，也包括天天过来的萧红。鲁迅住楼上，客厅、厨房在楼下，她楼上楼下两头跑。来了客人，她上街买鱼或买鸡，回来便下厨，菜食很丰富，都用大碗盛着，起码四五碗，多则七八碗。她一边陪客人说话一边手里打着毛线。每送一位客人，都要到门口，替客人把门打开，客人出去后轻轻关上门，再上楼去。如果鲁迅临时要寄一封信，她便换了皮鞋到邮局或者附近的信筒那里去，天上落着雨，她就打起伞来。“许先生是忙的，许先生的笑是愉快的，但是头发有一些是白了的。”（《回忆鲁迅先生》）

萧红躺在香港病床上的时候，期盼着能够返回内地，落脚处就是

许广平家。她这样嘱托骆宾基：你的责任是送我到上海，送我到许广平先生那里去。她是把许广平当作自己的母亲了，母亲绝不会不会将女儿拒之门外，所以她的口气格外肯定，不存丝毫犹豫。

张爱玲母亲的替身是她的姑姑张茂渊。姑姑与母亲一起留学，回来后便不走了，张爱玲父母离婚，姑姑跟前嫂嫂一起搬进公寓，合租一套房子。张爱玲投奔母亲，实际上是跟姑姑共同生活。母亲再度出国，张爱玲觉得没有什么变化，这里留有母亲的气息，具体的对象自然而然地转移到姑姑身上。姑姑说话常常直见性命，对张爱玲说：和你住在一起使人变得非常唠叨而且自大。因为这个女孩生活能力实在太低，在屋里走路都会把自己碰得青一块紫一块的，不得不反复叮嘱；虽然成年，却不敢跟人打交道，常常要姑姑出面应酬，雇车运载印书的纸张，侄女把钞票硬塞进姑姑手里，央求她去结账，这使得姑姑觉得自己很能干。跟胡兰成、桑弧谈恋爱，也总要与姑姑商量，请她帮着拿主意。

两个人一块儿过日子，从未发生过不愉快，比跟母亲在一起的时候还要协调。张爱玲打碎了客厅中桌面上的玻璃，虽然碰巧手头紧，还是按规矩马上赔了600块钱。偶尔姑姑失手打个茶杯，侄女总是很高兴地说：轮到姑姑砸了。

姑姑到老了才结婚，那年是1978年，她78岁。一向抠门的张爱玲曾给姑姑寄钱，请她与姑父去美国旅游。姑姑90岁高龄去世，张爱玲写信致哀。

母亲终归是母亲，再陌路也割不断。

萧红撰文《感情的碎片》。开篇就说近来眼泪常常充满眼睛，热的，使眼圈发烧，但一次也没有滚落下来。在镜子中看到这样的眼睛，便现出母亲去世时的情景。接着写道，虽说母亲并不十分爱我，但也总算是母亲。她病了3天，医生来来去去，一人拿起银针在母亲腿上刺一下，说血流则生，不流则亡。没有血，只有针孔形成的黑点。萧红哭了，扯住母亲的衣襟，母亲也哭了，说不怕，妈死不了。萧红走到一边，眼含泪水，却没有再流出来。文章说，眼泪是热的，然而却“是发炎的”。这是责备自己的病态，冷血。但那时是孩子，不能要求过高。文章最后回到当下，说“而今则不应该了”。再像孩子那样感情不到位，就说不过去了。萧红在忏悔。

张爱玲也没有忘记母亲，两个人保持着联系，尽管很松散。1956

年张爱玲与赖雅结婚，母亲寄来280美元送给男方认亲。来年母亲病重，想跟女儿见最后一面。张爱玲此时极其拮据，连买一张去伦敦的机票钱都凑不够，只能作罢。一个月后，传来母亲去世的消息。她留给女儿一些遗产，主要是古董。张爱玲非常难过，也自责，大病一场，两个月后才有勇气整理母亲的遗物。

母兮归来。

子：都是无奈的舍弃／

萧红生过两个孩子，第一个孩子我们在“存在与人性”一章中谈过，略去，这里看她的第二个孩子。

这个孩子是萧军的。两个人分手时萧红刚刚怀孕，1938 年 5 月与端木蕻良结婚时，孩子将近 4 个月。战火中流离辗转，萧红于当年 9 月份独自从重庆乘船来到四川江津的白沙坝。这是一个镇子，住着不少流徙到后方的文化人，其中有东北作家白朗、罗峰夫妇。萧红投奔的就是他们，为的是把这个孩子生下来。白朗把萧红安顿在自己租住的房子里。萧红一向对生产抱有极大负面情绪，这时性格大变，焦躁不安，动不动就发脾气，骂人摔东西，不光对白朗发火，对白朗的婆婆也口出不敬。白朗知道她心里苦，丈夫端木顾不上她，而孩子的父亲萧军又不知身在何处。2 个月后，萧红临产，被送进镇上的产科诊所。这是一家乡镇私人医疗机构，设备简陋，服务也不正规，再加上战时，状况更是糟糕。

萧红生产，母子平安。是男孩，又白又胖，脸圆圆的，跟萧军一样。白朗很尽心，天天跑诊所，一早一晚送两次饭。分娩时萧红有些发烧，第二天牙齿痛，问白朗要止痛片。白朗找到一些德国拜尔产的“加当片”，据说是强力镇痛药。隔日一早白朗去诊所，萧红告诉她孩子夜里抽风死了。白朗大惊，昨晚孩子还好好的，怎么说死就死了呢？随即又急又气，认为诊所失职，要找对方论理。萧红倒是很平静，死活拦着不让去。随即又提出一个要求，即日出院，理由是夜间诊所只有一个女护士值班，她害怕。这让白朗犯了愁，当地习俗视生产涉嫌血光之灾，房东那关肯定通不过。随着话题转移，孩子死亡的事也就岔过去了。

这是一个谜。孩子真的死了吗？如果死了的话，是怎么死的？有人怀疑是被萧红弄死的，可能是给他服用大量“加当片”，也可能是窒息。还有人说孩子没有死，如同萧红的第一个孩子，被她送了人。人们认为她之所以不要这个孩子，是为了干净利落地跟端木蕻良开始新的生活，也有人说是因为时事艰难，与其让孩子活受罪还不如及早结束他的生命。

孩子肯定死了。萧红临终前念念不忘的几件事中就有找回孩子一项，却不包括这个男孩，如果当时送了人，一定会有所提及。那么是怎么死的呢？多半是死于母亲之手，但一定不是为了端木蕻良，因为萧红对他评价甚低，并不真的爱他，不值当。

张爱玲怀过一个孩子，赖雅的，这年她 35 岁。她是奉子结婚，当时孩子已经 3 个月了。一个月后，如何处置孩子提上日程。赖雅迟疑地表示：生个小爱玲也好。张爱玲答：不！她的态度明朗而坚定，即使在最好的情形下，又有钱又有可靠的人带，也不要孩子，更何况他们目前财务状况很糟糕。

打胎之前她洗了个澡，躺在浴缸里，有一种苍白失血的女尸在水中沉浮的感觉，“女人总是要把命拼上去的”（《小团圆》），她想。干活的人来了，因为是私下行医，一副戒备的神气。用的是“药线”，与刮宫不一样。中国传统文艺中提到过这种打胎方法，张爱玲是知道的，很容易出危险，致人死命。但此刻她担心的倒不是自己，而是效果，便问打不下胎儿怎么办？那人临走时她又问了一遍。得到的回答是不会的，收了她 400 美元。

几个小时后，她肚子疼得翻江倒海。夜间上完厕所，起身一瞧，马桶里多了个东西，定睛细看，是胎儿，顿时惊恐起来。那东西有一尺长，笔直地站立着，一半在水里，一半在水上；淡橙色，就是刚刚刨过的木头的那种颜色；轮廓清晰，线条分明；一双环眼大得不合比例，两只眼睛突出；双臂紧贴身子，像是抿着的翅膀。

这个图形她曾经见到过。那是在十三四年前自己房间里，当时她跟胡兰成拥抱在一起。突然间瞧见门框上立着一只木雕的鸟，盯着她看。木鸟一尺来高，没有上漆，木料本色，雕刻原始而粗糙，似乎是先民祀奉的偶像。奇怪的是门与墙是平的，又没有门楣，而木鸟却是立体的，是怎么站上去的呢？更奇怪的是她背对着门，怎么能够看见背后的东西呢？

想到这里，她恐惧之极，扳动开关。本以为冲不下去，哗的一声，胎儿在旋转的水流中消失了。

与萧红一样，张爱玲也留下一个谜。相信她讲的是真的，从前的木鸟幻象与如今的胎儿神秘交错，构成一个象征。它的意义晦涩而杂乱，也许是预兆她与胡兰成关系的死亡，抑或暗示赖雅是胡兰成的替身，或者是别的什么。

萧红送走孩子除了一时的处境逼迫，背后还有更深层原因，就是她根本不喜欢孩子。

正如她认定生产是女人的刑罚一样，同时认定孩子是女人的累赘。小说《烦扰的一日》写的是一个女子实则萧红自己，帮朋友看孩子。还不到一个小时，她就烦了，实在缺乏耐性。离开的时候，“带着我的包袱，包袱中好像裹着一群麻烦的想头——妇女们有可厌的丈夫，可厌的孩子”。孩子是女人的包袱，这一认识构成了那一天中烦扰她的一个基本内容。去朋友家的路上他遇到一个跪在马路便道旁的老乞丐，喃喃地对天祈祷，回去时乞丐还跪在那里，仍旧祈祷着。她明白，乞丐祈求的不是钱，而是生命。这与女人的命运似乎存在着某种关联，女人永远别想摆脱掉孩子的烦扰。

作为女人的萧红同样背上了这个包袱。欠了一屁股债的汪恩甲躲了，把她丢在旅馆里被老板扣为人质，扬言卖给妓院抵债。她完全可以跑路，就像当初从父亲家逃离一样，但现在不行，因为她挺着个大肚子，走路都费劲，就别说跑路了。逃出旅馆后她和萧军借住熟人家里，肚子里的孩子折腾她，拿起杯子喝水，肚子一阵剧痛，杯子摔在地板上，引起房东老太太极度不满，赶她走，说这里不是旅馆。孩子生了下来，如何处置的难题摆在眼前，她左思右想，承受着内心的巨大的折磨，整整五天没有看婴儿一眼，任其躺在冰凉的板床上哭泣。终于做出了把孩子送人的决定，但心情仍旧不能平静，梦见孩子给人当丫鬟被活活打死了。抱养孩子的人来了，她非常矛盾，拉过被子蒙住头，泪如泉涌，但不送又不行，突然掀开被子，强作笑脸说：我舍得，小孩子没有用处，抱走吧。

对这个孩子她终身牵挂。第三次去北平，与作家舒群路过商店的童装橱窗，她站住不走了，说起她的女儿，如果现在还活着的话，快5岁了。临终前，她嘱咐守在旁边的骆宾基和端木蕻良，回到内地后一定要寻找她的女儿。说：但愿她在世界上很健康地活着，大约这时候，她有八九岁了，长得很高了。

是女人就有母爱。萧红曾写过她居住的院子里的两条母狗，她们同时产下小狗。其中的一条母狗吃掉了自己亲生的一只小狗，人们把其他的小狗抱到另一只母狗的窝里。那条母狗前来争夺自己的孩子，另一条不答应，拼命保护自己的孩子以及对方的孩子，打得不可开交。小狗长大了，那条母狗也过来跟小狗玩耍，亲热得很。它一样具有母爱，当初吃掉小狗一定有迫不得已的原因。

母爱好吗？伟大吗？对孩子是这样，对母亲就不是这样了，恰恰是母爱使女人背上了沉重的包袱，且行且难。

这也正是张爱玲的观点。她说：“普通一般提倡母爱的都是做儿子而不做母亲的男人，而女人，如果也标榜母爱的话，那是她自己明白她本身是不足重的，男人只尊敬她这一点，所以不得不加以夸张，浑身是母亲了。”（《谈跳舞》）歌颂母爱是男人的阴谋，是女人的最后资本，独立能干的女性不靠母爱活着。张爱玲不看好母爱，正如我们在“存在与人性”一章中引用过的她的说法那样，母爱是女人的自然性，为人与动物所共有，算不上是人类独具的道德创造，不是属人的而是属动物的。

与萧红一样，张爱玲也不喜欢孩子。她提醒人们，不要一味地生孩子，多多的生，生了又生，你以为你在从事播撒人类种子的伟大工作，错了，其实你播下的是“不幸的种子，仇恨的种子”（《造人》）！为什么这么说？首先，孩子的成长就是对你的剥夺。《半生缘》中的曼桢望着怀中的孩子，“孩子只是全心全力地吮吸着乳汁，好像恨不得把她这个人统统喝下去似的”。其次，孩子那一代将来是要否定父母这一代的。“小孩是从生命的泉源里分出来的一点新的力量，所以可敬，可怖。”（《造人》）再次，孩子最后是要清算父母的。你看看孩子的眼睛，“那么认真的眼睛，像末日审判的时候，天使的眼睛。凭空制造出这样一双眼睛，这样的有评判力的脑子，这样的身体，知道最细致的痛苦也知道快乐”（《造人》）。这样的眼睛足以把你一生的所作所为瞧得清清楚楚，用自己的观念进行最后评判。所以你在繁衍人类的同时，制造着自己的批判者。

张爱玲就清算过自己的父母，最绝情的做法是偿还母亲的养育费。她善于算经济账，不光跟丈夫胡兰成、闺蜜炎樱、姑姑张茂渊、合作伙伴杂志社老板，还包括生育她的母亲，算出用在自己身上的费用折合成黄金大约二两。见到刚从国外归来的母亲，张爱玲拿给她二两黄金，说：那时候您为我花了许多钱，我心里一直过意不去，这是还您的。话说得客气，可字字如刀，刀刀见血。母亲当即哭了，说：就算我做得不好，也是虎毒不食子，你怎么可以这样？终于没有收下。张爱玲回到自己房间，站在黄昏的天光里，心中有一种破釜沉舟的感觉，想的是反正自己将来也没有好下场。

所以她不要孩子，财务状况再好，条件再充分，环境再理想，也绝不要孩子。她相信将来孩子一定会像自己对待母亲那样对待她，“一定会对她坏，替她母亲报仇”（《小团圆》）。

如果说父亲在萧红和张爱玲那里形同仇人，母亲形同路人，那么孩子则形同敌人，让你永世不得安宁。

将儿女视为累赘，主张从生儿育女中解脱自己，寄希望于科学途径把妇女从自然义务中解放出来，是当代女权运动的一个内容。萧红与张爱玲的思想观念很前卫，可谓先行者。

六 童真·精致·真实

萧红与张爱玲是真正的创作者，不只贡献了别具一格的美文，为文艺园地锦上添花，更重要的是找到了最适合自己的新型文体和表现方法，从而为文艺园地增加花色品种。锦上添花只要杰出作家就可以做到，而增加花色品种非得伟大作家来承担不可。这不是才华的事，缺少思想观念的引领和支撑是绝对办不到的。我们看到，萧红与张爱玲的创作中始终贯穿着独立自由的精神，这才是她们得以占领文学高地的根本。

童真的云与精致的月

本色的萧红\

萧红的语言独一无二，极富特色，对此人们说了很多。如天真朴实，如温暖灵性，如新鲜、生疏、直率、自然，如平民化、乡土化、口语化，等等，如果用两个字来概括，可以谓之为本色。

萧红的语言是质朴的，有一种用孩子的眼睛去看，用孩子的心灵去感受，用孩子的嘴巴说出来的童真之趣。这不单是指以返“老”还童方式写作的文字，也包括“老者”当下的书面语言。

童真之趣往往出自第一反应。我们都知道，认识是一个主观与客观相结合的过程，反映不是照相，而是绘画，前者是原封不动地把客观事物的声光图像搬进来，后者则是把声光图像放在已有的认知体系中加以整理，反映同时也是整理。孩子的眼睛、心灵、嘴巴非常单纯，所以印象也非常单纯，没有多少主观加工色彩，这样的认识我们称之为第一反应。

七月十五鬼节，呼兰河上放河灯。“沿着河岸蹲满了人，可是从大街小巷往外出发的人仍是不绝，瞎子、瘸子都来看河灯（这里说错了，唯独瞎子是不来看河灯的），把街道跑得冒了烟了。”（《呼兰河传》）小孩子信口开河，说人那个多呀，连瞎子都来了，不会说摩肩接踵、黄尘蔽日这些文词，也不会说挤得鞋子掉了一地的俗语，就说街道冒了烟。街道怎么能冒烟，又不是烟囱，但在孩童看来就是冒烟。虽然不准确，但特别生动特别形象。

“天色从黄昏渐渐变得昏黑。小豆感到爷爷的模样也随着天可怕起来，像一只蹲着的老虎，像一个瞎话里的大魔鬼。”（《莲花池》）也是孩子话，爷爷带着孙子去盗墓，这是半夜三更的营生，鬼鬼祟祟的瘆人的慌，所以联想到鬼怪，这东西孙子没见过，只在胡编乱造的故事里听说过，谓之瞎话。

半大女子到江边洗衣服，“她把要洗的衣裳从提兜里取出来，摊在清清凉凉的透明的水里，江水冰凉地带着甜味舐着林姑娘的小黑手。她的衣裳鼓涨得鱼泡似的浮在她的手边”（《山下》）。女青年去白俄家，一条小狗扯她的衣襟。主人说“那是‘非洲狗’，看起来简直和袋鼠一样，毛皮稀疏得和一条脱了鳞的鱼相似。”（《访问》）少妇萧红在鲁迅家，“门外有一个水门汀的突出的小廊子，春天很温暖的抚摸着门口长垂着的帘子，有时帘子被风打得很高，飘扬的饱满的和大鱼泡似的。”（《回忆鲁迅先生》）这些都跟鱼有关系。哈尔滨时期，萧红养过鱼，剖开过鱼肚子，还在松花江里捞过鱼，对鱼的印象很深，脱了鳞的鱼、鱼泡（鱼鳔）都是第一反应，不光用在小姑娘那里，也用在女青年和少妇的感觉中。

童趣的质朴不分年龄大小。

上头引用的是短句，稍长些的描写也充满童趣。

“严冬一封锁了大地的时候，则大地满地裂着口。从南到北，从东到西，几尺长的，一丈长的，还有好几丈长的，它们毫无方向地，便随时随地，只要严冬一到，大地就裂开口了。严寒把大地冻裂了。”（《呼兰河传》）瞧瞧北方冬天孩子的手背，就知道萧红为什么这样说了。

晚上大家都睡下了，就有二伯一人不睡，絮絮叨叨，痛陈光荣史。“有的时候就来在院子里没头没尾的‘兔羔子、兔羔子’自己说着话。半夜三更的，鸡鸭猫狗都睡着了。唯独有二伯不睡……于是我做了一个梦，梦见了一个大白兔，那兔子的耳朵，和那磨房里的小驴的耳朵一般大。我听见有二伯说‘兔羔子’，我想到一个大白兔，我听到了磨房的梆子声，我想到了磨房里的小毛驴，于是梦见了白兔长了毛驴那么大的耳朵……第二天早晨一起来，我就跑去问有二伯，‘兔羔子’是不是就是大白兔？有二伯一听就生气了：‘你们家里没好东西，尽是些耗子，从上到下，都是良心长在肋条上，大人是大耗子，小孩是小耗子……’我不知道他说的是什么，我听了一会，没有听懂。”（《呼兰河传》）一个满腹委屈的碎嘴子长工形象经小孩子的耳朵和脑子一过，无比鲜明，虽然打扰大家睡觉，破坏静谧环境，而且还骂人，但一点也不惹人讨厌，听他絮叨不光长知识还能做个好梦。

换成大人，第一眼印象也常常是孩子般的质朴。黄河边，艄公们互相打趣：“‘这老头子打酒在酒店里睡了一觉啦……你看他那个才睡醒的样子……腿好像是给石头绊住啦……’‘不对。你说的不对，石头就挂在他的脚跟上。’”（《黄河》）这说法是从小孩子动作上来的，走路不老实，边走边踢石子，就说石头挂在脚跟上。萧红在给弟弟的信中说：“你们是可怕的一群在街上落叶似的被秋风卷着，寒冷来的时候，只有弯着腰，抱着膀，打着寒颤。肚里饿着的时候，我猜得到，你们彼此的乱跑，到处看看，谁有可吃的东西。”（《九一八致弟弟书》）这是上海街头东北流亡青年群体留给她的最初也是最深的印象。

童真又往往是主观的。上文说小孩子对外界的反映没有多少主观加工色彩，这里又说他们的认识主观性很强，这不是矛盾吗？其实认识一定是个主观加于客观的过程，孩童大人都是如此，区别只在于知识和经验等主观因素积累的多少，孩童积累不多，所以认识的主观加工色彩也比较弱。但仍旧是一个主观过程，在介入客观对象的意义上，孩子又超过了成人。他们把自己摆进对象里，下意识地认为是其中一员，大家彼此没有区别，一样的笑一样的哭一样的打闹，所以又说他们的认识富于主观性，把客观对象主观化了。

心理学家皮亚杰发现，孩童的认知受强大的自我中心本能支配。他们感官触及的世界从自己的存在开始并以此为中心，一切以自己的理解和感情为转移，很少也很难做到离开自我去客观的认识环境、对象以及各种关系。随着年龄增大，在共同知识和共同经验的消解下，自我中心主义日益削弱，认识的客观成分也才逐渐扩充。

由于孩童与他的世界混为一体，一切都活了。不是简单的拟人化，而是一体化，拟人化仍是两说，我是我，你是你，一体化则分不出你我，我就是你们中的一个，你们跟我一个样。

“小风开始荡漾田禾，夏天又来到人间，叶子上树了！假使树会开花，那么花也上树了！”（《生死场》）小萧红喜欢爬树，站在枝杈上比商铺的幌子还高，便说叶子上树，似乎叶子不是从枝丫上长出来的，而是从地上一片一片地爬上去的。觉得不过瘾，光有绿叶不成还得有红花，最好花儿也爬上来。这不是树（叶）的拟人，树就是萧红自己，不光跟动物一样会动，还跟人一样有缺憾有想象力。

“茄子青的青、紫的紫，溜明湛亮，又肥又胖。”（《后花园》）“墙外小溪畅引着，水声脆脆琊琊。”（《商市街》）“春天就要在头上飞，在心上过。”（《商市街》）茄子、天空、小溪、春天，个个欢畅，从里到外透着高兴劲儿。

也有负面情绪。有二伯偷拿东西，不想小萧红就在一边，立马傻了，“他的头顶站着无数很大的汗珠”（《家族以外的人》）。汗珠也是活的，抢了眉目表情的头牌，不光多、大，还有模有样，赫然而立，一颗颗站在人的脑门子上。害怕、羞愧、着急，都有了。“弯月相同弯刀刺上林端。”（《生死场》）月亮会变，本来挺可爱的美眉般的弯月如今现身成一把弯刀，杀气腾腾，人就是林木，等着宰割吧。下面这个更惨。“两棵立在门前的大树，光着身子在嚎叫已失去的它的生命。”（《夜风》）寒冬的大树掉光了叶子，赤身裸体，就像是土匪抢掠和地主压榨下的农民那样一贫如洗，啥都没有了，只剩下了寒风扫过时发出的悲声。

这种主观表现当然也不止于孩童，成人那里也是一样的。萧红回忆往事，谈到假扮为商人的冯雪峰从苏区前来联络鲁迅，说“那位商人先生也能喝酒，酒瓶就站在他的旁边”（《回忆鲁迅先生》）。酒瓶会摆姿势，挺身而立，不光表示客人酒量大、酒品好，还能够从中看到主人的敬意，赞他有骨气，是条汉子。这个“站”字还用过：“鲁迅先生的书桌整整齐齐的，写好的文章压在书下边，毛笔在烧瓷的小龟背上站着。一双拖鞋停在床下，鲁迅先生在枕头上边睡着了。”（《回忆鲁迅先生》）龟背上有几个洞，笔插在洞里，不说插，说站。笔是鲁迅的工具，笔下走风雷，神器也，所以是自己站上去，顶天立地。

还有描写。

“天是晴的，耀眼的，空气发散着从野草里边蒸腾出来的甜味。地平线的四边都是绿色，绿得那么新鲜，翠绿，湛绿，油亮亮的绿。地平线边沿上的绿，绿得冒烟了，绿得是那边下着小雨似的。而近处，就在半里路之内，都绿得全像玻璃。”（《莲花池》）上文也有冒烟，说的是人们赶着去看河灯，“把街道跑得冒了烟了”，是孩子对道路的感觉；这里不同，是自己冒烟，不是谁的感觉，是自主行为。

“那磨房的窗子上，也就爬满了那顶会爬蔓子的黄瓜了。黄瓜的小细蔓，细得像银丝似的，太阳一来了的时候，那小细蔓闪眼湛亮，那蔓梢干净得好像用黄蜡抽成的丝子，一棵黄瓜秧上伸出来无数的这样的丝子。丝蔓的尖顶每棵都是掉转头来向回卷曲着，好像是说它们虽然勇敢，大树，野草，墙头，窗棂，到处的乱爬，但到底它们也怀着恐惧的心理。太阳一出来了，那些在夜里冷清清的丝蔓，一变而为温暖了。于是它们向前发展的速率更快了，好像眼看着那丝蔓就长了，就向前跑去了。因为种在磨房窗根下的黄瓜秧，一天爬上了窗台，两天爬上了窗棂，等到第三天就在窗棂上开花了。再过几天，一不留心，那黄瓜梗经过了磨房的窗子，爬上房顶去了。后来那黄瓜秧就像它们彼此招呼着似的，成群结队地就都一齐把那磨房的窗给蒙住了。从此那磨房里边的磨倌就见不着天日了。磨房就有一张窗子，而今被黄瓜掩遮得风雨不透。从此那磨房里黑沉沉的，园里，园外，分成两个世界了。”（《呼兰河传》）说的是黄瓜，没提萧红自己一个字，但她并不缺位，就在其中，是黄瓜的魂，后花园里的精灵。所以她知道黄瓜的心理，想往前走又有点胆怯，丝蔓虽然前伸，顶端却往回曲卷。

从阶段分，认识是一个感性上升到理性的过程，对事物的每一次具体认识是这样，人整个一生的认识发展也是这样。孩童的理性很弱，喜欢感性地去体验世界，随着年龄的增长越来越理性，渐渐习惯于通过概念、逻辑去认识世界。由此可以这样说，孩童的感受是图像的，成人的认识是数理的。萧红的语言具有很强的画面感。

先看短句。

“月亮完全沉没下去，只有天西最后的一颗星还在挂着。”

（《桥》）“下雨天，那树叶滴滴嗒嗒地往下滴着水，尤其是夜深人静的时候，那从树上滴下来的水滴似乎个个都有小碟那么大，打在地上啪嗒啪嗒的。”（《马伯乐》）一幅静谧的水彩画。“电车不住的响着铃子，冒着绿火，半面月亮升起在西天。”（《商市街》）虽然铃声叮当，仍然是沉寂的画面。

“只有一对红公鸡在鸡架上蹲着，或是在房前寻食小虫或米粒，那火红的鸡冠子迎着太阳向左摆一下，向右荡一下，而后闭着眼睛用一只腿站在房前或柴堆上，那实在是一对小红鹤。”（《旷野的呼唤》）中国花鸟画常见的景致。

“粉房的门前搭了几丈高的架子，亮晶晶的白粉，好像瀑布似的挂在上边。”（《呼兰河传》）已经是油画风格。“悲壮的黄土层茫茫地顺着黄河的北岸延展下去，河水在辽远的转弯的地方完全是银白色，而在近处，它们则扭绞着旋卷着和鱼鳞一样。”（《黄河》）“水流和绳子似的在撑篙之间扭绞着。”（《黄河》）描写的是布满深沟大壑的黄土高原上的黄河，流的不是水，而是翻滚的泥浆。还是油画，但更强烈，凝重迟滞，非得用梵高的色彩和笔触来表现不可，还得配上画外音，那是千百万人的齐声呐喊。

时间很抽象，但萧红有办法让你看得见摸得着。“夜里很早他就睡下，早晨又起得很晚。牵牛花的影子，被太阳一个一个的印在纸窗上。”（《王四的故事》）这是夏日的北房，应该是八九点钟的样子，就是人们常说的太阳都晒屁股了。“黄昏一过去，陈公公变成一个长拖拖的影子，好像一个黑色的长柱支持着房檐。”（《旷野的呼唤》）这时候的影子最长，再下去就消失了，进入夜晚。

人脸是最生动的画面，很难或者说根本无法用文字表现出来，因为文字哪怕汉语也是抽象的东西。但文字也有自己的优势，可以抓住某些方面集中展示本质。萧红善于捕捉特点，以突出某个部位使笔下的人物更加鲜明。“她的面孔有点像王婆，腮骨很高，眼睛和琉璃一般深嵌在好像小洞似的眼眶里。并且也和王婆一样，眉峰是突出的。”（《生死场》）王婆是具有反抗精神的农妇，这副相貌确实有性格，不是好欺负的。“他的红的近乎赭色的脸像是用泥土塑成的，又像是在窑里边被烧炼过，显着结实，坚硬。阎胡子像是已经变成了陶器。”（《黄河》）阎胡子是黄河老艄公，艺术作品中常常作为民族脊梁而出场的形象。“他脸上的筋肉好像棕色的浮雕，经过了陶器地创作那么坚硬，那么没有变动。”（《黄河》）说的还是阎胡子，突出面目的硬朗，表现出抗战背景下不屈不挠的精神和战斗到底的意志。

接着看描写。

“窗口照进来的夕阳从白色变成了黄色，再变成金黄，而后简直就是金红的了。爷爷的头并不在这阳光里，只是两只手伸进阳光里去。并且在红澄澄的红得像混着金粉似的光辉里把他的两手翻洗着。太阳一刻一刻地沉下去了，那块红光的墙壁上拉长了，拉歪了。爷爷的手的黑影也随着长了，歪了，慢慢的不成形了，那怪样子的手指长得比手掌还要长了好几倍，爷爷的手指有一尺多长了。”（《莲花池》）让人联想起小时候墙壁上大人的手影，扇动翅膀的鸽子，张着大嘴巴的狼。还有露天电影开始前，幕布上来回晃动的手掌和左摇右摆的人头。当然没有萧红写的这么美这么富于诗情画意，阳光就有四种颜色，依次变深，最后定格在混着金粉的红澄澄中。

小萧红溜进粮房偷吃的，正要得手，突然“听到板仓里好像有耗子，也或者墙里面有耗子……总之，我是听到了一点响动……过了一会竟有了喘气的声音，我想不会是黄鼠狼子？我有点害怕，就故意用手拍着板仓，拍了两下，听听就什么也没有了……可是很快又有什么东西在喘气……咝咝的……好像肺管里面起着泡沫。这次我有点暴躁：‘去！什么东西’……有二伯的胸部和他红色的脖子从板仓伸出来一段……当时，我疑心我也许是在看着木偶戏！但那顶窗透进来的太阳证明给我，被那金红色液体的东西染着的正是有二伯尖长的突出的鼻子……他的胸膛在白色的单衫下面不能够再压制得住，好像小波浪似的在雨点里面任意的跳着。他一点声音也没有作，只是站着，站着……他完全和一只受惊的公羊那般愚傻”（《家族以外的人》）。是的，这就是一出木偶戏。有二伯也是来偷的，先小萧红一步。他站在高处，往下蹭，所以最先露出的是胸部，然后是脖子，终于现出真面目，鼻子最高，一下子就进入小萧红的眼帘，没错，那是有二伯的鼻子。他吓坏了，尖尖的鼻子上满满的汗，以至于照在上面的阳光都湿淋淋的。

萧红的文字孩子般活泼，充满动感。

我们看两个字。

一个是“走”。“房脊上的正梁一天一天的往北走。”（《呼兰河传》）

房子破败，大梁歪斜，这里不说歪也不说斜，那是静态的，而说走，险情还在继续，似乎眼见着大梁在移动，像蜗牛，慢慢地一点一点地挪。“阴湿的气息在田间到处撩走。”（《生死场》）眼下有个词叫“撩妹”，湿气也在撩，撩草撩树撩庄稼，边走边撩，一路风流。“他忘记了那杯酒是不想喝的也就走下喉咙去了。”（《黄河》）酒是液体，应该说流，萧红不，说走，就跟现在酒桌上人们端起酒盅说“走一个”，豪爽中带些痞气，过把江湖瘾。

一个是“流”。“她的胳臂在动作的时候，那披肩的一个角部要从肩上流了下来”（《访问》）。披肩是布做的，又不是液体，怎么能流呢？应该是垂才对。比一比，还是流好，因为是正在发生的事，垂缺少现场感。“他揉一揉手骨节，嘴角上流下笑来。”（《家族以外的人》）说的是有二伯，做了个梦，开心。笑是表情，对应的词是现，但不如流得表现力那么强，笑得太多，脸都装不下，一个劲儿地往下流。“我面向着菜园坐在门槛上，从门道流出来的黄色的灯光当中，砌着我圆圆的头部和肩膀。”（《家族以外的人》）灯光也不是液体，同样不能流动，应该是照过来。但跟后面的句子连不上，照没法砌，流就行，水流可以切割大地，磨圆石头。

总之萧红喜欢也善于使用动态十足的词，以强化效果。当然不只“走”和“流”，还有其他词。如：“早晨的红日扑着我们的头发，这样的红光使我感到欣快和寂寞。”（《初冬》）不说照说扑。“好像抛给狗吃的东西一样，他把半段玉米打在我的脚上。”（《家族以外的人》）不说扔说打。“全班的同学都在笑，把地板擦得很响……这样的怪读法，全课堂都笑得颤栗起来。”（《手》）不说踏说擦。“一上楼梯，就听到楼上明朗的鲁迅先生的笑声冲下楼梯来，原来有几个朋友在楼上也正谈得热闹。”（《回忆鲁迅先生》）不说传说冲。

有些地方尽管没有出现动态十足的词，句子却给人以强烈动感。“这船载的客人也实在太多了。夜里鼾声如雷，好像是载了一船青蛙似的，呱呱地响着。”（《马伯乐》）这里的响字很平常，起作用的不是它，是青蛙。“窗子一关起来，立刻满生了霜，过一刻玻璃片就流着眼泪了！起初是一条一条的，后来就大哭了！满脸是泪，好像在行人道上讨饭的母亲的脸。”（《商市街》）造成动感的也不是流，是泪。

萧红当然也描写静态，但常常加了动感在里面。

“高粱米粥，凝了一个明光光的大泡。饭勺子在上面触破了它，它还发出有弹性的触在猪皮冻上似的响声。”（《旷野的呼唤》）凝固了的粥是静止的，勺子触的动作以及发出的声音越发衬托出静。相似的还有这一句：有二伯“在碾盘上不但坐着，他后来就常常睡觉，他睡得就像完全没有了感觉似的，有一个花鸭子伸着脖颈啄着他的脚心，可是他没有醒，他还是把脚伸在原来的地方。碾盘在太阳下闪着光，他像是睡在圆镜子上边”（《家族以外的人》）。

相貌描写一般都是静态的，像影视镜头上的定格。但萧红能搞出静动结合，在定格的镜头后面，叠加一组浅色的动态镜头给予解说。

比如马伯乐。“据他的母亲说，他的嘴从小就往右偏。他的母亲说是小的时候吃奶吃的，母亲的左奶上生了一个疮，永远没有了奶了，所以马伯乐就单吃母亲的一个右奶。吃右奶的时候，恰巧就用右嘴角吸着，所以一直到今天，不知不觉的，有的时候就显露出了这个特性来了——往右边偏。说起这嘴往右边偏来，马伯乐真是无限的伤心，那就是他在中学读书的时候，同学们都说右倾。本来马伯乐是极左的，闹学潮的时候，他永远站在学生的一面，决不站在学校当局那一面去。游行，示威，反日运动的时候，他也绝对地站在中国人的立场上，没有站在日本人的立场上或是近乎日本人的立场上过。但不知怎的那右倾的名头，却总去不掉，马伯乐笑盈盈的嘴角刚往右一歪，同学们就嚷着，马伯乐右倾了。”（《马伯乐》）这老哥尊容不咋地，嘴线不正，右角偏斜。怎么来的？这就告诉你，吃奶时落下的。这得赖他妈，早不生晚不生偏偏他儿子吃奶时左奶上生出一个疮，只能使用右边的奶头。马伯乐起小就犯迷糊，又懒，不知道掉头调整，死抱着一个姿势不放，结果嘴角就歪了。嘴歪是静态描写，怎么歪的以及造成的苦恼是动态交代。

孩童最少束缚，不懂那么多规矩，也没有条条框框，自由自在。萧红常常随意挥洒，文字很有些自由风。

什么都能进文章。

五云嫂“一边啌啌地敲着槽子，一边嘮唠嘮唠地叫着猪”（《牛车上》）。村妇给猪喂食，手中的瓢一下一下地敲击食槽，嘴中呼叫，召唤不知在哪儿溜达的猪。“嘮唠嘮唠”就是喊猪回来的声音，这也能入文。“小肥猪每天又多加两把豆子，胖得那样你没看见，耳朵都挣挣起来了。”（《手》）挣挣，纯粹的村妇语言，换了别人，多半说竖起来，最多说支棱起来。马伯乐跟人说话，没完没了，太太在一边生气，心里说：“嘞嘞嘞嘞的，也不知嘞嘞些什么。”（《马伯乐》）妇道人家没见识，把男人交换政治观点贬低为“嘞嘞”。老娘们絮絮叨叨惹人烦，就叫嘞嘞，从未登过大雅之堂，今天终于现身了。

还是东北话得劲儿。萧红不嫌土，一股脑儿搬过来。土就土吧，我来自乡野，我怕谁。

“这时候在甲板上又有些人在骂着，在说着疙疸话。”（《马伯乐》）就一个话题没完没了地吵吵，形象地说都打了结了，就叫疙疸话。“哪家的孩子的身上没有个疤拉疖子的。”（《呼兰河传》）疤拉疖子，伤疤。“除了他自个儿跌的摔的不说，就说我用劈柴棒子打的也落了好几个疤。”（《呼兰河传》）劈柴棒子，用大斧子把树干劈成条形木块，坚硬而粗粝，拿这东西打人，下手够狠的。“邻居家的小鸡把色染在膀梢上，那她就染在脑门上。”（《呼兰河传》）膀梢，翅膀尖；脑门，额头。“经他这一喧惑，我说：‘爷爷，我不吃饭了，我要看团圆媳妇去’。”（《呼兰河传》）喧惑，文词叫煽动，俗语如今叫忽悠。“小‘电驴子’从马路秃秃的跑过，又是日本宪兵在巡逻吧！”（《商市街》）电驴子，摩托车。“这江转弯的地方黑虎虎的是两个山的夹缝。”（《山下》）黑虎虎以及前句的秃秃，是东北人爱说的形容词和副词。不用打听，一看上面这些词，就知道作者是哪儿的人。

洋气的句子咱也能写。萧红是洋学堂里出来的洋学生，又在白俄集聚地哈尔滨成长和生活过，读了不少新文化，当然能够熟练运用西式句子表达思想感情。

“东边高粱头上，太阳走在云后，那过于艳明，像红色的水晶，像红色的梦。”这是《生死场》中的话，这样的句式出现在通篇自然主义的残酷描写中很是刺眼。这一句也很洋：“玉蜀黍的缨子刚刚才茁芽，就各色不同，好比女人绣花的丝线夹子打开了，红的绿的，深的浅的，干净得过分了，简直不知道它为什么那样干净，不知怎样它才那样干净的，不知怎样才做到那样的，或者说它是刚刚用水洗过，或者说它是用膏油涂过。但是又都不像，那简直是干净得连手都没有上过。”出自《后花园》，同样跟这篇小说的乡土气不搭界。还有这一句：“年年月月，日日夜夜，时时刻刻，到后来它自己本身就绞进泥沙去了。河里只见了泥沙，所以常常被诅咒成泥河呀！野蛮的河，可怕的河，簇卷着而来的河，它会卷走一切生命的河，这河本身就是一个不幸。”（《黄河》）说的是黄河，满腔悲情，话语很现代。把这两句跟上一段相对照，真不敢相信出自同一人之笔。

萧红有诗性，不时地试试手。

“他坐起来，抖擞着他满身的月光，抖擞着满身的窗棂。”（《看风筝》）“树叶摇摇曳曳的挂满了池边。”（《商市街》）“秋雨过后，天色变做深蓝，静悄的那边就是校园的林丛。校园像幅画似的，绘着小堆小堆的黄花；地平线以上，是些散散乱乱的枝柯，在晚风里取暖；拥挤着的树叶上，跳跃着金光。”（《两个青蛙》）“我是在房后站着，随便看着地上的野草在晒太阳。”（《林小二》）不敢说多么富于诗意，但说是诗兴发作还是可以的。

萧红有时写得挺空灵，带出有几分禅意。

“天明了，白白的阳光空空的染了全室。”（《破落之街》）“水就像远天一样，没有边际的漂漾着，一片片的日光在水面上浮动着。”（《弃儿》）“窗前的大雪白绒一般，没有停地在落，整天没有停。”（《商市街》）

模仿也不怕。

“那终年生病的老太太的祖母，她有两个儿子，大儿子是赶车的，二儿子也是赶车的。一个儿子都有一个媳妇。大儿媳妇胖胖的，年已五十了。二儿媳妇瘦瘦的，年已四十了。”（《呼兰河传》）“蓝色的电灯，好像通夜也没有关，所以我醒来一次看看墙壁是发蓝的，再醒来一次，也是发蓝的。”（《孤独的生活》）眼熟是吧，是从鲁迅先生的“一棵是枣树，另一棵也是枣树”的句式化出来的。

情绪好时，咱也幽默一把。

王亚明，一个插班到洋学堂的乡下丫头，老师问她学过英文吗？得到的回答是：“不就是那英国话吗？学是学过的，是个麻子脸先生教的……铅笔叫‘喷丝儿’，钢笔叫‘盆’。可是没学过‘黑耳’。”老师纠正她：“here 就是‘这里’的意思，你读：here! here。”她跟着念：“喜儿！喜儿。”“她又读起‘喜儿’来了。这样的怪读法，全课堂都笑得颤栗起来。可是王亚明，她自己却安然地坐下去，青色的手开始翻转着书页。并且低声读了起来：‘华提……贼死……阿儿……’”（《手》）萧红并不歧视同学，只是觉得很有喜感，一个上学时的小插曲。

马伯乐喜欢吃包子，经常光顾“未必居”包子铺。突然春心浮动，恋上了王小姐，交往一段，连手都没碰就被蹬了。心里难受啊，做了几首诗，念给朋友们听，大家不知所云，自然找不到知音。猛地想起包子，便直奔“未必居”。“‘久违了，包子。’当他拿起一个包子来，他含着眼泪向自己说。同时想：为什么有了王小姐就忘记了包子？一边想着，一边就把包子吃下去了，包子在他嘴里被咬着，越来越小，而相反马伯乐的眼睛越来越大，因为那眼睛充满了眼泪，像两股小泉水似的。假若他的眼睛稍稍一缩小，眼泪立刻就要流出来的。男子大丈夫能够随便就流泪吗？只好设法把眼睛尽量睁大。”（《马伯乐》）恋爱与包子互相排斥，有你无我。不知道这是不是暗示作为人之大欲的食与性之间的关系？

总之，萧红写作没那么多讲究，怎么合适怎么来，土炮洋枪一起上，放松得很潇洒得很。

萧红的文字，给人的感觉，就像质朴的玉。

关于玉，最著名的故事是“和氏璧”。卞和献给国君楚厉王一块玉璞，专家鉴定是石头。楚厉王砍掉卞和的左脚。楚武王即位，卞和把玉璞献给新君，专家鉴定还是石头，楚武王砍掉卞和的右脚。楚文王即位，卞和没脚了，无法献玉，便抱着玉璞在楚山下痛哭三天三夜，眼泪化血。他哭的不是自己的脚，而是宝玉被埋没。楚文王剖开玉璞，果然是一块天下罕见的宝玉，遂取卞和之氏命名，称“和氏璧”。

玉璞是玉的原生形态，外面裹着一层石头。以玉喻萧红，是表示她的文字非常本色，像外面那层石头一样质朴实在，同时又像里面的玉质一样美好，是真正的美玉。

玉璞是玉的原生态，那么人的原生态是什么呢？是孩童。所以萧红的文字又呈现出孩童的种种特征，主观、感性、灵动、自由。

写作中的萧红当然不是孩童，她再现的童年时代也不是表现的对象，即便是故事中的小萧红也不是对象——也许这样说更明白些，她不是站在事件和人物的外边来写作，而是穿越时空进入事件和人物去言说自己的生活自己的故事，她当下就在呼兰城，就是小萧红，就跟有二伯他们在一起。所以她的文字才充溢着孩童的趣味，同时又符合文学的特征，才是好小说。如果不是这样，只是把自己的童年当作对象，当下的我与过去的我还是分离的，没有浑然一体，不否认也可以写出小说，但绝对写不出好小说。写自己也得进入角色。我们前面说过，萧红是用生命写作的人，就包含这层意思。

孩童在哲学上具有本原意义，老子把他摆在与自然等同的位置上。他心灵清澈纯净，没有沾染世俗尘垢。婴儿看上去弱弱的，其实不然，没见他的小手攥得紧紧的，一旦抓住东西便不撒手吗？没见他虽然不懂男女交合之事，但小生殖器却有力勃起吗？没见他终日号哭不止，而气息却仍然顺畅不绝吗？所以孩童无论在精神上还是肉体上都是真正的强者，他的表现就是天道。老子说“圣人皆孩之”（《老子第49章》），圣人都是孩子，反过说也成，孩子都是圣人。老子说他自己“若婴儿未咳”（《老子第20章》），像是还不会笑的婴儿。婴儿一般三个月内不会笑，这位中国第一哲人尽管胡子一大把，自我感觉出生不足百日。

孩童与自然、天道、圣人、老子站齐，可见童趣之乐是多么高档次的享受，童真之美是多么高境界的审美，而保持本色又是多么难得的品质。

故而萧红的文字第一流。

华贵的张爱玲

比个性，张爱玲的文字不如萧红鲜亮，走的是学院派路子，四平八稳，金碧辉煌。时人的说法是“一支笔千娇百媚”，“文采欲流”。胡兰成最懂张爱玲，说了不少，诸如清洁、知性、新异、庄重、自由，等等。结论是：“她的才华有余，所以行文美丽到要融解，然而是素朴的。”（《中国文学史话·论张爱玲》）“她具有基督的女性美，同时具有古希腊的英雄的男性美。”（《中国文学史话·论张爱玲》）置换成哲学语言，就是负阴抱阳。世界上一切事物都由阴阳两个方面构成，文字亦如此。这意思是说，张爱玲的文字已经达到完美境地。读她，心底时时涌上感慨：前不见古人后不见来者，唯君独步天下耳。实在找不到词来表达，权且以华贵二字充之。

张爱玲文字精准，非常考究，精致到无以复加。

胡兰成说张爱玲喜欢颜色与气味，这上面非常敏锐。我们便从颜色入手。

她的散文和小说可谓五彩缤纷，把颜色写尽了，写绝了，赤橙黄绿青蓝紫无所不包，而每一种颜色又加以拆分，无所不及。譬如红色，“脸色晒成深赭红”（《秧歌》）；“淡赭红的窗帘”（《殷宝滟送花楼会》）；“大红平金裙子”（《沉香屑·第二炉香》）；“荔枝红的灯光里”（《倾城之恋》）；“红棕色的洋梧桐”（《创世纪》）；“枣红毛绒衫裤”（《半生缘》）；“鲜亮的虾子红”（《沉香屑·第一炉香》）；“黯红漆桶”（《等》）；“灰红暗黄二色砖砌的门面”（《色·戒》）；“赤红的松土里”（《小团圆》）；“暗粉红地毯上”（《小团圆》）；“砖红的窗帘上”（《小团圆》）；“这一季巴黎新拟的桑子红”（《沉香屑·第一炉香》）；“猩红的点子密密点在鱼肚白的天上”（《连环套》）；“朱红在日影里”（《殷宝滟送花楼会》）；“桃红招牌纸”（《小团圆》）；“露出香港的干红土来”（《浮花浪蕊》）；“透红里子袄裤”（《小团圆》）；“白包头底下露出一张燥红脸”（《连环套》）；“绯红的花”（《沉香屑·第二炉香》）；“霁红花瓶里插着鸡毛帚子”（《茉莉香片》）；“橙红镂花大碗”（《连环套》）；“淡紫红的嘴唇”（《赤地之恋》）；“妃红蕾丝窗帘”（《年青的时候》）；“鲜红的脑勺子”（《沉香屑·第二炉香》）；“杏子红百折绸罩壁灯”（《色·戒》）；“黄红油纸伞”（《殷宝滟送花楼会》）；“惨红色的粉墙”（《半生缘》）；“粉红的厚重的小嘴唇”（《倾城之恋》）；“水红软缎对联”（《金锁记》）；“身上穿着银红衫子”（《金锁记》），还有常见的紫红、樱桃红、橘红、玫瑰红，等等。张爱玲是在效法曹雪芹，把描绘色彩当作文字的一个责任。她基础好，擅长绘画喜爱服饰，又做足了功课，对色彩的掌控跟画师甚至漂染工程师都有得一拼。

这并非炫耀，也不仅仅是文字点缀，颜色是包含意味的。“穷人是黑色的；穷人的孩子，穷人的糖果，穷人的纸扎风车与鬓边的花却是最鲜亮的红绿——再红的红与他们那粉红一比也失了一色，那粉红里仿佛下了毒。”（《连环套》）说的是广东一带习俗，那里的穷人终年穿黑，所以不失一切时机紧紧抓住眼前过往的五颜六色。

细致入微无疑是一种写作能力，但技术性毕竟多一些，真正达到精准的关键来自对描写对象的把握。

张爱玲的感觉非常到位。

黄昏时分给人最深的印象是什么？我们通常以为是模糊，因为光线收敛，视力不明。但张爱玲告诉你，不是的，是清晰。“天已经黑了，街灯还没有点上，不知为什么，马路上有一种奇异的黄沙似的明净，行人的面目见得非常清晰。”（《创世纪》）“黄昏的天色绿阴阴的，上上下下都像是浸在一个绿玻璃缸里，阴暗而又明晰。”（《赤地之恋》）试一试，果真如此，特别是“黄沙似的明净”，那是尚存的最后天光，非常干净。

她走进肉铺，看见的不是案子上的肉，而是人手。“肉店里学徒的一双手已经冻得非常大了，囊囊拿刀剁着肉，猛一看就像在那里剁着红肿的手指。”（《中国的日夜》）

迎面过来一个人，瞬间的映像是——“她打了一根辫子，眉眼的紧俏有似当年的七巧，可是她的小小的嘴过于瘪进去，仿佛显老一点。她再年轻些也不过是一棵较嫩的雪里红——盐腌过的。”（《金锁记》）说的是长安，言谈举止越来越像她的母亲曹七巧，但毕竟小了一号，缺少气势，跟盐腌过一样，抽抽了。

听歌，是半新不旧的外国通俗音乐，“带有十九世纪会客室的气息，黯淡、温雅，透不过气来——大约因为那时候时行束腰，而且大家都吃得太多，所以有一种饱闷的感觉”（《谈音乐》）。也是听歌，“那歌声肉唻唻的简直可以用手扪上去”（《华丽缘》）。从市场买回一块带皮鲜肉，把手放上去，便知道什么是“肉唻唻”了。还是听，是在水上，“船夫与他的小女儿倚在桨上一动也不动，由着船只自己漂流。偶尔听见那湖水叶的一响，仿佛嘴里含着一块糖”（《五四遗事》）。感觉非常到位，再找不到这么准确地表达了。

张爱玲善于捕捉特点。

她从香港回到上海，“对于久违了的上海人的第一个印象是白与胖。在香港，广东人十有八九是黝黑瘦小的，印度人还要黑，马来人还要瘦。看惯了他们，上海人显得个个肥白如瓠，像代乳粉的广告”（《到底是上海人》）。20 世纪 50 年代初，她从香港去日本找机会，在船上碰到一个上海裁缝，生着一张毛发浓重的猫脸，两人说话，“他阴恻恻的，忽然一笑，像只刚吞下个金丝雀的猫”（《谈吃与画饼充饥》）。这个人让人联想起张爱玲小说中的角色祝鸿才，“就是那个笑起来像猫，不笑像老鼠的那个人”（《半生缘》）。

还有一类人，特点就是没特点，但还是被张爱玲抓住了。“那个人，椰子似的圆滚滚的头。头发朝后梳，前面就是脸，头发朝前梳，后面就是脸——简直没有分别！”（《琉璃瓦》）这位难兄有位难弟，

“庞松龄生着阔大的黄狮子脸，粗颈项，头与颈项扎实地打成一片，不论是前面是后面，看着都像个胖人的膝盖”（《等》）。

那时候自行车不算多，骑车带人是件挺拉风的事儿。“坐在自行车后面的，十有八九是风姿楚楚的年轻女人，再不然就是儿童，可是前天我看见一个绿衣的邮差骑着车，载着一个小老太太，多半是他的母亲吧……做母亲的不惯受抬举，多少有点窘。她两脚悬空，兢兢业业坐着，满脸的心虚，像红木高椅坐着的告帮穷亲戚，迎着风，张嘴微笑，笑得舌头也发了凉。”（《道路以目》）

张爱玲眼睛毒，用胡兰成的话说叫“直见性命”，也就是哲学说的直击本质。

“忽闻一声咳嗽，里间踱出一个瘦长老儿，平平的一张黄脸，不曾留须，对襟玉色褂子上罩着红青夹背心，两层都敞着纽扣，露出直的一条黄胸脯与横的一条肚子，脚踏二蓝花缎双脸鞋，背着手转了一圈。众伙计一起鸦雀无声。”（《连环套》）瞧瞧，胸脯直着长，肚子横着长，气势非凡，来头不小，一问果真是老板。这位爷也瘦，可是少了气魄，空空荡荡，一看混得就不咋地：“门口已经有人迎了上来，高大的五十多岁的人，但是瘦得只剩下个框子。穿着一套泛黄的白西装，一二十年前流行，那时候已经绝迹了的。”（《张看·自序》）也有不瘦的：“只是太矮了些，一向是个洋火盒式身材。”（《小团圆》）

表情也反映人的本质。一位女演员“在四乡演出时大约听惯了这样的赞美，因此格外的矜持，如同慈禧太后的轿夫一样稳重缓慢地抬起她的一张脸”（《华丽缘》）。那时艺人地位不高，叫戏子，侍候人的角色，即便是众星捧月，一脸的威风，仍旧盖不住奴才底子。也是底层，一位肉铺老板娘，不是听赞美而是骂小姑子，就更没法看了。“她两手抄在口袋里，太紧的棉袍与蓝布罩袍把她像五花大绑似地绑了起来；她挣扎着，头往前伸，瞪着一双麻黄眼睛……她那口气不是控诉也不是指斥，她眼睛里也并没有那亲戚，只是仇深似海；如同面前展开了一个大海似的，她眼睛里是那样的茫茫的无望。一次一次她提高了喉咙，发声喊，都仿佛是向海里吐口痰，明知无济于事。”（《中国的日夜》）有不一样的，那是出世高人，任凭什么都动摇不了，一派清净之风，“一行僧众穿上杏黄袍子，排了班在大门外合十迎接，就像杏黄庙墙上刻着的一道浮雕”（《怨女》）。

有时候模糊也是一种精准。

“有一个钮先生追求比比，大学毕业，家里有钱，年纪也相仿，矮小身材，白净的小叭儿狗脸，也说不出什么地方有点傻头傻脑，否则真是没有褒贬。”（《小团圆》）女方就是张爱玲的闺蜜炎樱，身材矮胖，小说里叫比比。追求者有点傻，哪儿傻说不出来，不是不告诉你，因为追求才刚刚开始，真的不了解。“在小城里就像住在时钟里，嘀嗒声特别响，觉得时间在过去，而不知道是什么时候。”（《小团圆》）不是不告诉你，是没必要，小城的生活迟缓而慵懒，问时间干吗？

张爱玲出身贵胄，生长在东方大都市上海，到香港读大学，教育程度高，加上又是学霸身份，曾一口气拿下港大文科仅设的两个奖学金，所以整个人就像用知识腌过一样，从里到外一身的知性。胡兰成暗中与张爱玲较劲比拼，叹息道“她的格物致知我终难及”（《今生今世·民国女子》），说：“张爱玲文章的新，就在于它有知性的光辉。”（《中国文学史话·来写朱天文》）

张爱玲学贯中西见多识广，读她的作品最好手头放一本词典，打开电脑，以备随时查阅。比如这句：“瘦骨脸儿，朱口细牙，三角眼，小山眉”（《金锁记》）。何谓小山眉？光琢磨词典上的解释不成，还得上网看图片。再有这句：“她家门口的两棵高高的柳树，韧春抽出了淡金的丝。”（《我看苏青》）韧春字典和网络都查不到，得自己考证，大约说的是乍暖还寒时节，天气有一种走暖的顽强韧劲儿。

有的句子涉及某种知识，得结合背景才能读出其中的好。“她的影子在黑沉沉的玻璃窗里是像沉在水底的珠玉，因为古时候的盟誓投到水里去的，有一种哀艳的光。”（《多少恨》）古人结盟，将誓言写在玉板上，沉到水底。女青年虞家茵不得不离开爱人，她就是这样的宝物，把过去的自己以及美好感情埋葬掉，接受命运的安排，既有无奈在里面，也有道德完成的自我选择。

即便是生活琐事，也要做知识上的延伸。比如吃。姑姑做安徽老家的“粘粘转”，一种以青色麦粒为原料的小吃。张爱玲立即“联想到‘青禾’，王安石的新政之一，讲《纲鉴易知录》的老先生沉着脸在句旁连点一串点子，因为扰民。总是捐税了——还是贷款？”（《谈吃与画饼充饥》）光顾着想了，姑姑说什么没听清，只见满锅的小绿点子在滚水里团团急转，这就是粘粘转的由来，或许应写作“年年转”也不一定。吃起来满口清香。亲戚送给母亲一些“蛤蟆酥”，其实是半空心的脆饼，形状接近肥短的梯形，面里掺了海藻粉，苔绿的底子上撒了芝麻。忆及这种低胆固醇的精巧食品，张爱玲说“绿阴阴的正是一只青蛙的印象派画像”。（《谈吃与画饼充饥》）

这里只是零敲碎打地说一点，要想多了解不妨翻翻张爱玲的散文，诸如《洋人看京戏及其他》《更衣记》《中国人的宗教》《谈音乐》《谈跳舞》《谈画》，那里通篇都是知识，让人惊讶这得有多么深厚宽广的知识储备才能做到，况且还是一个二十二三岁的女子。她后来的作品仍沿袭这一格调，如《谈看书》《谈看书后记》。

张爱玲本质上是读书人，胡兰成眼里的她就是个女学生，这里最有力的证明即是她文字彻骨的书卷气。

随便拾取一段：“柜台外面来了个女人，是个衰年的娼妓吧，现在是老鸨，或是合伙做生意的娘姨。头发依旧烫得蓬蓬松松撂向耳后，脸上有眉目姣好的遗迹，现在也不疤不麻，不知怎么有点凸凹不平，犹犹疑疑的。她口镶金牙，黑绸皮袍卷起了袖口，袖口的羊皮因为旧的缘故，一丝一丝胶为一瓣一瓣，纷披着如同白色的螃蟹菊。她要买半斤肉，学徒忙着切他的肉丝，也不知他是没听见还是不答理。她脸上现出不确定的笑容，在门外立了一会，翘起两只手，显排她袖口的羊皮，指头上两只金戒指，指甲上斑驳的红蔻丹。”（《中国的日夜》）衰年、娘姨、眉目姣好、遗迹、缘故、翘起两只手，都属于文词，而犹犹疑疑的、胶为、纷披着、不确定的笑容则带有明显的张爱玲特色。换了别人，张爱玲特色的词汇自然不会用，就是较一般的词如衰年、遗迹、缘故恐怕也要写成老年、痕迹、原因，从而书卷气弱了不少。

除了用词之外还有趣味，所谓的雅趣。初春的景致张爱玲这样欣赏：“院子里分两边种着两棵大榆树，初春，新生了叶子，天色寒冷洁白，像瓷，不吃墨的。小翠叶子点上去，凝聚着老是不干。”（《创世纪》）瓷质的笔架、笔洗以及墨，都是文人案头用具，出现在句子里，文气洇洇。来到湖边，“湖水看上去厚沉沉的，略有点污浊，却仿佛有一种氤氲不散的脂粉香，是前朝名妓的洗脸水。”（《五四遗事》）书房与青楼在文人那里总保持着一种剪不断理还乱的关联，诗文中不时地飘出脂粉香，于是浑浊的湖水便使人自然想起前朝名妓的洗脸水。

自己生活中，平平常常一件事，也让张爱玲弄得挺雅致。比如前面引用过的她去舅舅家吃饭，不空手，捧一碗乌油油紫红夹墨绿丝的苋菜，里面一颗颗肥白的蒜瓣染成浅粉红色，像捧着一盆西洋盆栽，有盆栽的美丽，更有盆栽没有的热乎乎的香气。即便是令人沮丧的事情，张爱玲也会往雅致上头引。“有一天，下了一黄昏的雨，出去的时候忘了关窗户，回来一开门，一房的风声雨味，放眼望出去，是碧蓝的潇潇的夜，远处略有淡灯摇曳，多数的人家还没点灯。”（《公寓生活记趣》）放在别人身上，多半要气急败坏，她不，说是把声雨味放进屋。有个费斯丁格定律，把个人生活分成两部分，一部分你决定不了，只占10%；另一部分由你自己决定，取决于你对事情的态度，占90%。张爱玲的雅趣就属于后一种。态度优雅，生活就优雅，文字当然也跟着优雅。

张爱玲行文看似不拘一格，其实非常严谨，一定要说出为什么。“我们的公寓近电车厂邻，可是我始终没弄清楚电车是几点钟回家。‘电车回家’这句子仿佛不很合适——大家公认电车为没有灵魂的机械，而‘回家’两个字有着无数的情感洋溢的联系。但是你没看见过电车进厂的特殊情形吧？一辆衔接一辆，像排了队的小孩，嘈杂，叫嚣，愉快地打着哑嗓子的铃：‘克林，克赖，克赖，克赖！’吵闹之中又带着一点由疲乏而生的驯服，是快上床的孩子，等着母亲来刷洗他们。车里的灯点得雪亮。专做下班的售票员的生意的小贩们曼声兜售着面包。有时候，电车全进了厂了，单剩下一辆，神秘地，像被遗弃了似的，停在街心。从上面望下去，只见它在半夜的月光中袒露着白肚皮。”（《公寓生活记趣》）“电车回家”这几个字其实是无需解释的，但她非要说明不可，却又讲得趣味盎然，独自成文。也是电车上，不过是在路上的临时停顿，发生了一段故事，张爱玲拿它做了篇小说名《封锁》。在这不长时间里，一对陌生男女乘客互生好感，差点儿私订终身。乍一听，比今天的急速婚配还神，简直不可思议，心想止不定得怎么狗血呢。看过小说，方才折服，太真实了，来龙去脉交代得清清楚楚，通篇严丝合缝，任何一处哪怕是犄角旮旯都有逻辑来支撑。

张爱玲不光要说出为什么，还要进一步说出怎么样。比如美，她比别人多说一层，一定要点明是哪一种美。“传庆这是第一次感觉到中国长袍的一种特殊的萧条的美。”（《茉莉香片》）“雪白的脸上，淡绿的鬼阴阴的大眼睛，稀朗朗的漆黑的睫毛，墨黑的眉峰，油润的猩红的厚嘴唇，美得带些肃杀之气。”（《沉香屑·第一炉香》）“她的脸，是神话里的小孩的脸，圆鼓鼓的腮帮子，尖尖下巴。极长极长的黑眼睛，眼角向上剔着。短而直的鼻子。薄薄的红嘴唇，微微下垂，有一种奇异的令人不安的美。”（《心经》）“她长得不难看，可是她那种美是一种模棱两可的，仿佛怕得罪了谁的美。”（《封锁》）“然而她不由得想到了她自己的月光中的脸，那娇脆的轮廓，眉与眼，美得不近情理，美得渺茫，她缓缓垂下头去。”（《倾城之恋》）“门口立着极美的，美得落套的女人，大眼睛小嘴，猫脸圆中带尖，青灰细呢旗袍，松松笼在身上。”（《殷宝滟送花楼会》）萧条之美、肃杀之美、不安之美、模棱两可之美、不近情理之美、渺茫之美、落套之美，仅仅在这里，我们就看到了这许多种美。

她还喜欢来点思辨。

“唯美派的缺点不在于它的美，而在于它的美没有底子。”（《自己的文章》）不拘表面，深入根本。

“白公馆有这么一点像神仙的洞府：这里悠悠忽忽过了一天，世上已经过了一千年。可是这里过了一千年，也同一天差不多，因为每天都是一样的单调与无聊。”（《倾城之恋》）时间辩证法。

“新郎新娘第一个领头下池子跳舞。这时候是年青人的世界了，不跳舞的也围拢来看。上年纪的太太们悄悄站到后面去，带着慎重的微笑，仿佛虽然被挤到注意力的圈子外，她们还是有一种消极的重要性，像画卷上端端正正打的图章，少了它就不上品。”（《鸿鸾禧》）世界建立在平衡之上。

张爱玲语言自成一体，立大功的是不按常理出牌——她在常规范围内已经到走到头了，故而另辟蹊径，这个领域别人没有涉足，故而显得很是特别，写出的句子给人以诡异之美，由此造就了她的文字的独一无二品质。

巴尔扎克说过，第一个形容女人像花的是天才，第二个说女人像花的是蠢材。张爱玲是天才，当然不会重复他人。

比方描写头发。“克荔门婷有顽劣的稻黄色的头发，烫得不大好，像一担柴似的堆在肩上。”（《沉香屑·第二炉香》）把头发比作肩背上担着的柴，粗、硬、重，没人写过。“女孩瑟梨塔被送入修道院附属女学校，白制服，披散着一头长发，乌黑卷曲的头发，垂到股际，淡黑的脸与手，那小小的，结实的人，像白芦苇里吹出的一阵黑旋风。”（《连环套》）让人想起水泊梁山好汉李逵，绰号黑旋风，凶猛异常，头发长成这样，横扫一切，也没人写过。

再如描写太阳。“野火花高高开在树上，大毒日头照下来，光波里像是有咚咚的鼓声，咚咚舂捣着太阳里的行人，人身上粘着汗酸的黑衣服。”（《连环套》）“那哽噎的日色，使人想起‘长安古道音尘绝，音尘绝——西风残照，汉家陵阙。’”（《谈画》）“敝旧的太阳弥漫在空气里像金的灰尘，微微呛人的金灰，揉进眼睛里去，昏昏的。”（《金锁记》）阳光发出咚咚的鼓声，表情哽噎，还分出新旧，也没人写过。

再大的天才也不可能处处创新，张爱玲亦如此，但绝不甘心平庸，从众的同时必须整出些动静来。

眉毛，小说家笔下常见的写法是两道剑眉，张爱玲也拿兵器来比，但很具体，是关二爷的家伙。“蛋形的小脸，两撇浓眉，长长的像青龙偃月刀，漆黑的眼珠子，眼神极足”（《创世纪》）。

脸，对于五官之间的距离过近，人们喜欢用拥挤之类的词来表示，张爱玲亦如此，但还注意到其他部位。脸就那么大，有拥挤就有空旷。“波兰生着一张偌大的粉团脸。朱口黛眉，可惜都挤在一起，局促的地方太局促了，空的地方又太空了。”（《心经》）老人脸给人的感觉是干瘪，一位老婆婆在张爱玲笔下是这样的：“脸上是一种风干了的红笑——一个小姑娘羞涩的笑容放在烈日底下晒干了的。”（《华丽缘》）相仿的还有：“她个子生得矮，脸型很短，抄下巴，脸色晒成深赭红，像风干的山芋片一样，红而皱，向外卷着。”（《秧歌》）她不说干瘪，说风干。

身体，大家都在写，特别是女人的曲线，张爱玲也一样。这么写：“一件条纹布浴衣，不曾系带，松松合在身上，从那淡墨条子上可以约略猜出身体的轮廓，一条一条，一寸寸都是活的。世人只说宽袍大袖的古装不宜于曲线美，振保现在方知道这话是然而不然。”（《红玫瑰与白玫瑰》）说的是红玫瑰王娇蕊，宽大的浴衣竟成了夸张身体魅力的道具。面对这么一个尤物，仅仅停留在曲线美的一般描述上那就太可惜了，张爱玲继续找，发现那曲线每一寸都有生命。

人来自动物，所以人们常常拿动物比喻人，这在张爱玲作品中非常普遍，但她总能写出不一般。“范斯坦医生每天来看她，他是当地有名的肺病专家，胖大，秃头，每次俯身到她床前，发出一股子清凉的消毒品气味，像个橡皮水龙冲洗得很干净的大象。”（《小团圆》）

形容某人像头大象不稀罕，但说是经水管子而且是橡皮制作的水管冲洗得很干净的大象，就很罕见了。再有：“她的脸庞与脖子发出微微的气味，并不是油垢，也不是香水，有点肥皂味而不单纯的是肥皂味，是一只洗刷得很干净的动物的气味。人本来都是动物，可是没有谁像她这样肯定地是一只动物。”（《连环套》）肯定这个词用得实在好。

天气，夏天是蒸笼，大家都这么说，张爱玲也这样讲，但扩大为蒸笼里的馒头。“已经是下午五点钟了。一座座白色的，糙黄的住宅，在蒸笼里蒸了一天，像馒头似的涨大了一些。什么都涨大了——车辆，行人，邮筒，自来水筒……街上显得异常的拥挤。”（《心经》）热胀冷缩，从膨胀方面来写热。

夜景离不开灯火。“雨已经小了不少，渐渐停了。街上成了河，水波里倒映着一盏街灯，像一连串射出去就没有了的白金箭镞。”（《红玫瑰与白玫瑰》）箭镞，再寻常不过的比喻，张爱玲加上有去无回，便多了层意味。

还有灯影，大多只是描绘，张爱玲却写出心境。“对门的逸园跑狗场，红灯绿灯，数不尽的一点一点，黑夜里，狗的吠声似沸，听得人心里乱乱地。街上过去一辆汽车，雪亮的车灯照到楼窗里来，黑房里家具的影子满房跳舞，直飞到房顶上。”（《我看苏青》）

物件比如拨浪鼓，总跟人的童年纠缠在一起，“街上小贩遥遥摇着拨浪鼓，那瞢腾的‘不楞登……不楞登’里面有着无数老去的孩子们的回忆”（《金锁记》）。张爱玲不是简单地说孩子们，而是说老去的孩子们，苍凉感顿时涌上来。

人生中有许多抽象的东西，譬如空虚，很容易让人联想到盒状物，老子就用风箱比喻虚无，张爱玲也跳不出这个窠臼。“她的空虚是像一间空关着的，出了霉虫的白粉墙小房间，而且是阴天的小旅馆——华侨在思想上是无家可归的。”（《谈跳舞》）她的文章不是做在房间上，而是做在什么样的房间上，是一个小房间，刷着白粉很普通，生出了霉虫很陈旧，而且不是家居是小旅馆，还笼罩在阴天里。这样的空虚够惨的。

当然最能反映张爱玲语言特色的是她的推陈出新，主要表现在三个方面。

一个是比喻新。想人所不想，用人所不用。

“童年的一天一天，温暖而迟慢，正像老棉鞋里面，粉红绒里子上晒着的阳光。”（《童言无忌》）自己童年的回忆，拿老棉鞋的里子和阳光来比喻，独一无二的经历和感受，无可复制。“有一个时期在继母治下生活着，拣她穿剩的衣服穿，永远不能忘记一件黯红的薄棉袍，碎牛肉的颜色，穿不完地穿着，就像浑身都生了陈疮；冬天已经过去了，还留着冻疮的疤——是那样的憎恶与羞耻。”（《童言无忌》）自己少女的回忆，同样的不可复制。虽然别人无从感受到这种纯粹个人化的印迹，但完全能够读懂。

“另有较大的一张（画），也有白玉兰，薄而亮，像玉又像水晶，像杨贵妃牙痛起来含在嘴里的玉鱼的凉味。”（《忘不了的画》）这是看画的感觉，清凉，比喻到杨贵妃身上，不是她的人——要是那样就流于俗套了——而是缓解牙疼的物件。“弹词我只听见过一次，一个瘦长脸的年轻人唱《描金凤》，每隔两句，句尾就加上极其肯定的‘嗯，嗯，嗯’，每‘嗯’一下，把头摇一摇，像是咬着人的肉不放似的。”（《谈音乐》）这是听弹词的感觉，明明是唱，听的是声音，张爱玲却感到肉疼，好像挨咬。

这是散文，小说里的比喻也是独一无二。诊所里，“一个抱着孩子的女佣拍拍孩子，怕他哭：‘不要哭，不要哭，等一下我们买蟹粉馒头去！’孩子并没有哭的意思，坐在她怀里像一块病态的猪油，碎花开裆裤与灰红条子毛线袜之间露出一段冻腻的小白腿”（《等》）。猪油，软塌塌一团白，因为孩子生了病，看着不对劲儿，所以是病态的猪油；腿也逃不脱，稍硬点，冻腻了的猪油。“两旁垂着朱红对联，闪着金色寿字团花，一朵花托住一个墨汁淋漓的大字。在微光里，一个个的字都像浮在半空中，离着纸老远。流苏觉得自己就是对联上的一个字，虚飘飘的，不落实地。”（《倾城之恋》）字写在纸上，不可能有距离，但白流苏就这么感觉的，因为自己无家可归。以猪油喻病孩，以字喻命运，只在张爱玲这里能看到。

还有一些比喻，简直不可思议，但却好得不得了，比如这句：“两人各吃了三碗硬饭，每碗结实得像一只拳头打在肚子上。”（《怨女》）没法解释，见了鬼了。

一个是视角独特。

感觉一般是从主体角度写，张爱玲有时却从客体方面入手。“微雨的天气像个棕黑的大狗，毛毵毵，湿哜哜，冰冷的黑鼻尖凑到人脸上来嗅个不了。”（《留情》）拿狗比喻天气本来就很少见，而动作又来自天气就更特别了。

“高楼的后阳台上望出去，城市成了旷野，苍苍的无数的红的灰的屋脊，都是些后院子，后窗，后巷堂，连天也背过脸去了，无面目的阴阴的一片，过了八月节还这么热，也不知它是什么心思。”（《桂花蒸·阿小悲秋》）天气反常，张爱玲眼里的风景也是反的——如同朱自清从背影写父亲，她从背面写城市。

“薇龙那天穿着一件磁青薄绸旗袍，给他那双绿眼睛一看，她觉得她的手臂像热腾腾的牛奶似的，从青色的壶里倒了出来，管也管不住，整个的自己全泼出来了。”（《沉香屑·第一炉香》）这是互动情景，中国姑娘的白皮肤像牛奶，洋佬的绿眼睛像奶壶，在这双贪婪霸道的目光下，姑娘根本无力管控自己。

再一个是形象独到。

“娄太太戴眼镜，八字眉皱成人字，团白脸，像小孩子学大人的样捏成的汤团，搓来搓去，搓得不成模样，手掌心的灰揉进面粉里去，成为较复杂的白了。”（《鸿鸾禧》）八字眉变人字形，这眉毛得皱成什么样。脸汤团状，不是一般的圆和白，是不规则的圆形和掺了脏东西的那种白。

“冷得很。三轮车夫披着方格子绒毯，缩着颈子唏溜溜唏溜溜在行人道上乱转，像是忍着一泡尿。”（《创世纪》）寒冷中的人，缩脖子抱手臂呵气跺脚，张爱玲展示出来的更动态，那是一个憋着尿找不到厕所而团团乱转的形象。再看这一位：“他像一个回家托梦的鬼，飘飘摇摇地走到他的住宅的门口。”（《沉香屑·第二炉香》）鬼也就罢了，还赶着回家托梦，越发的惶惑越发的混乱。

人不是孤立的，张爱玲有时把人放在物的衬托下。“她的美不过是从前的华丽的时代的反映，铮亮的红木家具里照出来的一个脸庞，有一种秘密的，紫黝黝的艳光。红木家具一旦搬开了，脸还是这个脸，方圆的额角，鼻子长长的，笔直下坠，乌浓的长眉毛，半月形的呆呆的大眼睛，双眼皮，文细的红嘴，下巴缩着点——还是这个脸，可是里面仿佛一无所有了。”（《创世纪》）红木家具，富贵人家的物件，女人的美一大半是由家世来支撑，一旦败落，精神便塌了，颜值立马陷落。

张爱玲文字的另一个特点是力度饱满。借用她的话来比喻，“光波里像是有咚咚的鼓声”，一下一下砸在耳鼓，震动心脏，隆隆地响；最能表现胡兰成所谓的“古希腊的英雄的男性美”，阳刚之气赫然而现。

张爱玲喜欢使用动感十足的词。

诸如常见的喷，“树枝才喷绿芽”（《牛》），“门外的玫瑰红的夕照里的春天，雾一般地往上喷，有升华的感觉”（《忘不了的画》）；扫，“云鬓蓬松往上扫”（《色·戒》），“她的眼睛长而媚，双眼皮的深痕，直扫入鬓角里去”（《沉香屑·第一炉香》）；蹦，“她的年轻的身子仿佛从衣服里蹦了出来”（《红玫瑰与白玫瑰》）；射，“罗杰紧紧地踏着马达，车子迅疾地向山上射去”（《沉香屑·第二炉香》），等等。

一些寻常的词比如走、放、洗经她的笔一荡，劲道更足。“然而还是那些年青痛苦，仓皇的岁月，真正触到了他的心，使他现在想起来，飞灰似的霏微的雨与冬天都走到他眼睛里面去，眼睛鼻子里有涕泪的酸楚。”（《留情》）“黄头发女人声音甜得像扭股糖，到处放交情。”（《桂花蒸·阿小悲秋》）“程本《红楼梦》一出，就有许多人说是拙劣的续书，但是到本世纪胡适等才开始找证据，洗出《红楼梦》时本来面目。”（《红楼梦魇》自序）这些字放在句子里个个出彩。

最令人佩服的是只有在她的作品中才能见到的用法。“滚水泡白菊花是去暑的，她不怎么爱喝，一股子青草气。但是她每天泡着喝，看着一朵朵小白花在水底胖起来，缓缓飞升到碗面。”（《怨女》）不说大，也不说膨胀，说胖，那是眼见着一点点地长。“瘦得下半个脸都蚀掉了”（《小团圆》）。不说消失，说蚀掉，那是不知不觉中的减损。“七巧直挺挺的站了起来，两手扶着桌子，垂着眼皮，脸庞的下半部抖得像嘴里含着滚烫的蜡烛油似的，用尖细的声音逼出两句话”（《金锁记》）。不说喊、叫、吼，说逼出，憋了多久用了多大的劲儿。“地毯吃没了足音”（《浮花浪蕊》）。不说吞说吃，吞是一下子，吃有个过程。“乃德跳起来就刷了他一个耳刮子”（《小团圆》）。不说打说刷，打也是一下子就完了，刷则稍做停留，从脸的这一块运动到那一块，更解气。

句子中即便不出现动词，一样给人以力度。

“她到高桥游泳了回来……虽然已经隔了一天，还有兴兴轰轰的汗味太阳味。”（《谈音乐》）“天高地厚的沉默”（《双声》）。“铁栏杆外浩浩荡荡都是雾”（《沉香屑·第一炉香》）。兴兴轰轰、天高地厚、浩浩荡荡，力的尺度都很大。“夏天的风鼓蓬蓬的在脸颊上拍动。”（《沉香屑·第一炉香》）这里制造力度的不是拍动而是鼓蓬蓬。“玉兰丛里夹着一枝迎春藤，放烟火似的一路爆出小金花。”（《忘不了的画》）同样起作用的不是爆，是一路。力度来自情状。

力度有时候是随着节奏感而形成的。“罗教授戴着黑框眼镜，中等身量，方正齐楚，把两手按在桌子上，忧愁地说：‘莎士比亚是伟大的。一切人都应当爱莎士比亚。’他用阴郁的，不信任的眼色把全堂学生看了一遍，确定他们不会爱莎士比亚，然而仍旧固执地说：‘莎士比亚是伟大的’，挑战地抬起了下巴，‘伟大的’，把脸略略低了一低，不可抵抗地平视着听众，‘伟大的’，肯定地低下头，一块石头落地，一个下巴挤成了两个更为肯定的。‘如果我们今天要来找一个字描写莎士比亚，如果古今中外一切文艺的爱好者要来找一个字描写莎士比亚——’他激烈地做手势像乐队领班，一来一往，一来一往，整个的空气痛苦振荡为了那不可能的字。”（《殷宝滟送花楼会》）教授的每一句话都构成一个节奏，一种情状，气氛跟着走强，突然打住，卡壳了，那个字怎么也想不起。

力度跟意味有关。

“已经快天明了，满城暗哑的鸡啼。”（《红玫瑰与白玫瑰》）鸡很卖力气，嗓子都叫哑了。“眼镜与前刘海势不两立”（《相见欢》）。眼镜快被掀掉了，这头发得有多猛。“细喉咙白鸽似的飞起来”（《殷宝滟送花楼会》）。嗓音虽细，但冲劲儿十足，不可小觑。“木槿树下面，枝枝叶叶，不多的空隙里，生着各种的草花，都是毒辣的黄色，紫色，深粉红——火山的涎沫。”（《沉香屑·第二炉香》）花显得很热闹，全在于颜色的强度。

意味一旦进入夸张，效果更加显著。“汝良坐在她对面，不是踢着她的鞋，就踢着了她的脚，仿佛她一个人长着几双脚似的。”（《年青的时候》）瞧这下头忙的，感觉都是动来动去的脚。“很气派的一张长脸，只是从鼻子到嘴一路大下来，大得不可收拾，只看见两肩荷一口。”（《创世纪》）从鼻子就开始使劲儿，到了嘴巴更放大了，以至于见口不见头。还有这位洋教师，给张爱玲上钢琴课的，一对一，态度粗暴，令人胆寒。“琴先生结婚之后脾气好了许多。她搽的粉不是浮在脸上——离着脸总有一寸远。松松地包着一层白粉，她竟向我笑了，说：‘早！’但是我还是害怕，每次上课之前立在琴间门口等着铃响，总是浑身发抖，想到浴室里去一趟。”（《谈音乐》）干吗去？尿尿，人一紧张就想跑厕所。

张爱玲特别喜欢也特别善于用叠字，她的文字力度有一半是因为叠字。一对双胞胎手拉手一起跳，肯定比一个孩子单独跳造成的震动大。

其他文学作品中也能够见到的诸如红喷喷、绿累累、青荧荧、热烘烘、痒咝咝、黏答答、肥唧唧等叠字这里就不谈了，我们只看张爱玲式的。

“没有风，只是阴历年左近的寂寂的冷。”（《私语》）“书中人常有时候说话不合逻辑，正是曲曲达出一种复杂的心理。”（《谈看书》）“白丝袜脚跟上的黑绣花，像虫的行列，蠕蠕爬到腿肚子上。”（《更衣记》）显然寂寂、曲曲、蠕蠕比孤寂、曲折、蠕动更有力量。“里面黑赳赳的像个船舱似的。”（《小艾》）赳赳，英武雄壮的样子，黑赳赳，黑得有力度。“霓喜黄烘烘戴一头金首饰”（《连环套》）。这个女人厉害，迎面走过来，你得赶紧让路。“两眼光光地瞅着她”（《红玫瑰与白玫瑰》）。面对这样的目光你什么感觉，是不是想转身就跑？“看门的巡警倒有两个，虽不是双生子，一样都是翻领里面竖起了木渣渣的黄脸，短裤与长筒袜之间露出木渣渣的黄膝盖。”（《公寓生活记趣》）木渣渣，真是入木三分，眼前立即闪现出锯子刺啦刺啦地锯木头，咔嚓一声断了，露出粗粝的断面。

张爱玲的叠字太精彩了，不妨就眼睛看看她是怎么运用的。“一双沉甸甸的大黑眼睛，碾碎了太阳光，黑里面揉了金。”（《连环套》）沉甸甸，有重量才能够碾压。“她和愫细一般的有着厚沉沉的双眼皮”（《沉香屑·第二炉香》）。厚沉沉，这副双眼皮非常显著。“她的脸色黄而油润，像飞了金的观音菩萨，然而她的影沉沉的大眼睛里躲着妖魔。”（《倾城之恋》）影沉沉，深不可测，要不妖魔怎么能在里面藏身呢。“苏雷珈是马来半岛一个偏僻小镇的西施，瘦小，棕黑皮肤，睡沉沉的眼睛与微微外露的白牙。”（《烬余录》）睡沉沉，眼睛明明睁着，却觉得还没醒。“她喝了两杯酒，房间越冷，越觉得面颊热烘烘的，眼睛是亮晶晶沉重的流质。”（《怨女》）亮晶晶不稀奇，动人的是眼波荡漾而闪烁光亮。“清炯炯的大眼睛”（《花凋》）。“雪白的脸上，淡绿的鬼阴阴的大眼睛”（《沉香屑·第一炉香》）。

清炯炯，鬼阴阴，一明一暗。“把一双漆黑的眼睛灼灼地凝视着他”（《半生缘》）。灼灼，热得烤人。“大蓝眼睛里也会露出钝钝的狠毒。”（《谈跳舞》）钝钝，不知道用了多少遍，虽然不锋利了，但更深沉更执着，所谓钝刀子割肉。

为加强效果，张爱玲还用双叠字。“半旧式的钟，长方红皮匣子，暗金面，极细的长短针，嗞嗞唆唆走着，也看不清楚是几点几分。”（《留情》）“那两棵柳树倒已经丝丝缕缕地抽出了嫩金色的芽。”（《半生缘》）“似乎都是长得歪歪扁扁的广东女人”（《小团圆》）。

有时候还能看到词组重叠。如“一双娇滴滴，滴滴娇的清水眼”（《倾城之恋》）。“可是这里并没有巍峨的过去，有的只是中产阶级的荒凉，更空虚的空虚。”（《谈画》）

最后我们谈谈张爱玲文字的张力。这个从物理学移植过来的术语在文学上表示一种不同事物之间形成的既排斥又相连的关系。

“太阳还没出土。漫天都是一条条橙红浅粉的云霞，天空非常高远广阔，那黑暗的地面却显得十分扁平。远远近近一声颤抖摇曳的鸡啼，仿佛炊烟四起，在地平线上袅袅上升。”（《赤地之恋》）头顶是高远广阔的天空，脚下是黑暗扁平的地面，天空压不下来，地面顶不上去，两种现象两股力量就这么僵持着纠缠着，这就是张力。张力造就了平衡构成了风景，一旦张力破坏，天塌地陷，也就没看头了。类似的描写还有：“上海那时候睡得早，尤其是城里，还没有装电灯。夏夜八点钟左右，黄昏刚澄淀下来，天上反而亮了，碧蓝的天，下面房子墨黑，是沉淀物，人声嗡嗡也跟着低了下去。”（《怨女》）碧蓝的天，墨黑的房子，上海人的生活是双面的，一点也不单调。

张力也可以表现在人的相貌上：“玉清的脸光整坦荡，像一张新铺好的床；加上了忧愁的重压，就像有人一屁股在床上坐下了。”（《鸿鸾禧》）脸上光洁的表面与忧愁的重压共存共生，比漂亮而空虚的脸要有意思得多。

日常小事也充满张力：“在上海我们家隔壁就是战时天津新搬来的起士林咖啡馆，每天黎明制面包，拉起嗅觉的警报，一股喷香的浩然之气破空而来，有长风万里之势，而又是最软性的闹钟，无如闹得不是时候，白吵醒了人，像恼人春色一样使人没奈何。有了这位‘芳’邻，实在是一种骚扰。”（《谈吃与画饼充饥》）人夹在浩然之气与软性闹钟之间左右为难，为面包的喷香所勾引，又被睡意所牵扯，烦人。

张爱玲文字的清冷是她整个人或者说总体清冷的一部分。她的清冷第一章说过，是月亮般的性格和生命。张爱玲是知性人，按胡兰成说法走的是格物致知的成长道路，这样的背景决定了把真实放在第一位的美学追求，她是求真不求情。所以胡兰成说她“真真的像天道无亲”（《今生今世·民国女子》）。这句话出自《老子》，讲的是“道”的一种品质，即不分远近亲疏一律平等对待，雨露均沾。由于写作不掺杂个人情感，文字的清冷就是必然的了。

与上节说的力度最能代表她语言的阳刚之美一样，清冷最能表现阴柔之美。胡兰成曾拿颜色比喻张爱玲作品，说是既有银紫色的明亮一面，又有月光下青灰色的阴暗一面（见《中国文学史话·论张爱玲》）。文字的清冷便是月光下的色调。

张爱玲有些字句直接呈现出青灰色。

她喜欢写斜阳。“斜阳照在那橙黄的墙上，鲜艳得奇怪，有点可怕。”（《怨女》）“她从楼窗口看见石库门天井里一角斜阳。”（《小团圆》）“下午的阳光淡淡地晒在屋顶上白苍苍的茅草上。”（《秧歌》）“在这山乡里，太阳一下去，立刻就寒冷起来，满山的灰绿色的竹林子唏唆唏唆响着，嘘出了阵阵的阴风。”（《秧歌》）斜阳本身就带几分悲情，稍稍加几个字，清冷意味便出来了。

城市车水马龙，却也遮不住内里的清冷。“一上街只见霓虹灯流窜明灭。”（《浮花浪蕊》）灯光是暖色的，何况是五颜六色的霓虹灯？但流窜明灭却使暖色顿失。“阳台之外是高天大房子，黯淡而又白浩浩。”（《忘不了的画》）大房子在高天白亮的背景下只是暗淡的阴影，不光冷，还有些可怕。“隆冬的下午，因为这世界太黯淡了，一点点颜色就显得赤裸裸的，分外鲜艳。来来往往的男女老少，有许多都穿了蓝布罩袍，明亮耀眼的，寒磣磣粉扑扑的蓝色。”（《创世纪》）蓝色是冷色，代表忧郁。力度最大的是这一句：“拉胡琴的一开始调弦子，听着就有一种奇异的惨伤，风急天高的调子，夹着嘶嘶的嘎声。天地玄黄，宇宙洪荒，塞上的风，尖叫着为空虚所追赶，无处可停留。”（《传奇·再版的话》）说的是听戏，仅仅是试音，便一下子把人打落，被一连串的冷寂苍凉所包围，一个赶一个，令人无处躲藏。

她笔下的人也透着丝丝凉意。“她身上只是一点解释也没有的寒酸。”（《创世纪》）“她睁着眼直勾勾朝前望着，耳朵上的实心小金坠子像两只铜钉把她钉在门上——玻璃匣子里蝴蝶的标本，鲜艳而凄怆。”（《金锁记》）“她耳朵上带着个时式的独粒头假金刚钻坠子，时而大大地一亮，那静静的亘古的阳光也像是哽咽了一下。”（《华丽缘》）这是单个人，即便扩大到人类，也摆脱不掉青灰色。“文明人的驯良，守法之中，时而也会发现一种意想不到的，怯怯的荒寒。”（《忘不了的画》）

清冷并非只有通过特定意味的字眼才能表达，意境也能把人带进凉薄的世界。

“近山巅略有几棵高而瘦的白杨，很像倒竖着的扫帚，那一根朝天生长的枯枝在晨风中摇摆着，在天上扫来扫去，把那淡青色的天空扫得干干净净的，一无所有，连一朵云彩一只飞鸟都没有。”（《赤地之恋》）这里没有苍、阴、凉、荒等字眼，有的只是阔远的天空以及一根枯枝，荒寒之极。“两片金绿色的叶子映着蓝天，悠然落下来，在那一排排黑瓦上轻轻搔过，再往下飘，往下飘。”（《赤地之恋》）似乎好一点，是两片树叶，有个伴儿，然而那飘落的姿势也带着人的心境飘落。“叶子像凤尾草，一阵风过，那轻纤的黑色剪影零零落落颤动着，耳边恍惚听见一串小小的音符，不成腔，像檐前铁马的叮当。”（《倾城之恋》）黑色剪影本是不错的景致，但配上铁马细碎的叮当就让人凉意阵阵了。其实细细品查，其中也有色彩的作用，只是在不知不觉中罢了。黑色的枯枝，淡青色的天；金绿色的叶子，蓝色的天空，一排排黑瓦；黑色的剪影，铁马的叮当，清一色的冷调。

风景不可能一律的冷色，比方太阳，它的金黄本色即是温暖的。上面说斜阳具有悲情意味，指的不是色彩而是时间。那么阳光下就没有清冷吗？当然不是。看下面两句。“台前的几棵槐树，叶子稀稀朗朗，落掉了一半，太阳黄黄的直照到戏台上来。那秋天的阳光，也不知道怎么，总有一种萧瑟的意味，才过正午就已经像斜阳了。”（《赤地之恋》）“太阳黄烘烘照在三人脸上，后阳台的破竹帘子上飞来一只蝉，不知它怎么夏天过了还活着，趁热大叫：‘抓！抓！抓！’”（《桂花蒸·阿小悲秋》）蝉拼命地叫，这是秋日里最后的机会，没几天活头了，所以放的是悲声。这是秋天，春天也一样。“晚春的阳台上，接着绿竹帘子，满地密条的阳光。”（《私语》）经绿竹帘子过滤的阳光不再是黄澄澄的，而是一道黑一道黄，冷色与暖色并行。

张爱玲作品清冷的格调，反映了她落寂的心理和孤冷的性格。胡兰成说她用“壅塞的忧伤”来表现世界，当然也包括她自己的生活在内。

她逃离父亲的家投奔母亲，觉得母亲对投资女儿的教育是否值当而拿不定主意，从而给自己造成巨大压力。于是“常常我一个人在公寓的屋顶阳台上转来转去，西班牙式的白墙在蓝天上割出断然的条与块，仰脸向着当头的烈日，我觉得我是赤裸裸地站在天底下了，被裁判着像一切的惶惑的未成年的人，困于过度的自夸与自鄙。”（《私语》）成名后，落寂的心理仍旧摆脱不掉。女作家苏青登门拜访，“她走了之后，我一个人在黄昏的阳台上，骤然看到远处的一个高楼，边缘上附着一大块胭脂红，还当是玻璃窗上落日的反光，再一看，却是元宵的月亮，红红地升起来了。”（《我看苏青》）

都说家是最后的避风港，但在张爱玲这里例外。“房屋里有我们家的太多的回忆，像重重叠叠复印的照片，整个的空气有点模糊。有太阳的地方使人瞌睡，阴暗的地方有古墓的清凉。房屋的青黑的心子里是清醒的，有它自己的一个怪异的世界。而在阴暗交界的边缘，看得见阳光，听得见电车的铃与大减价的布店里一遍又一遍吹打着‘苏三不要哭’，在那阳光里只有昏睡。”（《私语》）她童年和少年时的家，印象中是个半阴半阳的居所。放下笔，她叹道：“可爱又可哀的年月呵！”（《私语》）

家尚且如此，何况社会？然而她的兴趣并不均等，更多的落在阴的那一面上，一味放大薄凉。我们不妨看看她是怎样解读画作的，由此窥之一二。

有幅名《南京山里的秋》的风景，她这样谈自己的感受：“看风景的人像是远道而来，喘息未定，蓝糊的远山也波动不定。因为那倏忽之感，又像是鸡初叫，席子嫌冷了的时候的迢遥的梦。”（《忘不了的画》）

这幅是人物。“我又想起胡金人的一幅画，画着个老女仆，伸手向火。惨淡的隆冬的色调，灰褐，紫褐。她弯腰坐着，庞大的人把小小的火炉四面八方包围起来，围裙底下，她身上各处都发出凄凄的冷气，就像要把火炉吹灭了。由此我想到苏青。整个的社会到苏青那里去取暖，扑出一阵阵的冷风——真是寒冷的天气呀，从来没这么冷过！”（《我看苏青》）

这幅也是人物，出自美国一个女画家之手，名《感恩节》。“从电灶里拖出火鸡，桌上有布丁，小孩在桌肚下乱钻。粉红脸，花衣服的主妇捧着大叠杯盘往饭厅里走，厨房砖地是青灰的大方块，青灰的空气里有许多人来回跑，一阵风来，一阵风去。大约是美国小城市里的小康之家，才做了礼拜回来，照他们垦荒的祖先当初的习惯感谢上帝给他们一年的好收成，到家全都饿了，忙着预备这一顿特别丰盛的午餐。但虽是这样积极的全家福，到底和从前不同，也不知为什么，没那么简单了。这些人尽管吃喝说笑，脚下仿佛穿着雨中踩湿的鞋袜，寒冷，粘搭搭。活泼唧溜的动作里有一种酸惨的铁腥气，使人想起下雨天走得飞快的电车的脊梁，黑漆的，打湿了，变了很淡的钢蓝色。”（《忘不了的画》）

她看过不少圣母题材的西洋画，这样评论：“欧洲各国的圣母，不论是荷兰的，丝丝缕缕被着稀薄的金色头发，面容长而冷削，金的，玉的，寂寞的，像玛琳黛德丽；还是意大利的，农田里的，摆水果摊子的典型，重重的青黑的眉眼，多肉，多娇；还是德国的，像是给男人打怕了的，凸出了谈蓝的大眼睛，于惊恐中生出德国人特别喜欢的那种活泼婉媚；美的标准不同，但是宗教画家所要表现的总是一个天真的乡下姑娘，极度谦卑，然而因为天降大任于身，又有一种新的尊贵，双手捧了皇儿，将来要以他的血来救世界，她把他献给世界。”（《忘不了的画》）张爱玲笔下的圣母是变了形的。

画作已经是画家对世界的选择了，张爱玲以作家的眼睛再选择一遍。她关注的是符合自己观念和心境的作品，也就是散发着青灰色的那类东西，然后再通过自己的认识把其中更深沉的色调凸现出来——这，就是张爱玲写作所要抓住的意义。

兴许这句话更明白一些：“长袄的直线延至膝盖为止，下面虚飘飘垂下两条窄窄的裤管，似脚非脚的金莲抱歉地轻轻踏在地上。铅笔一般瘦的裤脚妙在给人一种伶仃无告的感觉。”（《更衣记》）议论的是晚清妇人衣装。公正地说，有典雅大气的一面，但张爱玲不谈，因为那不是本质性，伶仃无告才是主角。

由于太注重暴露生活阴暗的一面了，有时甚至让人起疑，她有意把事物污化。“愫细隔着喜纱向他微笑着，像玻璃纸包扎着的一个贵重的大洋娃娃，窝在一堆卷曲的小白纸条里。”（《沉香屑·第二炉香》）结婚乃人生大喜，婚纱竟然成了包裹玩具的碎纸。“唯一的树木是高大的白玉兰，开着极大的花，像污秽的白手帕，又像废纸，抛在那里，被遗忘了，大白花一年开到头。从来没有那样邋遢丧气的花。”（《私语》）玉兰本以洁白而被礼赞，这里居然成了脏手帕和废纸。

当然从另一个角度看，这在一定程度上也反映出张爱玲特有的犀利，一竿子插到底，毫不留情，一点余地都不讲。“她不是笼子里的鸟。笼子里的鸟，开了笼，还会飞出来。她是绣在屏风上的鸟——悒郁的紫色缎子屏风上，织金云朵里的一只白鸟。年深月久了，羽毛暗了，霉了，给虫蛀了，死也还死在屏风上。”（《茉莉香片》）这话说得忒毒，让人恨不得一头撞死。

“篱上的藤努力往上爬，满心只想越过篱笆去，那边还有一个新的宽敞的世界。谁想到这不是寻常的院落，这是八层楼上的阳台。过了篱笆，什么也没有，空荡荡的，空得令人眩晕。”（《心经》）这话说得忒狠，满腔热望瞬间崩溃。

猪被杀死，刮掉毛，“谭老大与谭大娘把那个尸身扳了过来，去了毛的猪脸在人前出现，竟是笑嘻嘻的，两只小眼睛弯弯的，眯成一线，极度愉快似的”（《秧歌》）。土法杀猪如今很难见到，但现成的猪头市场摊位上摆放着，有谁注意到猪脸是笑着的？这就是张爱玲的厉害。这话说得忒绝，遭到宰杀居然还满脸幸福，这份愚昧麻木令人灵肉皆惊。

张爱玲的幽默感不错，写出来依然平静如水，淡若清风。“雅赫雅邀了一个新从印度上香港来的远房表亲来家吃便饭。那人名叫发利斯·佛拉，年纪不上二十一二，个子不高，却生得肥胖扎实，紫黑面皮，瞪着一双黑白分明的微微凸出的大眼睛，一头乱蓬蓬乌油油的卷发，身穿印度条纹布衬衫，西装裤子下面却赤着一双脚。”（《连环套》）样子很喜感，冒着傻气，然而却张力十足，讲究的西装裤子对赤脚，这人身上肯定有故事——挺滑稽的情节。

与萧红一样，张爱玲的文字自由自在。

张爱玲的想象力非常棒，天马行空，任意驰骋，特别是在联想上，从一个事物转跳到另一个事物不见一丝一毫的牵强和涩滞。

见到一个人，比方下面这几位。“赵八哥是一个四十岁上下的矮子，暴眼睛，短短的脸，头皮青青的。头发式样好像是打扁了的。没有下颏，那仿佛也是出于自卫，免得让人一拳打在下颏上，给他致命的一击。”（《秧歌》）从下巴颏想到拳击，原来赵八哥早有预谋，若是对方一拳挥来，必定打空，胳膊还得被抻得脱了臼。“凑巧那天只有她妹妹丽蒂亚在家，一个散漫随便的姑娘，长得像跟她一个模子里印出来的，就是发酵粉放多了，发得东倒西歪，不及她齐整。”（《年青的时候》）从身体发育想到发面，看底子丽蒂亚跟姐姐一个样，可惜没发好，走了形。“站在神甫身边的是唱诗班领袖，长相与打扮都跟神甫相仿佛，只是身材矮小，喉咙却大，激烈地连唱带叫，脑门子上挣得长汗直流，热得把头发也脱光了。”（《年青的时候》）领唱的秃顶本来跟唱诗没什么关系，但看他副那卖力气的样子，让人生疑，于是二者便有了因果关系。“工程师汤姆生年纪不过三十上下，高个子，脸面俊秀像个古典风的石像，只是皮色红剌剌的，是个吃牛肉的石像。”（《连环套》）从相貌想到石像，这很一般，但又从皮色想到牛肉，合在一块就不一般了。

也是肉，却是动作带来的。“潆珠把大衣向床上一丢，她顺势扑倒在床，哭了起来。虽然极力地把脸压在大衣上，压在那肮脏的、薄薄的白色小床上，她大声的呜咽还是震动了这间房，使人听了很受刺激，寒冷赤裸，像一块揭了皮的红鲜鲜的肌肉。”（《创世纪》）张爱玲一定现场感受过，而且深受刺激，否则不会生出如此怪诞的联想——声音和肌肉竟成了一家，而且是揭了皮的红鲜鲜的肌肉！“她抱着他的大腿号啕大哭。她烫得极其蓬松的头发像一盆火似的冒热气。”（《红玫瑰与白玫瑰》）也是哭，似乎没有那么惨，但由于发生在情人之间，便增加了热度，蓬松的头发随着哭声剧烈抖动，让人联想到一盆火。“厨房里乌黑的，只有白泥灶里红红的火光，黑黑的一只水壶，烧着水，咕噜咕噜像猫念经。”（《创世纪》）同样属于声音，这回让人想起的是念经，从声音到声音，然而念经的不是人而是猫，它没事的时候喜欢打呼噜。

联想不一定非得发生在不同载体上，自己也可以跟自己联想。“为门第所限，郑家的女儿不能当女店员，女打字员，做‘女结婚员’是她们唯一的出路。”（《花凋》）女结婚员，编造的工种，就是给人当老婆，这是郑家女儿们唯一的终身职业，没跑。她们的父母呢，郑先生这样说：“实在经不起这样年年嫁女儿。说省，说省，也把我们这点家私鼓捣光了。再嫁出一个，我们老两口子只好跟过去做陪房了。”（《花凋》）郑先生是张爱玲唯一的亲舅舅的化身，她了解这一家子，就舅舅的本事而言，这大概也没跑。这是展望未来。也可以回望过去："下起雨来了，竹帘子上淅沥淅沥，仿佛是竹竿梦见了它们自己从前的叶子。"（《桂花蒸·阿小悲秋》）

有的联想很抽象。"她那蜜褐色的皮肤又是那么澄净，静得像死。"（《沉香屑·第二炉香》）"木槿花是南洋种，充满了热带森林中的回忆——回忆里有眼睛亮晶晶的黑色的怪兽，也有半开化的人们的爱。"（《沉香屑·第二炉香》）死亡与爱情没有形象，然而一旦与具体事务发生关系，便成为感性的东西。

有的联想属于组合式，一连串地下去，滔滔不绝，汹涌澎湃，令人头晕目眩。"下午的音乐会还没散场，里面金鼓齐鸣，冗长繁重的交响乐正到了最后的高潮，只听得风狂雨骤，一阵紧似一阵，天昏地暗压将下来。仿佛有百十辆火车，呜呜放着汽，开足了马力，齐齐向这边冲过来，车上满载摇旗呐喊的人，空中大放焰火，地上花炮乱飞，也不知庆祝些什么，欢喜些什么。欢喜到了极处，又有一种凶犷的悲哀，凡哑林的弦子紧紧绞着，绞着，绞得扭麻花似的，许多凡哑林出力交缠，挤榨，哗哗流下千古的哀愁；流入音乐的总汇中，便乱了头绪——作曲子的人编到末了，想是发疯了，全然没有曲调可言，只把一个个单独的小音符叮铃当啷倾倒在巨桶里，下死劲搅动着，只搅得天崩地塌，震耳欲聋。"（《连环套》）场面宏大，众神一起现身：风狂雨骤，天昏地暗，百十辆火车，摇旗呐喊的人，花炮乱飞，千古的哀愁哗哗流，天崩地塌……其实这所有轰轰烈烈只不过是下午的一场音乐会，真能整。

有的联想相当深刻。譬如前面引用过的补丁。张爱玲看到街上行人的蓝布衫每每缀着补丁，议论道："我们中国本来是补丁的国家，连天都是女娲补过的。"（《中国的日夜》）从补衣服到补天，从人到神，的确道出了我们这个民族的本质现象。

张爱玲文字挥洒自如，许多地方可谓神来之笔。

"那米耳先生是个官，更兼是个中国地方的外国官，自是气度不凡，胡须像一只小黄鸟，张开翅膀托住了鼻子，鼻子便像一座山似的隔开了双目，唯恐左右两眼瞪人瞪惯了，对翻白眼，有伤和气。头顶已是秃了，然而要知道他是秃头，必得绕到他后面去方才得知，只因他下颏仰得太高了……米耳先生哈哈大笑起来，架着鼻子的黄胡子向上一耸一耸，差点儿把鼻子掀到脑后去了。从此也就忘了翻白眼。"

（《连环套》）仅仅一百多个字便用如此妙趣横生而又逻辑严谨同时还道出世态的笔触把一个人的相貌、声音、情态一股脑儿推送给你，除了张爱玲再无他人。

再看这一段：“上海所谓‘牛肉庄’是可爱的地方，雪白干净，瓷砖墙上丁字式贴着‘汤肉 ×× 元，腓利 ×× 元’的深桃红纸条。屋顶上，球形的大白灯上罩着防空的黑布套，衬着大红里子，明朗得很。白外套的伙计们个个都是红润肥胖，笑嘻嘻的，一只脚踏着板凳，立着看小报。他们的茄子特别大，他们的洋葱特别香，他们的猪特别的该杀。门口停着塌车，运了两口猪进来，齐齐整整，尚未开剥，嘴尖有些血渍，肚腹掀开一线，露出大红里子。不知道为什么，看了绝无丝毫不愉快的感觉，一切都是再应当也没有，再合法，更合适也没有。我很愿意在牛肉庄上找个事，坐在计算机前面专管收钱。那里是空气清新的精神疗养院。”（《童言无忌》）气派讲究的牛肉庄，养尊处优的伙计，感觉特别好的商品和特别该杀的猪，再应当也没有的一切，令人羡慕之极而恨不得立马入伙的职业——一码连一码，手到擒来，想怎么写就怎么写，写什么都应该。

甚至把一些本不协调乃至有你无我有我无你的词组合在一起也非常的应该。如：“惨淡的勇敢”“文明的恐怖”（《谈画》）；“感到一种拖泥带水的快乐”（《红玫瑰与白玫瑰》）；“童太太抄手坐着，是一大块稳妥的悲哀”；（《等》）“她很胖，可是胖得曲折紧张”（《花凋》）。就说最后一句吧，曲折本来是缓解紧张的，二者意思满拧，但张爱玲把它们放在一起来表达女性的肥胖，效果出奇的好。

神来之笔是无所制约的，这就是张爱玲的写作状态，人们称之为自由。所谓自由，其实可以概括为两句话：主观无限制，客观无约束。做一件事情，没有受限制的感觉，同时行动又没有任何障碍，就是自由。孔子说他“七十而从心所欲不逾矩”（《论语·为政》）。从心所欲即主观无限制，不逾矩即客观无约束。孔子把外界的根本秩序和道理内化，由此他去想和做的时候，便是把内化的东西再外化出去，所以绝无受限制的感觉也不会与外界发生冲突，主观和客观两个方面都畅行无阻。张爱玲就是这样，所以她随心所欲地挥洒，做出的东西个个好看，而读者无不接受，无不喝彩。

萧红的写作也是自由的。虽然同为自由，但两人的情况不一样。

似乎可以这样说，萧红的自由野气，张爱玲的文气；萧红的自由出于本性，张爱玲的出于知性。

不妨用孟子的话来说明："尧舜性者也。汤武反之也。"（《孟子·尽心下》）意思是，尧和舜是本性的人，商汤王和周武王是返回本性的人。萧红的自由与生俱来，一直保持着，张爱玲则经过知性的洗练而达到自由。不存在孰高孰低，表现不同罢了。

与萧红不同，张爱玲的文字，给人的感觉是一种金的华贵。华，华美，贵，高贵。说张爱玲的文字是金，是说它金碧辉煌，字字珠玑。

张爱玲文字的华美，我们的感受已经相当充分了，仅仅一个红色就能分出三十余种，这还不是严格统计学意义上的，只是本书作者的随手摘录；一个美也有萧条之美、不安之美、渺茫之美等多种区别，这在其他作家那里是见不到的。同样的，她的文字的高贵，我们也谈了许多，仅仅列出的那些动感十足的词，即已提供了确凿证明，每个字都不可置换，动一动都要后悔。真是不读张爱玲不知道什么叫金句。

金与玉的最大区别在于，玉是天然混成而金是人工炼制。张爱玲全身上下都是知性，与萧红彻里彻外都是童趣形成鲜明对照。

这并不意味着张爱玲的文字都是阳春白雪。比如，"简直需要提溜着两只乳房在他跟前晃"（《色·戒》）。提溜，民间口语，经常可以听到，似乎不大雅。再如，"归折东西"（归置东西）（《创世纪》），"急扯白咧"（《半生缘》），更土，纯粹的俗语。至于"蚤多不痒，债多不愁"（《赤地之恋》）；"他是那种干姜瘪枣看不出年纪的人"（《小团圆》）；"不会再下（雨）了，天上的蓝够做一条裤子了"（《小团圆》），就更不用说了，真正的社会底层语言。这些俗语、口语与富于知性的语言是不同的，摆在一起很不协调，就像免裆裤挨着西服裙一样，然而一旦进入张爱玲文章，便染上知性色彩，互相衬托，相映成趣，有一种天衣无缝的效果。

把张爱玲的文字比喻为金，绝非以华美否定朴实。其实二者是可以兼容的，张爱玲就做得很好。"日本花布，一件就是一幅图画。买回家来，没交给裁缝之前我常常几次三番拿出来赏鉴：棕榈树的叶子半掩着缅甸的小庙，雨纷纷的，在红棕色的热带；初夏的池塘，水上结了一层绿膜。配着浮萍和断梗的紫的白的丁香，仿佛应当填入《哀江南》的小令里；还有一件，题材是'雨中花'，白底子上，阴戚的紫色的大花，水滴滴的……有一种橄榄绿的暗色绸，上面掠过大的黑影，满蓄着风雷。还有一种丝质的日本料子，淡湖色，闪着木纹、水纹；每隔一段路，水上飘着两朵茶碗大的梅花，铁划银钩，像中世纪礼拜堂里的五彩玻璃窗画，红玻璃上嵌着沉重的铁质沿边。市面上最普遍的是各种叫不出名字来的颜色，青不青，灰不灰，黄不黄，只能做背景的，那都是中立色，又叫保护色，又叫文明色，又叫混合色。混合色里面也有秘艳可爱的，照在身上像另一个宇宙里的太阳。但是我总觉得还不够，还不够，像 Van Gogh 画图，画到法国南部烈日下的向日葵，总嫌着色不够强烈，把颜色大量地堆上去，高高凸了起来，油画变了浮雕。”（《童言无忌》）这一段描写在张爱玲作品中算是比较华丽的，然而除极个别的如秘艳等字眼外，细细数来，找不到华丽词句，更不见形容词和副词的堆砌。文字个个漂亮，但扎实朴素，毫无卖弄之嫌更无哗众取宠之意。所以正如我们前面引用的胡兰成的那句话所说，她的“行文美丽到要融解，然而是素朴的”。

这就是《大学》讲的“诚其意”，即真实地要求自己的心灵，不搞虚头巴脑的那一套。反映在写作上，就是“修辞立其诚”，做文章最根本的是从真诚出发，敬畏文字和对象，以朴素为要旨，写出的东西才是真实可靠的，才是美的，也才能令人信服。张爱玲就是这样，难怪胡兰成说“她对于美寄以宗教般的虔诚”（《中国文学史话·论张爱玲》）了。正是在这一意义上，我们说张爱玲，当然也包括萧红，是用生命写作的人。其实两人一样，都以自己的人生为题材进行创作，但这是次要的，如果不是立足于真诚，个人生命再精彩也出不了彩，打动不了他人。

心忧的云与妩媚的月

意象两个字前面提过。意象前面加个大，用以表示萧红与张爱玲的作品的总体形象，谓之单一的云霞与月亮。而这里的意象不同，它与具体内容相结合，根据行文和故事情节的需要而设立，是多种多样的变化纷呈的，相对“大意象”而言可谓“小意象”。

意象是作品的一个构成要素，也是作家进行创作的一种技巧。意象具有形容的特点，但不是形容。形容是借助形象表现所描写的对象，不一定必须突出意味，而意象的范围更大，如果是小说，往往与情节结合在一起，而且一定蕴含着意义。

萧红与张爱玲都是运用意象的高手，各有自己的特点，从她们的意象旨趣我们可以发现她们的人生轨迹、美学追求、文学理念乃至政治态度。

萧红：知我者谓我心忧

萧红作品的意象，可以读出一种深深的忧虑。

对乡村社会的忧虑。

萧红写过三间破草屋，它窝在萧家大院的西南角上。“那草房实在是不行了，每下一次大雨，那草房北头就要多加一只支柱，那支柱已经有七八只之多了，但是房子还是天天的往北边歪。越歪越厉害……窗子本来是四方的，都歪斜得变成菱形的了。门也歪斜得关不上了。墙上的大柁就像要掉下来似的，向一边跳出来了。房脊上的正梁一天一天的往北走，已经拔了榫，脱离别人的牵掣，而它自己单独行动起来了。那些钉在房脊上的椽杆子，能够跟着它跑的，就跟着它一顺水地往北边跑下去了；不能够跟着它跑的，就挣断了钉子，而垂下头来。”风来了雨来了，房子喳喳的山响，没风没雨，夜深人静时分房子也响。吵醒了屋里睡觉人，翻个身，嘟囔一句“房子又走了”，便睡着了。房子都快塌了，人却很安生，“似乎这房一旦倒了，也不会压到他们，就算是压到了，也不会压死的，绝对地没有生命的危险”。住在里面的人就这样一天天凑合着。房子的主人、萧红的祖父早就想拆掉破草房，但住在里面的租户不想搬走。“至于这个房子将来倒与不倒，或是发生什么幸与不幸，大家都以为这太远了，不必想了。”（《呼兰河传》）

这好像是个寓言。破草房象征乡村社会，住在里面的人只是过客，根本不去关心它，得过且过，就跟俗话说的那样，“天塌下来压大个”。

对农民的忧虑。

在萧红看来，乡村就是一个“生死场”，农民的生存状况恶劣之极，几乎没有生的乐趣，所以一出生便朝着死亡走去，似乎生就是为了死。小说《生死场》中有许多暴力血腥场面，最惊心动魄的是“老马走进屠场”一节。老马就是一个意象，王婆赶着它去屠场，等着它的是屠刀。这一节里不光老马，几乎处处是意象，诸如深秋、黄叶、短枝、破庙、死孩子、小街、败屋、刑场，等等。譬如黄叶，在去屠场的路上出现过四次。第一次，“大树林子里有黄叶回旋着，那是些呼叫着的黄叶”。第二次，“深秋带来的黄叶，赶走了夏季的蝴蝶。一张叶子落到王婆的头上，叶子是安静地伏贴在那里。王婆驱着她的老马，头上顶着飘落的黄叶；老马，老人，配着一张老的叶子，他们走在进城的大道”。第三次，“她看着马在吃道旁的叶子”。第四次，“深秋秃叶的树，为了惨厉的风变，脱去了灵魂一般吹啸着。马行在前面，王婆随在后面，一步一步屠场近着了；一步一步风声送着老马归去”。与老马一样，黄叶也是农民的象征，生命如此衰惫，如此短暂，如此卑微。

对国家的忧虑。

萧红生于动荡岁月，亲身经历了日本侵略者点燃的战火，作为东北流亡作家群体的一员，创作了许多以抗战为背景为题材的作品，其中不少意象承载着她的关注与思考。小说《马伯乐》中有这样一个情节，马伯乐一家逃难武汉，乘坐的是一条小汽船。“那小船载着马伯乐昏昏庸庸地向前走着，走得并不起劲，好像这船没有吃饱饭似的，又好像没有睡好觉似的，看起来非常懒散，有一打（搭）无一打（搭）地向前混着。”波浪很大，汽船破旧，通体上下咯咯喳喳地乱响，船身东摇西晃。风也很大，船被吹得歪歪斜斜，前进不是前进，后退不是后退。波浪无情，大风无情，一点也不体恤这条破船。而船呢，“这船是忠实又老实，实事求是，绝不挣扎，到了必要的时候，就是把那满船的搭客翻到江里去也是在所不惜的。”

看得出来，萧红是把这条船当作国家来写的，在侵略者掀起的大风大浪中颠簸而行，“好像从那风的夹缝中，企望那风施恩的样子，请那风把它放了过去。”然而风浪无情，绝不会“略微地加以体恤，加以可怜”的。

对家庭的忧虑。

萧红在短篇小说《桥》中写了一位母亲，为了生计也为了养活自己的孩子而去给人当保姆看孩子。主人家与自己家隔着一条小河，河上有一座桥，只有栏杆没有桥板，她只能与自己的孩子隔河相望，孩子的哭声不时揪扯母亲的心。到了喂奶时间，她必须绕道跑回自己家。她最大的愿望就是修好这座桥，曾向对岸自己的孩子呼唤：“小穷鬼，你的命上该有一道桥啊！”孩子慢慢长大了，桥板终于铺上了。孩子可以自由地跑过来跑过去，跟主人家的孩子一起玩了。两个孩子一胖一瘦，不用说胖的是主人的瘦的是自己的。胖孩子有吃不完的零食，瘦孩子嘴馋，就去拣他扔在地上的，两个孩子还常常打架。都是桥惹的祸，母亲想，没有它孩子就不会出现在河这边。“她怀念起旧桥来，同时，她用怨恨过旧桥的情感再建设起旧桥来。”在母亲的禁止下，孩子不再过桥了。后来下雨涨水，孩子掉进河里淹死了。

这里，桥是一个意象，象征家庭。没有家庭不行，有了家庭还是不行。这就是那个时代的家庭状况。萧红本人的家其实就是这个样子，她渴望家庭生活，可总是不如愿，几乎没有过完整意义上的家。

对个人的忧虑。

萧红创造过不少经典人物形象，如有二伯、冯歪嘴子、马伯乐、翠姨……冯歪嘴子是他在《呼兰河传》里的名字，《后花园》中叫冯二成子。这个人我们前面说过不少。冯歪嘴子与王大姐自由恋爱，两个苦命人过了一段苦日子，王大姐留下两个孩子死了。从她的死到埋葬始终伴随着乌鸦。鲁迅先生也写过乌鸦，是在小说《药》里面。老两口去给儿子上坟，看见一只乌鸦站在枯树枝上，他们离开时乌鸦也飞走了。萧红接过这个意象，这样写：“七月一过去，八月乌鸦就来了……在这样的一个夜里，冯歪嘴子的女人死了。第二天早晨，正遇着乌鸦的时候，就给冯歪嘴子的女人送殡了。”（《呼兰河传》）送葬的人走远了，几乎看不见了，“乌鸦在头上呱呱地叫着。过了一群，又一群，等我们回到了家里，那乌鸦还在天空里叫着”（《呼兰河传》）。

鲁迅先生的乌鸦是一只，对应的是志士，萧红的乌鸦是一群，对应的是无数个农民。黑色的呱呱叫着的乌鸦，人生就这样的凄凉。

上面这些意象，其实都可以用在萧红本人身上。不妨随便再看一例。萧红在《马伯乐》中写过一张椅子，“一只已经掉落了油漆的木椅”，“那木头椅子是中国旧式的所谓太师椅子，又方又大而且很结实，大概二十多斤重的重量。大概中国古时候的人不常搬家，才用了质地过于密的木料做着一切家具。不但椅子，就是桌子，茶几，也都是用硬木做的”。中国人向来追求安稳，但萧红却没有一张硬木椅子可以坐，终身颠沛流离。

所以她满怀忧虑，为社会、为大众、为家庭、为个人，也为自己。

张爱玲：我见青山多妩媚╲

张爱玲与萧红不同，她的写作尽量不投入个人情感。胡兰成说张爱玲从来不牵愁惹恨，她可以跟《金瓶梅》里的潘金莲李瓶儿知心，但绝不同情她们；跟《红楼梦》里的林妹妹宝姐姐甚至赵姨娘知心，但绝不拿自己去比其中的任何一位。“她仍只是她自己，不致与书中人同哀乐，清洁到好像不染红尘。”（《今生今世·民国女子》）走的仍是格物致知的路子。由于知根知底，筹划到位，人物描摹入骨三分；由于绝不用情，也不进入角色，读上去清清爽爽。张爱玲远离政治，时评说她“意识不准确”，胡兰成认为这纯属离题千里，因为爱玲女士“根本没有去想革命神圣”（《今生今世·民国女子》）。她的作品是超时代的，探索的是人性，表现的是中国人生活的普遍现象。所以她创作的意象仅仅是就事论事，只要真实、合理、好看即可。

“我们的饭桌正对着阳台，阳台上撑着个破竹帘子，早已破得不可收拾，夏天也挡不住西晒，冬天也不必拆除了。每天红彤彤的太阳落山，或是下雨，高楼外的天色一片雪白，破竹子斜着飘着，很有芦苇的感觉。有一向，芦苇上拴了块污旧的布条子，从玻璃窗里望出去，正像一个小人的侧影，宽袍大袖，冠带齐整，是个儒者，尤其像孟子，我总觉得孟子是比较矮小的。一连下了两三个礼拜的雨，那小人在风雨中连连作揖点头，虽然是个书生，一样也世事洞明，人情练达，辩论的起点他非常地肯迁就，从霸道谈到王道，从女人谈到王道，左右逢源，娓娓动人，然而他的道理还是行不通……怎么样也行不通。”（《气短情长及其他》）

竹帘子和布条子构成了一个意象，完全可以当寓言来读。你可以把竹帘子解读为文化，布条子文章里说的很明确，指的是孟子以及他身后的儒家。竹帘子已经残破不堪，遮不住强烈的阳光了，布条子更难看，又脏又旧，当然更无用处。风雨飘摇中的孟夫子实在可怜，四处打躬作揖，滔滔雄辩，娓娓动听，喝彩可能有一两声，可那套东西就是行不通，“怎么样也行不通”。张爱玲这里无褒无贬，只是陈述事实，告诉人们传统的那一套已经不行了，另外想辙吧。“我屡次说：‘这布条子要把它解下来了，简直像个巫魔！’然而吃了饭起身，马上就忘了。还是后来天晴了，阿妈晾衣裳，才拿了下来，从此没看见了。”（《气短情长及其他》）

张爱玲作品中的意象有很高的艺术价值，对突出小说的主题以及推进情节进展、表现人物性格不可或缺。下面我们以短篇小说《封锁》为例看看她是怎样运用意象的。

封锁是上海沦陷期间经常出现的事情。为了搜捕抗日可疑分子，日伪军警特务在街上拉起绳子，禁止车辆行人通过。小说《封锁》以此为背景，讲述了银行已婚会计师吕宗桢与大学未婚英文女教师吴翠远在短短一两个小时内由陌生到熟悉，再到互生好感几乎谈婚论嫁，最后封锁解除各走各路的故事。

小说起头是一辆满载乘客的电车行驶在路上。“在大太阳底下，电车轨道像两条光莹莹的，水里钻出来的曲蟮，抽长了，又缩短了；抽长了，又缩短了，就这么样往前移——柔滑的，老长老长的曲蟮，没有完，没有完……开电车的人眼睛盯住了这两条蠕蠕的车轨，然而他不发疯。”这是第一个意象，小说开始。我们每一个人，包括会计师吕宗桢和英文教师吴翠远，都坐在别人操作的生命电车行驶在生活的轨道上，这轨道是预设的，不变的，重复的，我们虽然不发疯，但枯燥无比，巴不得出点什么事，偏离轨道疯上一疯。

“摇铃了。‘叮玲玲玲玲玲，’每一个‘玲’字是冷冷的一小点，一点一点连成了一条虚线，切断了时间与空间。”这是第二个意象。我们的生活是线性的，由一个个节点构成，上班、乘车、办公室、下班、乘车、回家……都是节点。现在停在一个节点上——路断了，封锁了。

“上海似乎从来没有这么静过——大白天里！一个乞丐趁着鸦雀无声的时候，提高了喉咙唱将起来：‘阿有老爷太太先生小姐做做好事救救我可怜人哇？阿有老爷太太……’然而他不久就停了下来，被这不经见的沉寂吓噤住了。还有一个较有勇气的山东乞丐，毅然打破了这静默。他的嗓子浑圆嘹亮：‘可怜啊可怜！一个人啊没钱！’悠久的歌，从一个世纪唱到下一个世纪。音乐性的节奏传染上了开电车的。开电车的也是山东人。他长长地叹了一口气，抱着胳膊，向车门上一靠，跟着唱了起来：‘可怜啊可怜！一个人啊没钱！’”第三个意象。枯燥的生活使我们倍感孤独无依，谁能伸手拉我出去——其实大家都是乞丐，盼着有人来解救。意识到这一点，不由吓一跳。

“吕宗桢对面坐着的一个老头子，手心里骨碌碌骨碌碌搓着两只油光水滑的核桃，有板有眼的小动作代替了思想。他剃着光头，红黄皮色，满脸浮油，打着皱，整个的头像一个核桃。他的脑子就像核桃仁，甜的，滋润的，可是没有多大意思。”第四个意象。不光这个老头子，还有我们，脑子都像核桃仁，安于现状，缺乏思想。

“乃络维奶粉的广告”与吴翠远。第五个意象。吕宗桢为了躲避一个讨厌的亲戚，坐到吴翠远身边。他曾经注意到这个女人，当时她上电车，上方玻璃贴着乃络维奶粉广告，画着胖孩子的地方撕破了一块，孩子耳朵底下突然出现女人下巴，非常奇怪。后来女人低下头从皮包里拿钱，吕宗桢这才瞧见了她的眼睛、眉毛、头发。这个女人的相貌从整体上看没什么特点，拆开一部分一部分地看，却别具一种风韵。吕宗桢接近吴翠远本来是迫不得已，现在变了，希望跟她接触。她的眉眼一部分一部分地显现，喻示两人关系一步步发展。于是两人聊起来，主题是活着真没意思，就是吕宗桢说的：“我简直不懂我为什么天天到了时候就回家去。回到哪儿去？实际上我是无家可归的。”

越聊越深，竟成知音，互相钦慕，磋商未来。

正在兴头上——“‘叮玲玲玲玲玲’摇着铃，每一个‘玲’字是冷冷的一点，一点一点连成一条虚线，切断时间与空间。”这是第六个意象，实为重现第二个意象。封锁解除了，电车开动。人生从这个节点过去了，走向下一个节点——回家。吕宗桢突然起身，挤到人丛中不见了；吴翠远偏过头去，不做理会。“她明白他的意思了：封锁期间的一切，等于没有发生。整个的上海打了个盹，做了个不近情理的梦。”

“可怜啊可怜！一个人啊没钱！可怜啊可……”第七个意象，实为重现第三个意象。司机模仿乞丐唱的，他开着电车，载着一车人，里面有吕宗桢和吴翠远。他们重返枯燥的生活，继续孤寂的人生。

“一只乌壳虫从房这头爬到房那头，爬了一半，灯一开，它只得伏在地板的正中，一动也不动。在装死么？在思想着么？整天爬来爬去，很少有思想的时间罢？然而思想毕竟是痛苦的。宗桢捻灭了电灯，手按在机括上，手心汗潮了，浑身一滴滴沁出汗来，像小虫子痒痒地在爬。他又开了灯，乌壳虫不见了，爬回窠里去了。”第八个意象，小说结束。回到家里的吕宗桢发现了一只走走停停的乌壳虫，其实他就是乌壳虫，乌壳虫就是他。令人想起卡夫卡的《变形记》，也是公司小职员，不堪社会重压与生命无聊苦恼的萨姆沙在一天早晨醒来变成了甲壳虫。

吕宗桢所谓的“无家可归”，是现代西方哲学关注的一个焦点。资本、技术、商品、快餐文化等种种成果日益剥夺个人的独立和自由，将人变成它们的附属品，你必须给资本打工，你有没有价值以及价值大小，由你在利润增长中的表现来打分；你的工作和生活节奏随着技术走，就像流水线上的卓别林或者今天的手机控；你活着就是为了购买商品，成为车奴、房奴，中国人加一条子孙奴；你被卷入娱乐至死，不读书不思考，浅薄之极……马克思把这种现象称作异化，人被自己的创造物所奴役。现代哲学沿着这一思路观照今天的人，把失去了自我的陌生感、孤独感以及对大众化、平均化的恐惧归纳为无家可归状态。不错，你活着，然而是站在自己的脚跟上吗？是生存在个人的意愿中吗？不是。是站在资本和权力为你设定的位置上，是生存在别人的意愿下，在这个世界上你找不到你的家。

小说《封锁》反映的就是这样的现实，个人无比渺小，被禁锢在预设的环境中，在永世不变的路轨上行进，由此可以说，人生就是封锁。这是本体论意义上的，不管在何时何地都是如此，跟是否是在沦陷时期的上海无关，就是在别的时期别的地方也一个样。

张爱玲是超级作家，同时也是不错的哲学家。

随性的云与理性的月

萧红的随性/

萧红和张爱玲都把追求真实视为写作的第一生命，但二人的路径不一样，萧红更多的是主体自身的真实，张爱玲则是客观对象的真实。

萧红是性情中人。不只是体现在生活中，也带进创作中。

在《七月》杂志第三次座谈会上萧红曾表达过这样一个认识："一个题材必须跟作者的情感熟习起来，或者跟作者起着一种思恋的情绪。"话虽短但非常重要，表达了萧红的创作理念。这句话可以分出两个层次。第一，首要的是作者。题材或者说创作对象要向作者靠拢，跟着作者走。不是作者走进对象，而是把对象移进自己心里。只有把对象变成自己，二者融为一体，这时候才是拿起笔的最佳时机，才能写出好作品。当然这是一种形象说法，对象又没长腿，怎么与作者亲近？这么说为了突出作者的主体地位，摆正关系，作者为主对象为从。第二，关键是情感。对象的靠拢根本上是建立情感，如同男女之间只有动了真情，思恋不已，创作时机才臻于成熟。

正是真情的投入，萧红始终与她笔下的人物不离不弃，共同经历酸甜苦辣，悲欢离合。一次她谈起鲁迅先生，说他悲天悯人，深刻同情笔下人物，自觉地和他们一起去受罪。说自己开始的时候也悲悯创造出来的人物，但写着写着感觉变了，觉得自己不配悲悯他们，倒是应该反过来被他们悲悯，他们比作者更高。萧红尊重自己的思想感情，创作出一个远远大于自己的世界。从哲学上看，她走的是王阳明的心学之路。王阳明推崇个人本心，认为人生来便具备良知，能够区分善恶，人最当紧的是排除外界干扰而依照本心去想去做。萧红真诚地对待自己的思想情感，开启和运用良知，故而创造出一个个真实感人的形象。

人们公认萧红最大的文学贡献是在文体上，即实践出一种介于小说、散文、诗歌之间的边缘文本，也叫间性文本，加上她充满个性的语言、诗意的表达以及回忆式的叙事方法，从而形成了一种独特文体，人们称之为“萧红体”。这种文体不像小说不像散文不像诗歌，但又像小说又像散文又像诗歌。就文学史意义而言，萧红体可以说是把现代与传统相对接的一次伟大尝试。传统文学的主体是散文和诗歌，现代文学的主体是小说，中间隔着断层，遥遥相望，如今萧红造了座桥，可以说是散文的小说化也可以说是小说的散文化，让现代与传统握手言欢。

当时有人看不上萧红，说她只会做散文不会写小说，这在以小说为主体的时期是很伤人的。萧红回答：这话我早就听腻了。有一种小说学，力主小说有一定写法，声称必须具备某几种东西，非要写得像巴尔扎克或契诃夫的作品那样不可。我不相信这一套。有各式各样的作者，有各式各样的小说。如果说一定要如何如何才算是小说的话，那么鲁迅的小说有些就不属于小说，比方《头发的故事》《一件小事》《鸭的喜剧》，等等。她说，好吧，既然你们说我不会写小说，我气不过，偏要写给你们看！还说要在作品长度上赶超鲁迅。萧红真的做到了。

萧红并不孤立。大学者陈寅恪和钱钟书就是不定派，主张文无定体，不拘一格。同为小说家的钱钟书说：“文章之革故鼎新，道无他，曰以不文为文，以文为诗而已。”（钱钟书：《谈艺录》）这与萧红的见解与实践很接近了。其实做小说还真没那么多讲究，只要自己感觉不错，写出的东西有人读就可以了。

萧红体不是她的有意选择，也不是刻意拼凑，而是随性所致之自然而然的结果。她跟着自己的思想感情走在人物的生命中，经历最重大的事件，体验最深刻的印象，表达最强烈的感受，由此构成一个个生活片段，将同一个人物的片段组织起来，将不同人物的片段放进同一个空间，并以时间相串联，便形成了我们看到的萧红作品。由于没有预定的主题，不去筹划完整的情节，忽略精心设计的人物关系，故而小说擅长的故事性很弱，结构散漫，叙述跳跃，行文自由自在，每一人物都单独成篇，完全可以拆开来读，尽管如此，却有着强大的感染力。这种文体与孩童的认识特征相一致，孩童对完整没有兴趣，只注意印象最深的片段，而且非常喜欢把不同的片段组合起来。萧红体特别适合今天的阅读习惯，她是碎片化、跳跃性、散记式的祖宗。

散文是中国传统文学的经典文本。《左传》《史记》都是散文，所谓文史一体，以散文为载体来记录和叙述历史。《庄子》《孟子》也是散文，往前推，《尚书》《周易》也是散文，可以说是文论一体，以散文为载体来表达和阐述思想。即使其后那些看上去文学色彩浓郁的散文，诸如《桃花源记》《小石潭记》也仍旧承担教化任务，至于那些政治思想特征显著的散文如《过秦论》《原道》就不用说了。由于散文是史学、思想的载体，承担教化大业，所谓文以载道，就不能不把求真求实作为根本原则。而小说则不同，是允许虚构的，不光人物、情节，就是时代背景也可以编排一番。萧红体在弱化故事性的同时也冲淡了小说的虚构性，增强了散文的真实性，所以萧红的作品不仅好看而且可信。加上我们前面讨论过的萧红语言的童真之趣，可以说萧红作品具备真实的性格，是高品位成果。

不错，诚如人们所言，萧红创作贯彻着主体性原则，自传式叙事方式固然是重要体现，但不是主要的更不是根本的，这里第一位原因是随性，也就是忠于自己的思想感情，遵从本心，依照良知去写作。

当然，仅仅坚持主体性原则还不够，尚需在技术层面上有所借助。这里只讲一点，就是白描。白描本是古代中国画作的一种技法，只用墨色线条勾勒形象而不施加色彩，构图简洁朴素，以集中表现主要内容。文学将这一技法移植过来，作为一种表现手法，摈弃华丽而突出朴素，去掉多余而突出简洁，抛却虚浮而突出实在。

刻画人物是白描的长项，萧红用的最好，典范是关于鲁迅先生的回忆，那里的文字通篇都是白描，平平淡淡，清清爽爽，简简单单，然而刻画极其用力，清晰而深刻。随便摘录一段：“鲁迅先生走路很轻捷，尤其他人记得清楚的，是他刚抓起帽子来往头上一扣，同时左腿就伸出去了，仿佛不顾一切地走去。”（《回忆鲁迅先生》）没有形容，不打比方，不见夸张，完全是实打实的描写，一个不平凡却又很平凡的老人现身于人们面前，非常的真实。台湾歌星邓丽君就是看了萧红的文章才信任鲁迅，从而找到鲁迅作品来读的。

萧红也用白描写风景，最好的是《呼兰河传》《后花园》《家族以外的人》，那完全是孩童的眼光，而孩童的想、看、说本身就是白描式的。我们不妨从别的小说中摘录一段：“太阳带来了暖意，松花江靠岸的江冰坍下去，溶成水了，江上用人支走的爬犁渐少起来。汽车更没有一只在江上行走了。松花江失去了它冬天的威严，江上的雪已经不是闪眼的白色，变成灰的了，又过几天江冰顺着水慢慢流动起来，那是很好看的，有意流动，也像无意流动，大块冰和小块冰轻轻的互相击撞发着响，唧唧着，这种响声像是瓷器相碰的响声似的，也像玻璃相碰的响声似的。立在江边，我起了许多幻想：这些冰块流到哪里去？流到海去吧！也怕是到不了海，阳光在半路上就会全数把它们消灭尽……而它们是走的，幽游一般，也像有生命似的，看起来比人更快活。”（《商市街》）叙述平实，可能你没见过冰雪，她告诉你冰块碰撞发出的声音跟你手中的瓷碗或者玻璃杯子相碰时是一样的。

还有情节。萧红就读的学校是女中，有个同学叫王亚明，家里开染坊，她帮着干活，双手从指甲到手腕以上都变了色，蓝不蓝黑不黑紫不紫。老师同学都嫌弃她。“校长已说过她几次：‘你的手，就洗不净了吗？多加点肥皂！好好洗洗，用热水烫一烫。早操的时候，在操场上竖起来的几百条手臂都是白的，就是你，特别呀！真特别。’女校长用她贫血的和化石一般透明的手指去触动王亚明的青色手，看那样子，她好像是害怕，好像微微有点抑止着呼吸，就如同让她去接触黑色的已经死掉的鸟类似的。‘是褪得很多了，手心可以看到皮肤了。比你来的时候强得多，那时候，那简直是铁手……你的功课赶得上了吗？多用点功，以后，早操你就不用上，学校的墙很低，春天里散步的外国人又多，他们常常停在墙外看的。等你的手褪掉颜色再上早操吧！’校长告诉她，停止了她的早操。‘我已经向父亲要到了手套，戴起手套来不就看不见了吗？’打开了书箱，取出她父亲的手套来。校长笑得发着咳嗽，那贫血的面孔立刻旋动着红的颜色：‘不必了！既然是不整齐，戴手套也是不整齐。’”（《手》）学生青色的手遇上校长化石般透明的手，很有戏剧冲突效果，但萧红没有借势夸张，完全按照师生关系和人物性格进行描写，语言平和、沉稳。

再看人物关系。“一块黑面包摆在桌子上。郎华回来第一件事，他在面包上掘了一个洞，连帽子也没脱掉就嘴里嚼着，又去找白盐。他从外面带进来的冷空气发着腥味。他吃面包，鼻子时时滴下清水滴。‘来吃啊！’‘就来。’我拿了刷牙缸跑下楼去倒开水，回来时，面包差不多只剩硬壳在那里。他紧忙说：‘我吃得真快，怎么吃得这样快？真自私，男人真自私。’只端起牙缸来喝水，他再不吃了！我再叫他吃他也不吃。只说：‘饱了，饱了！吃去你的一半还不够吗？男人不好，只顾自己。你的病刚好，一定要吃饱的。’他给我讲着，他怎样要开一个‘学社’，教武术，还教什么什么……这时候他的手，又凑到面包壳上去，并且另一只手也来了！扭了一块下去，已经送到嘴里，已经咽下去，他也没有发觉，第二次又来扭，可是说了：‘我不应该再吃，我已经吃饱。’他的帽子仍没有脱掉，我替他脱了去，同时送一块面包皮到他的嘴上。喝开水，他也是一直喝，等我向他要，他才给我。”（《商市街》）

记述的是萧红与萧军在哈尔滨的一个生活小场景，郎华就是萧军。两个人很穷，好不容易买了块黑面包，萧红虽然非常饿，但舍不得吃，等萧军回来一起享用。萧军同样很饿，吃掉了自己那一份还不打住，又去吃萧红的，虽然嘴里一个劲儿地责备自己，但手仍旧不由自主地伸向面包。萧红也不说什么，反而把剩下的面包送到他嘴上。不光面包，就连白开水他都霸着，非得萧红要，他才把缸子递过去。跟这样的男人相处得做出多大的牺牲，得有多大的胸怀。但萧红并不点破，只是通过面包和水来说话。面包不会说谎，水也不会说谎，比人言更可信。所以萧军说萧红的《商市街》是“不折不扣的生活纪录”。

张爱玲的理性／

张爱玲是知性人，特别是在创作理念上。

比如主题先行还是故事优先？张爱玲认为：“写小说应当是个故事，让故事自身去说明，比拟定了主题去编故事要好些。许多留到现在的伟大作品，原来的主题往往不再被读者注意，因为事过境迁之后，原来的主题早已不使我们感觉兴趣，倒是随时从故事本身发见了新的启示，使那作品成为永生的。”（《自己的文章》）故事是永恒的，具有共时性，世代传颂，主题是暂时的，只是历时性，为某个时期所解读。故事永远大于主题。

这实际上是一个主观与客观的关系问题。张爱玲的态度很清楚，她站在客观一方。如果套用上面引用的萧红那句题材与作者的关系的话，可以这样说，张爱玲主张作者向题材靠拢，跟故事去恋爱，与萧红主张的题材向作者靠拢，把对象移进自己心里的路径完全相反。

张爱玲的路径用中国哲学语言表达就是“格物致知”。格物，接触事物，吃透其中的道理；致知，把知识推向极致，追到自己力所能及的地方。格物致知是胡兰成对张爱玲的一个评语，也是构成张爱玲知性品质的基本要素。

张爱玲与萧红都属于文学全才，写散文、著小说、编剧本，偶尔也做一点诗。张爱玲最热衷的是小说，尽管不少人包括笔者在内认为她的散文比小说好。张爱玲为什么偏爱小说？照她的说法是“文字的沟通上，小说是两点之间最短的距离”（《惘然记》）。意思是小说最容易下笔，可以避免由于隐私权带来的麻烦。这同时也造成一种风险，即真实性问题，因为人物、情节乃至故事都是可以编造的。那么小说创作如何防范虚假呢？我们看看张爱玲是怎样做的。

可以分两个阶段。

第一个是准备阶段。

张爱玲公开表示：“我不喜欢罗曼蒂克主义的传统，那种不求甚解的神秘，就像是把电灯开关一捻，将一种人造的月光照到任何事物身上”（《谈画》）。她的主张是：“小说非要自己彻底了解全部情形不可（包括人物、背景的一切细节），否则写出来像人造纤维，不像真的。”（宋淇：《张爱玲语录》）她曾谈起初学写文章，那时狂得很，自以为任何题材的小说都能写，什么历史的，普洛的，新感觉派的，家庭伦理的，社会武侠的，言情艳情的，总之海阔天空，统统不在话下。渐渐觉得根本不是那么回事，“越到后来越觉得拘束”。她举例说，譬如得到了两篇小说的材料，构思相当精细，故事有了，人物轮廓也出来了，甚至连对白都设计好了，然而背景在内地，自己却身在海外，怎么办？只好暂时搁笔。那么去内地看一看行不行呢？不行，走马观花的匆匆一瞥等于新闻记者式访问，也许印象深刻，但毕竟是记者的而不是作家的。那么住上两三个月行不行呢？也不行，因为对背景的把握需要对特殊气氛的领悟，而这往往是有意无意中的灵光一现。

即便是小说中场景也不能马虎。张爱玲有篇小说涉及西湖，她还是小时候去过，需要再亲眼看一看，便加入中国旅行社办的观光团前往杭州游历一番。

由于做足了功课，她拿出的东西才不是“人造纤维”，避免了人为编造的嫌疑，自己心里也才有底，踏踏实实地进入下阶段。

第二个是写作阶段。

张爱玲认为小说比散文“有纪律”（见夏志清：《张爱玲给我的信件》第六十一封信），这也是她选择做小说的一个理由，因为这使她“有个靠傍”（夏志清：《张爱玲给我的信件》第六十一封信），就跟做古诗和填词似的。她是坚决按照“纪律”或者说规则走的。这方面张爱玲与萧红明显不同，萧红对所谓小说学主张的规则大不以为然，所以她们的作品才呈现出各自的风貌，萧红的是自由自在的散文式小说，张爱玲的则是严谨整齐的传统式小说。

张爱玲作为小说的生产者，并不认为自己有决定小说情节的大权，“我的情节向来是归它自己发展，只有处理方面是由我支配的”（《关于倾城之恋的老实话》）。就跟母亲与孩子的关系一样，孩子是母亲生的不假，抚育孩子的是母亲也不假，但孩子的成长有他自己的道路，母亲只能遵照孩童的身体、智力和道德发育规律做出安排。张爱玲把作者的权力限定在情节的处理方面。她曾谈起过《赤地之恋》的写作，说遵循的是真人实事，她所做的不过是将人名与一部分地名隐去，把许多小故事叠印在一起，然后进行剪裁与组织。

这不等于张爱玲是站在自己的小说之外进行创作，不是的，她把自己放了进去。用她的话说，“像演员沉浸在一个角色里”，所以每一次写作都“成为自身的一次经验”（《惘然记》）。这与萧红也不一样，萧红是把角色放进自己的思想感情里，张爱玲是把自己放进角色中，过把演员瘾。当然她的进入角色是有限的，正如胡兰成所说是知的意义上的。以知去塑造角色，以进入角色去获得知。张爱玲把这叫作“暂时或多或少的认同”（《惘然记》）。这种进入角色的自我定位与任由情节自己发展是一个意思，都是遵守小说创作的“纪律”，以此来保证作品的真实可靠。

张爱玲特别在意真实。“我有时候告诉别人一个故事的轮廓，人家听不出好处来，我总是辩护似地加上一句：‘这是真事。’仿佛就立刻使它身价十倍。其实一个故事的真假当然与它的好坏毫无关系。不过我确是爱好真实到了迷信的程度。我相信任何人的真实的经验永远是意味深长的，而且永远是新鲜的，永不会成为滥调。”（《赤地之恋》序）

张爱玲偏爱真实经验，或者说事实，不完全是从作家角度看问题，也包括一般人在内。真人真事之所以更有意思，不仅因为真实，还因为它的内涵更大更深。一件事情发生了，有人这样说，有人那样说；很快又发现新线索，于是有了新说法；紧接着又挖出新材料，另外的说法又出来了——里面永远有我们不知道的，事情的发展总是出人意料之外。张爱玲把这叫作“韵味”，也就是“人生味”。而小说呢，远没有如此丰富多彩，故事已然定型，读者看到的就这么点东西。为此张爱玲引用了两句话，一句是美国作家马克·吐温的“真实比小说还要奇怪”；一句是法国女历史学家佩奴德的“事实比虚构的故事有更深沉的戏剧性”。其实张爱玲本人也讲过类似的话：“读作品不如看原材料有可思”（胡兰成：《中国文学史话·论建立中国的现代文学》）。

那么有没有既真实而富于韵味同时又具备艺术形式的东西呢？有的，那就是张爱玲所说的社会小说。社会小说这个名称是外来的，英文 novel of manners，张爱玲译为“生活方式小说”。这种小说的内容是纪实，结构松散，甚至连统一的主题都没有。这一点上还真有些像萧红的散文体小说。据张爱玲考证，社会小说风行中国是 20 世纪 20 年代，时值社会震荡，生活变动不居，社会小说可以最快速度满足人们的好奇心。社会小说是有传统的，其源头在近代可以追溯到《儒林外史》和《官场现形记》。其后社会小说渐渐衰落，到了四五十年代已然变质，失去了揭露性，死掉了。张爱玲特别喜欢读社会小说，比如后来的张恨水。张恨水作品属于社会言情小说，多少具备社会小说的特征。1938 年日军进攻上海，17 岁的少女张爱玲为躲避轰炸跟随舅舅住进法租界旅馆，坐在据说最安全的楼梯台阶上手捧表姐借来的《金粉世家》读得入了神，感觉非常好，全然忘了外面在打仗。

中晚年的张爱玲也曾尝试写社会小说，从《谈看书》《谈看书后记》中可以明显感到这一意图，事实上这两篇东西是可以当作社会小说来读的，有人物有情节有历史有社会问题，很好看。

张爱玲偏爱事实，欣赏社会小说，进一步说明了求真在她创作理念中的首要地位以及服从客观的保真路径。除了创作理念之外，张爱玲也非常注意表现手法的运用，这就是强调白描。在这一点上，她比萧红要自觉得多。

正如尊重客观事实一样，张爱玲也十分尊重读者，主张写作要含蓄，因为“含蓄最大的功能是让读者自己下结论，像密点印象派图画，整幅只用红蓝黄三原色密点，留给观者的眼睛去拌和，特别鲜亮有光彩……看书也是一样，自己体会出来的书中事情格外生动，没有古今中外的间隔”（《谈看书》）。她认为，好作品给予人的不是告白，而是让你自己去想，唤起读者个人的创造性。她最讨厌的就是限定性说明，比如提示达·芬奇那幅名画中蒙娜丽莎的眼睛里包含着某某东西，惹得观众不由得要到她眼睛里去寻找大海深处的鱼影子。张爱玲说，这种做法看似增加内容实则是减少意义，因为限定了读者的理解力。白描正好相反，它不做过多说明和评判，完全让人物自己去表演。“我是实在向往传统的白描手法——全靠一个人的对白动作与意见来表达个性与意向。”（《表姨细姨及其他》）

下面我们从她的散文和小说中各摘取一段人物描写，看看她是如何运用白描的。

“港战后我同炎樱都回到上海，在她家里见到麦唐纳太太，也早已搬到上海来了，仿佛听说做点国货生意。她生得高头大马，长方脸薄施脂粉，穿着件小花布连衫裙，腰身粗了也仍旧坚实，倒像有一种爽利的英国女人，唯一的东方风味是漆黑的头发光溜溜梳个小扁髻，真看不出是六十多岁的人。有时候有点什么事托炎樱的父亲，嗓音微哑，有说有笑的，眼睛一眯，还带点调情的意味。”这段出自散文《张看》的自序。麦唐纳太太是张爱玲与闺蜜炎樱初到港大读书时结识的，广东人，跟苏格兰人麦唐纳同居。因为是散文，记的是真人真事，不与故事情节发生关系，故而只做一般性速写，重在交代清楚。

“众人低声说笑着，榴喜打起帘子，报道：‘二奶奶来了。’兰仙云泽起身让坐，那曹七巧且不坐下，一只手撑着门，一只手撑了腰，窄窄的袖口里垂下一条雪青洋绉手帕，身上穿着银红衫子，葱白线香滚，雪青闪蓝如意小脚裤子，瘦骨脸儿，朱口细牙，三角眼，小山眉，四下里一看，笑道：‘人都齐了。今儿想必我又晚了！怎怪我不迟到——摸着黑梳的头！谁教我的窗户冲着后院子呢？单单就派了那么间房给我，横竖我们那位眼看是活不长的，我们净等着做孤儿寡妇了——不欺负我们，欺负谁？’”这是小说《金锁记》中主角曹七巧的出场，不着一字评介。虽然我们对她的情况一无所知，但她的亮相令人印象深刻，此人尖酸刻薄，是个狠角色，不惹她还要咬几口，要是稍有得罪还不得把人活吞了。

看得出来，张爱玲效法的是《红楼梦》，衣着、动作、相貌、语气用笔以及氛围营造纯粹是曹雪芹式的。她终身推崇《红楼梦》，认为它是“有含蓄的中国写实小说传统”的典范。

由于是摘录，难以完全显示白描的好处。不是谁都可以用好白描的，没有一定功力写不出味道来。白描看似简洁平淡，却给人以极大的想象空间，就是老子说的“大音希声”，“有生于无”（《老子·第41章、第40章》）。

以上我们谈的是真实，张爱玲还有萧红的创作中最重要最根本的东西，可以说是她们作品的生命。“民无信不立”，缺乏真实性的作品是不会取得读者信任的，没有了信任，谁还去读你的书！她们的作品直到今天还有大量读者，说明了功夫没白下。

然而——我们看到，萧红与张爱玲走的是完全相反的道路，她们一个以主观为本，一个以客观为本，竟然都达到了真实，不是很奇怪吗？这里的秘密还要通过古代经典来解开，就是我们前面提到过的《大学》讲的“诚其意”。诚，真诚；意，意念，真诚地对待自己的念头。通俗地说，就是必须真心。心真了，不管你遵从的是主观还是客观，写出的东西都一定是真实可靠的。

绝对的云与相对的月

萧红：红配绿

用“红”和“绿”来形容创作方法，这种形象说法，出自张爱玲。原本是色彩搭配，张爱玲移植到文学创作中，用以表达冲突和反差。处置上张爱玲坚持绿配绿，而萧红更多的是红配绿。

红与绿是两种截然不同的颜色，反差大，对比鲜明，放在一起非常刺眼，用在冲突上面，强化的是对照。譬如光明与黑暗、善与恶、灵与肉、恶魔与英雄，等等，双方有你无我有我无你，矛盾不可调和。借用哲学术语，这种强烈对照突显的是对立统一中对立的那一面。

强烈对照或者说剧烈冲突构成了萧红作品的一条基本线索，她有极强的使命感，始终坚持“写作的出发点是对着人类的愚昧”。总的来说，萧红的作品是文明对愚昧的讨伐，这个基调奠定了萧红作品的巨大张力。

《生死场》，萧红代表作，单单这个书名便够惊心动魄的，一下子把人打入斗场——一个阴暗惨烈压得人透不过气的人间地狱。你甚至不敢想象如果自己被抛到这个世界中将会怎样？鲁迅先生“在灯下再看完了《生死场》，周围像死一般寂静，听惯的邻人的谈话声没有了，食物的叫卖声也没有了，不过偶有远远的几声犬吠”（《生死场·序言》）。人无言，唯有动物在发声。

这里整天上演着生与死，无论是牲畜还是人，无不“忙着生，忙着死”。老马走向屠场，人走向坟场。就连埋葬都贯彻着生与死的冲突。王婆因为儿子被官府抓去枪毙，受不了刺激服毒自尽。女人没有完全死掉，尚存一线呼吸，嘴里不时吐出一点白沫。大家等着她咽气，不料她竟发出怪声，脸色还转，推测是生命的最后挣扎，岂想她的身子竟然活动起来。这下人们慌了，说是诈尸还魂。她丈夫赵三和另一个男人用扁担狠劲挤压女人腰部。她的眼睛鼓起睁圆发光，嘴唇嚅动着像要说话，可又说不出来，血从口腔喷涌而出。王婆终于被装进棺材，送到乱坟岗子。正要钉牢棺材盖，里面突然有人发声要喝水，王婆活了过来，继续在人世受她的罪。不知道这表现的是“对于生的坚强，对于死的挣扎”还是人生的残酷无情？

在生与死的平台上，还上演着男人与女人的对立。女人不仅跟男人一样承受劳动和生存的重压，还必须忍受男人欺负。两性关系上看不到人类所独具的爱情，充斥其间的是单纯的性欲，以及之后转变成为的男人单方面的性欲，还有再后来的喜新厌旧所造成的男人的暴力行为。金枝便经历了这过程的全部。最初她与男青年成业偷欢，完全是动物式狂放。怀上孩子后由于精神压力过大而害病，但成业毫不痛惜，仍旧缠着强行交媾。婚后，成业更方便了，根本不管金枝是否劳累是否有孕在身，结果害得孩子早产。两人的保鲜期仅仅四个月，成业便开始厌烦她，打骂接踵而来。孩子生下来一个多月，生活无着的成业脾气越发暴躁，嫌弃金枝母女拖累他，威胁着要把她们一起卖掉，一怒之下竟把女儿活活摔死。日本人来了，金枝为了躲避鬼子奸淫逃到城市，没有活路，只好做暗娼。她恨，恨侮辱她损害她的丈夫以及那些男人。

就连自然也与人作对。这里说的是生孩子。自然选定女人作为承担人类种群繁衍的主角，她们的生产具有神圣意味，做母亲是伟大的同时也是幸福的，女人不做母亲，人生便不完整。然而在“生死场”

中，生产不光是受难，更是刑罚，似乎女人罪大恶极，触犯天条，从而上苍降下酷刑。如果仅仅是疼痛，算不上刑罚，因为任何情况下，哪怕天堂里的生产也会带来阵痛。之所以谓之刑罚，是因为在新生命降临如此庄严的时刻，相伴的是极其恶劣的生产条件。产房就是平日睡觉和活动的房间，里面只有一张土炕，炕上铺的席子早就卷起放到一边，为的是避免被产妇的血污染。炕上垫的是干草，女人就在草上滚来滚去。没有医生没有药，只有愚昧无知的产婆。见到干草，产婆大呼“压柴，压柴，不能发财”。草是烧灶之物，称柴草，柴与财谐音，产妇身下垫草，故称压财。结果婆婆撤去干草，光着身子的产妇只好卧在飞扬的尘土中。其后就不用说了，由这样的愚妇接生，遭受怎样的罪可想而知。这还没完，男人也不闲着，如果是袖手旁观倒也好了，问题是有些男人这时候还嫌老婆不侍候他，竟然骂骂咧咧地要威风，甚至动拳头。这样的环境下，生产，这一自然赋予女人的神圣职责变异成自然对女人的无情制裁。

除了生与死、男人与女人、自然与人的强烈对照外，还有地主与农民、日本鬼子与中国人的对照，等等。不夸张地说，《生死场》通篇都贯穿着强烈对照。

《呼兰河传》，萧红的另一部代表作，透过一个女孩的眼睛看世界，不错，我们看见了鲜花绽放绿草如茵，然而同时也看到了荆棘野蛮生长毒虫疯狂肆虐。

真与假的对照。呼兰河城里有个大泥坑，那是生命的陷阱，有时候猪跑得急，一个没刹住掉里头淹死了，于是市面上就有便宜猪肉出售，人们奔走相告。买回家仔细一瞧，觉得哪儿不对劲儿，肉又紫又青，看着不像是淹死的猪的肉，倒像是瘟猪肉，也就是病死的猪的肉，这种肉带有大量病菌，绝对不能吃。但人们又不愿意相信，如果是瘟猪肉，这钱不是白花了吗？到嘴的肉不是吃不上了吗？便自我宽慰道：哪能是瘟猪肉呢，一定是泥坑里淹死的。然而吃到嘴里，总觉得不是味儿，疑心还是瘟猪肉，转念一想，瘟猪肉怎么可以下肚呢？所以更不能承认了，继续宽慰自己一定是淹死的猪的肉。其实泥坑虽然凶险，猪们又喜欢乱跑，一年撑死也就最多淹死两三口猪，有几年甚至连一口猪也没有淹死过，然而居民却常常吃淹死的猪肉，这里头不知混进去多少瘟猪肉，但人们就是不愿意承认。

间或也有小孩子道出实情，说他妈不让他吃，因为是瘟猪肉。这样的孩子不招人喜欢，大家一起拿眼瞪他，异口同声道：瞎说，瞎说！一次一个孩子又这样讲，恰逢他母亲在场，别人还没说什么，他母亲却生气了，伸手便打。孩子哭着跑回家跟姥姥告状。姥姥一抬头，见邻居站在门口朝屋里张望。结果姥姥掀起孩子衣襟用力在屁股上哐哐打起来，嘴里骂着：谁让你这么大点就胡说八道！

愚昧与文明的对照。萧家大院租户老胡家领回童养媳，当地称团圆媳妇。媳妇必须绝对服从婆婆，再加上大家一致裁决这个小姑娘不懂规矩，不像个媳妇，所以婆婆决定严加管教，也就是打骂。婆婆下手狠毒，致使小姑娘精神失常。因为心痛花在媳妇身上的钱，胡家张罗给她治病。先是跳大神、跳二神，越跳病越重。于是邻人纷纷出主意。有的主张给她扎一个谷草人或纸人烧掉；有人主张让她连毛带爪地吃一只整鸡，因为鬼听到公鸡打鸣就吓跑了；还有人贡献一个专治丢魂的偏方，用瓦片焙猪肉和黄连……胡家采纳了后一种，不管用。接着又是别的偏方，还是不管用。之后换一种办法，叫抽帖。钱花了，帖子也抽了，还是不见好，再换别的法子，什么跳神赶鬼、看香、扶乩之类。老胡家非常热闹，传为一时之盛，如果谁不去观看，竟被指为落伍。最后的办法是用大缸给团圆媳妇洗澡，而且是当众洗。

黄昏，老胡家打起鼓。公鸡抓来了，水烧滚了，大缸摆好了。鼓声咚咚中人们撕掉了团圆媳妇的衣裳。她虽然只有 12 岁，但发育得像十五六岁。看热闹的姑娘媳妇们都难为情起来。团圆媳妇被放进盛满了滚烫的水的大缸。她叫着、跳着，逃命似的狂喊。三四个人从缸里舀起热水往她的头上浇，不大一会儿，满脸通红的她再也无力挣扎了。昏厥过去的团圆媳妇被拉上来，稍微缓一缓再次被放进大缸，还是滚烫的水灌顶。反复三次，烫昏三次。后来——团圆媳妇死了。婆婆说她是妖怪，人们也说她是妖怪。

呼兰河城里文明的力量太弱，始终没能出场。但小萧红和祖父认定，团圆媳妇不是妖怪，祖父说她是被“作弄死”的。算是对愚昧的微弱反抗吧。

除此之外，《呼兰河传》还有家庭内部的对立，比如婆媳之间的对立；还有主人与佣工之间的对立，比如萧父毒打有二伯，等等。

其实萧红的一生也贯穿着强烈对照。青少年时对家庭的叛逆特别是与父亲的对立；求学期间、独立生活期间与校方、同居者、丈夫的矛盾以及饥寒交迫流离失所中的挣扎，这些固然由她所处的环境造成，但她本人也要负一定责任，她太任性太自我了。

环境与个性构成了她的生存状态，与她小说中恶劣的生存现象没有本质区别，不堪回首无法忍受，所以她渴望变革，以文明彻底改造现存世界，因此她的作品以红配绿为底色便毫不奇怪了。

张爱玲：绿配绿

绿与绿同色，譬如深绿和浅绿，二者之间的差别不存在绝对性，只具有相对意义，属于不同层次的绿色。与对红色的拆解一样，张爱玲对绿色也进行了细分，如墨绿、苍绿、青绿、蓝绿、棕绿、葱绿、翡翠绿、石绿、海绿、湖绿、苹果绿、鹦哥绿、橘绿、金绿、苔绿、鲜粉绿、娇绿、淡绿，等等。张爱玲把这种情况称作“参差的对照”，以区分红配绿的“强烈的对照”。如果说红配绿突显的是对立统一中对立的那一面，那么绿配绿表现的则是对立统一中统一的那一面，用张爱玲的话说叫“和谐”（《童言无忌》）。文学一点可叫“押韵”，“口袋里的绿手绢与衬衫的绿押韵”（《年青的时候》）。

关于参差对照，张爱玲的定性是“写法”和“手法”（《自己的文章》），显然是作为创作方法来自觉运用的。张爱玲为什么选择绿配绿而摈弃红配绿？可以从以下几个方面进行分析。

首先是写作宗旨。我们说过，张爱玲始终关注的是人性。人性乃人之共性，只要是人，不分贫富贵贱，无论种族男女，一定有共同点，就是说在人的本色上是一致的，如果用绿色来表示人性，那么所有人的底色都是绿颜色。然而人又是具体的，每个人都有自己的个性，共性寓于个性之中，由于个性不同，每个人的人性表现又存在着差异，由此绿色也就呈现出不同色调，所谓的绿配绿。

其次是写作对象。张爱玲选定世俗社会中的普通人作为自己表现的对象。这一点前面也专门谈过。普通人最大的特点是不彻底，每个人身上“是非黑白”不分明，善恶混杂，像是白色细盐中掺进黑色胡椒面的所谓“椒盐式”。“虚伪之中有真实，浮华之中有素朴”（《自己的文章》）。所以根本没有办法给他们划线，一部分归入红色阵营，一部分划入绿色一方，他们属于同一个人群，是绿配绿。

再次是写作时代。张爱玲说：她写作的“这时代，旧的东西在崩坏，新的在滋长中。但在时代的高潮来到之前，斩钉截铁的事物不过是例外。”（《自己的文章》）她的作品反映的是过渡时期，一切都处在变动中，模棱两可，孰是孰非无法确定，至少要过几十年后才有资格做出裁决。张爱玲曾谈起米开朗琪罗的一件未完工的石雕，面目不清，只是一个粗糙的人形，然而大气磅礴，面向一个将要到来的新时代。这件作品题名“黎明”。社会转型中的人和事虽然蕴含极大能量，但在价值轮廓上是混沌的，无法给出是红还是绿，只能以含混的绿配绿来表示。

再再次是写作题材。过渡时期矛盾尖锐，对抗激烈，但张爱玲不关心也不感兴趣，如她所说“我的作品里没有战争，也没有革命”（《自己的文章》）。她的兴趣集中在“男女间的小事情”上（《自己的文章》）。如果说战争、革命之类的大事还容易也必须以红配绿的手法来表现的话，那么男女私情之类的小事就很难也没有必要红配绿了，俗话清官难断家务事，是完全属于绿配绿的糊涂账。

最后是写作效果。文学创作离不开矛盾，就是张爱玲讲的“是个故事，就得有点戏剧性。戏剧就是冲突，就是磨难，就是麻烦。”（《论写作》）一般认为红配绿在表现矛盾上占有先天优势，因为界限分明，反差大，便于夸张。张爱玲不这么看，红绿对照尽管鲜丽，刺激性强，却过于直率，缺乏回味，没有多大意思。民间也说“红配绿，赛狗屁”，不好看，太简单太俗气太闹腾。张爱玲认为，绿配绿其实更具备戏剧性，“殊不知两种不同的绿，其冲突倾轧是非常显著的；两种绿越是

只推扳一点点，看了越使人不安。”（《童言无忌》）

由于上述种种，张爱玲说：“我喜欢参差的对照的写法，因为它是较近事实的。”（《自己的文章》）

绿配绿可以分出两种基本情况。一种表现于个人自己身上，另一种表现于人与人之间。为区别见，前者我们称“反差”，后者称“冲突”。

关于反差，可以对照《色·戒》中的王佳芝。不少人认为这个角色在人物性格逻辑上不能成立。作为一个热血大学生，她参加抗日锄奸组织，被安排用美人计接近汉奸特务头子易先生以图机会而除之。不想此人突然离开香港返回内地，树倒猢狲散，同学们各奔前程。之后王佳芝来到上海，与地下工作者搭上线，继续接近易先生，成为他的情人，并且制造出击杀他的宝贵时机。然而关键时刻王佳芝掉链子了，示意危险，易先生逃脱，下令枪决王佳芝。问题出来了，一个投身锄奸活动，不惜贡献出自己的贞操和肉体，行动受挫后又锲而不舍地与组织恢复联系，继续追杀汉奸的青年积极分子，应该说是意志坚定如钢的，这样的人怎么能中途变卦，像个幼稚的中学生一样居然掉进爱情陷阱，背叛初衷？按照逻辑，她应该把革命进行到底才是，最好能够亲手击毙敌酋，哪怕搭上自己的性命也在所不惜。显然这是红配绿的逻辑。张爱玲当然不会这么设计，别忘了她是张爱玲，奉行的是绿配绿。

其实王佳芝从一开始就比较被动。她本是学校剧团的当家花旦，热血肯定有一点，但谈不上沸腾。锄奸组织为易先生量身定做美人局，不光人要漂亮，还得会演戏，王佳芝恰好符合条件而被选中。不足的是这姑娘从来没有恋爱过，当然更谈不上性经验，而她扮演的角色是生意人家的少奶奶，因为丈夫乱搞舞女而决意报复，这才找上易先生。怎么办？组织让她跟一个男同学睡觉，只有这个人嫖过娼而有性经验，此人恰恰是她最讨厌的人，没法子，只好强忍着便宜了这小子。觉睡了，目标却消失了，这让王佳芝沮丧透了，一个劲儿地骂自己傻，觉得不拿下易先生就亏大发了，基于这种心理，她才在到了上海后与组织接头。可见推动她往前走的不是觉悟也跟意志无关，而是再平常不过的不能白白吃亏的意识。这就是王佳芝，一个世俗社会中的普通人，而且是普通女人。正如前面说过的那样，女人最在意的就是被爱，所以她非常符合逻辑地滑落爱情陷阱。她开始于普通人，结束于普通人，从头到尾保持一个底色，差别当然有一些，由局外人变成美人计主角，由单纯学生变成假冒的商人妇，由贞洁女变成性爱高手，走的是绿配绿的程序。

关于冲突，可以看两个人，《倾城之恋》中的白流苏和范柳原。这对情侣张爱玲在讲参差对照时谈过："从腐旧的家庭里走出来的流苏，香港之战的洗礼并不曾将她感化成为革命女性；香港之战影响范柳原，使他转向平实的生活，终于结婚了，但结婚并不使他变为圣人，完全放弃往日的生活习惯与作风。因之柳原与流苏的结局，虽然多少是健康的，仍旧是庸俗；就事论事，他们也只能如此。"（《自己的文章》）当时不少革命者都是出身腐旧家庭，经历日本侵略战火而转变的，但白流苏不是，仍旧是原来的她。范柳原本质上也没有改变，婚姻是男人的学校，往往使人焕然一新，他不是，仍旧是从前的自己。所以张爱玲说尽管两个人经历了那么大的事，原来是俗人现在也还是俗人。

为什么说他们是俗人一对呢？表面上看，他们之间的爱情很优雅很有意味，女的很漂亮很机智，男的很富有很绅士，其实各怀鬼胎。白流苏接近范柳原，是为了寻求生存依靠，从而彻底逃离腐旧大家庭；范柳原盯上白流苏，是为了在香港筑巢，从而使自己四方奔走的疲惫身心来到这里时得以栖息。两人你来我往，互相试探，华丽的爱情游戏下面暗潮涌动，数个回合下来，男方胜出，女人做了猎物，成了男人外室，一对俗人住到一起。这两个人虽然各自打着小算盘，但属于"小奸小坏"，是"椒盐式"的，不存在是非之争、善恶之斗。仅仅筑巢一个星期，战争爆发，香港陷落，突如其来的变故改变了两人关系，使他们相依为命，互相关心，终于结婚成家。

小说中，张爱玲以裁决者的口吻说："他不过是一个自私的男子，她不过是一个自私的女人。在这兵荒马乱的时代，个人主义者是无处容身的，可是总有地方容得下一对平凡的夫妻。"两个人互相关切不假，但这是突来的战火的功劳，他们不得不如此。如果范柳原遭难，她白流苏依靠谁？如果白流苏有事，他范柳原在哪里落脚？这就是他们结合的出发点，用今天的话说叫抱团取暖。两个个人主义相加仍然是个人主义。所以张爱玲说虽然结局不错，但仍旧是庸俗的。

由于是个人主义对个人主义，俗人对俗人，女的没有变成革命者，男的没有变成圣人，二者的底色自始至终都是相同的绿色；由于双方各怀目的，境况和表现各不相同，二者又存在着差异，是不同的绿色，故而他们之间的冲突呈现出绿配绿。

这也证明了张爱玲的那个“两种不同的绿，其冲突倾轧是非常显著的”的说法。

与萧红的一生贯穿着强烈对照的情况一样，张爱玲的一生也贯穿着参差对照。她这样说自己：“对于我，精神上与物质上的善，向来是打成一片的，不是像一般青年所想的那样灵肉对立，时时要起冲突，需要痛苦的牺牲。”（《私语》）所以她的生命轨迹表现为几乎看不到明显起伏的一条直线，蹿红的时候人生并不张扬，暗淡的时候人生并不大落，一生都很平稳。她与胡兰成结为夫妻，生活揭开新篇章，自然欣喜，但也不见多么幸福；与胡兰成分手，自然伤情，但也不见大哭大闹。她给自己贴上个人主义标签，胡兰成说她是“理性的清洁”，她的这个个人主义具有理性的特征，要静好要安稳，所以绿配绿是一定的。

如果用云霞与月亮的大意象来观照，可以说萧红的红配绿像是云霞，追求强烈与变化；张爱玲的绿配绿像是月亮，追求柔和与平静。

最后我们借用王国维的论述结束本书。他曾谈起两本书，一是剧本《桃花扇》，一是小说《红楼梦》。他说：“《桃花扇》，政治的也，国民的也，历史的也；《红楼梦》，哲学的也，宇宙的也，文学的也。”（王国维：《红楼梦评论·第三章》）用这个模式来套萧红与张爱玲，不妨这样说，萧红作品属于《桃花扇》类型，是政治的、国民的、历史的；张爱玲作品属于《红楼梦》类型，是哲学的、宇宙的、文学的。

两类作品同样伟大，不可或缺。

图书在版编目（CIP）数据

萧红与张爱玲 / 高路著. —北京：中国国际广播出版社，2018.2
ISBN 978-7-5078-4169-5

Ⅰ. ① 萧… Ⅱ. ① 高… Ⅲ. ① 萧红（1911-1942）—生平事迹 ②张爱玲（1920-1995）—生平事迹 Ⅳ. ①K825.6

中国版本图书馆CIP数据核字（2017）第310093号

萧红与张爱玲

著　　者	高　路
策　　划	张娟平　王钦仁
责任编辑	筅学婧
版式设计	国广设计室
责任校对	徐秀英

出版发行	中国国际广播出版社［010-83139469　010-83139489（传真）］
社　　址	北京市西城区天宁寺前街2号北院A座一层 邮编：100055
网　　址	www.chirp.com.cn
经　　销	新华书店
印　　刷	环球东方（北京）印务有限公司

开　　本	640×940　1/16
字　　数	220千字
印　　张	18.5
版　　次	2018 年 4 月　北京第一版
印　　次	2018 年 4 月　第一次印刷
定　　价	38.00 元

CRI 中国国际广播出版社　欢迎关注本社新浪官方微博　官方网站 www.chirp.cn